OPEN是一種人本的寬厚。

OPEN是一種自由的開闊。

OPEN是一種平等的容納。

OPEN 2/11

高盧戰記

作　　者　凱　撒
譯　　者　任炳湘
主　　編　吳繼文
責任編輯　劉素芬
美術設計　張士勇　謝富智

發 行 人　郝明義
出 版 者
印 刷 所　臺灣商務印書館股份有限公司
地址：臺北市重慶南路 1 段 37 號
電話：(02) 23116118／傳眞：(02) 23710274
讀者服務專線：080056196
郵政劃撥：0000165－1 號
E-mail ：cptw @ ms12.hinet.net
出版事業登記證：局版北市業字第 993 號

初版一刷　1998 年 8 月

定價新臺幣 250 元
ISBN 957－05－1484－1（平裝）／ a 02600010

OPEN 2/11

BELLUM GALLICUM

高盧戰記

凱撒
G. Julius Caesar／著
任炳湘／譯

臺灣商務印書館 發行

目次

凱撒和他的《高盧戰記》

該猶斯·猶理烏斯·凱撒出生於公元前一〇二年①，正是羅馬共和國發生嚴重政治危機的時代。這時，羅馬的經濟基礎已經經歷了巨大的變化，它已經變成西方古典時代奴隸制度最發達的國家，原來的小農業已完全被大規模使用奴隸勞動的大莊園取代，直接的軍事掠奪和以貢賦等方式向被征服地區進行的壓榨，使地中海沿岸各地的財富大量湧入義大利，加速了羅馬的社會分化。

經濟上的巨大變化，自然要影響到羅馬的政治生活，被征服土地在日益擴大、由雇佣軍組成的常備軍在不斷擴充，奴隸人口在急劇增加②，由失業小農民和釋放奴隸構成的遊民階層也在大

①據蒙森的說法，見《羅馬史》卷五第一章注。傳統的說法是公元前一〇〇年。

②羅馬城內究竟有多少奴隸，當時沒統計，後世很多人作過推測，但結果相差很大。試隨便舉例，奧古斯都時代的奴隸數目，有估計爲二十八萬人的（Beloch）、有估計爲二十萬人的（Kahrsledt）、有估計爲九十萬人的（Marquardt），彼此相差達三倍之多。相對地說，他們對同時的自由人數目的估計，分別爲五十二萬人、七十一萬人、七十八萬一千人，相差就沒有這樣大，因爲後者有政府的種種統計如人口統查、發

量湧向首都，這就需要人大加强國家機器才能應付，但這時的羅馬國家體制卻基本上還是當年台伯河上那個小公社的那套城邦制度。它那年年重選的文官政府、它那已變得臃腫不靈的公民大會和它那由少數世代掌權的豪門貴族壟斷的元老院，根本無法適應這個局面。從公元前二世紀三十年代起，就不斷有人從不同的角度出發，提出種種民主改革的方案，但都因爲觸犯豪門貴族的利益，因而受到盤據在元老院的一小撮所謂貴族共和派的反對，遭到失敗。此後，主張民主改革的人前撲後繼、奮鬥不息，民主運動從合法的要求改良，逐漸發展到採取陰謀暴動甚至內戰的方式。公元前八二年，豪門貴族的保護者蘇拉用血腥的大屠殺鎮壓了反對派，民主運動才一時沉寂下去。但大屠殺並不能消除引起要求改革的根源，蘇拉不久死去後，民主運動馬上就捲土重來。這時，羅馬貴族共和政府的顢頇無能、社會秩序的動盪不安，軍人的專橫跋扈，已經大大削弱了國家的力量，到公元前　世紀的七十年代，局勢終於發展到極爲可慮的地步。東方强鄰的進攻和西方行省的割據都還在其次，嚴重的是地中海上的海盜橫行和斯巴達克斯所領導的奴隸起義。海盜橫行不但使沿海地帶民不聊生①，連羅馬也因海外的糧食運不來而有斷炊之虞；奴隸起義使義

放口糧的份數等等，可作爲推算的基礎，而前者沒有。羅馬政府對於國內有多少奴隸諱莫如深，森內加曾說過一件事：有人在元老院建議要奴隸穿一種特別的衣服以資識別，元老院經辯論後駁回了這項建議，認爲如果奴隸們一旦看出自己人多勢衆，就將胡作非爲。據此可知羅馬政府是存心不統計奴隸數目的。森內加的敍述見《論仁慈》（《De Clementia》）。

①共和末年，海盜活動已經猖獗到空前未有的程度，他們不但在東方許多行省的沿海城市殺人越貨、綁架勒

大利遭到漢尼拔戰爭以來最沉重的一次兵災，而且從根子上震撼了羅馬的奴隸制度，打擊了奴隸制經濟。奴隸起義迫使奴隸主對剝削奴隸和經營田產的方式作出某些改變，也迫使奴隸主改變控制奴隸的方法。更重要的是迫使他們不得不變換已不能保障奴隸制經濟發展的共和政體。正像恩格斯指出的那樣：「……當某一個國家內部的國家政權同它的經濟發展處於對立地位的時候——直到現在，幾乎一切政治權力在一定的發展階段上都是這樣，——鬥爭每次總是以政治權力被推翻而告終。」①凱撒就是在這種情況下登上政治舞台的。

凱撒出身於羅馬的一個古老但已中落的貴族家族，由於他和老一輩的民主派領袖馬略和欽奈有親誼，青年時代就受到貴族共和派的排擠，迫使他只能自始就站在民主派一邊，逐漸成爲反對派的領袖，一面也按部就班地從財務官、工務官升到司法官。但在這時候，他除了在街頭的遊民階層中擁有巨大的號召力以外，没有別的政治資本，爲此他設法跟當時在軍隊中有極大勢力的克耐猶斯·龐培，和代表富豪們即所謂騎士階層的羅馬首富馬古斯·克拉蘇斯結成「三人同盟」。

贖、以及和羅馬政府同樣的收取稅貢，而且在義大利本土也一樣的肆無忌憚，許多大城市如米森納姆、卡耶泰、布倫第西烏姆等，都曾遭到他們登陸洗劫，政府束手無策，就連羅馬城的外港奧斯幾亞也在所不免，停泊在那邊的羅馬艦隊，被全部焚毀。海盜在義大利沿海一帶大道上擄人勒贖，連羅馬政府的高級官員也往往被擄，先後被他們綁去的司法官就有兩個，包括他們的全部執事和僕從在內。這完全是我們所無法想像的事情。

①見《反杜林論》，《馬恩選集》卷三，頁二二二。人民出版社一九七二版。

當然，這三個人代表的是三個不同利益的集團，只是因爲同樣受到把持元老院的貴族共和派的排擠，才湊合到一起去的。凱撒在這兩個人的共同支持下，當選上公元前五九年的執政官，但由於元老院的掣肘，並沒有什麼大的建樹。

這時，經過半個多世紀的政局動盪，羅馬統治集團中無論那一派的領袖人物，都從實際經驗中體會到，要掌握政權，必須先有一支武裝力量，只有利用武力，才能在政治上有所作爲。因此，凱撒在執政官任期屆滿之後，竭力設法爭取到高盧行省去擔任行省長官，目的是趁在高盧的機會訓練起一支自己的軍隊，作爲政治上的後盾；同時，在高盧大事開拓疆土，擄掠奴隸，還可以爲自己在羅馬的統治階級中取得聲譽，又可以乘機積聚起一大筆財富來作爲今後政治活動的資本。

凱撒在公元前五八年前往高盧，到公元前四九年初方回義大利。他在高盧的九年中，據普魯塔克說，曾經屠殺了一百萬人，俘虜了一百萬人①。他本人和他部下的將吏都發了大財，使他能在羅馬廣施賄賂，甚至一直賄賂到要人們的寵奴身上②。他還在平民中舉辦各種演出，發放大宗金錢，並在義大利許多城鎮興建大量工程，既討好了包工的人，也討好了因此獲得工作機會的平民。這樣一來，他在義大利公民中的聲望，漸漸超出「三人同盟」中的其他兩人，特別是他借高盧作爲練兵場所，訓練起一支當時共和國最能征慣戰的部隊，而且是一支只知有凱撒、不知有國

①普魯塔克：《凱撒傳》。
②隨東紐斯：《十二凱撒傳》《猶理烏斯・凱撒》。

家的部隊。

凱撒的成功刺激了克拉蘇斯，他在公元前五三年趕到東方去發動對安息的戰爭，希望在那邊取得跟凱撒同樣的成功，不料全軍覆没，死在那邊。這就使得原來鼎足相峙的「三人同盟」，只剩下凱撒和龐培兩雄並立，彼此日益猜忌，加上元老院中一些人的從中挑撥拉攏，龐培終於和凱撒破裂，正式站到元老院一邊去，成爲貴族共和派藉以對抗凱撒的首領。公元前四九年，凱撒帶著軍隊，以迅雷不及掩耳之勢進入義大利，龐培措手不及，帶著全部政府人員和元老院倉皇逃出羅馬，渡海進入希臘，聽憑義大利落入凱撒手中。次年冬天，凱撒也趕到希臘，在法薩勒斯一戰擊敗龐培主力。龐培逃往埃及，被埃及人就地殺死。凱撒在肅清了其他各地龐培餘黨後，重新統一全國。

凱撒一個行省一個行省地肅清龐培餘黨的過程，也就是掃除羅馬貴族共和體制的殘餘影響，建立新的統治機器的過程。因而，被凱撒重新統一了的這個羅馬國家，已不再是過去的那個軟弱無力、遇事拖拖沓沓的舊的羅馬共和國，它已經是一個全新的中央集權的軍事獨裁國家，已經能夠像身之使臂、臂之使指那樣地統一指揮全國了，這對地中海沿岸各地區的經濟發展和文化交流肯定是有利的。

凱撒從統一羅馬國家到死去，還不到四年，但就在這樣短的時期内，他仍能完成了許多值得稱道的工作，最堪注意的有兩個方面：首先，他像摧枯拉朽地破壞了舊的貴族共和體制，把軍政大權集中於一身，基本上完成了向君主獨裁制的過渡，把過去幾百年發展中隨時遇到問題、隨時修修補補、牽强湊合起來的那些重床疊架、支離破碎的舊制度，作了一番整齊劃一的工作。他把執政官、統查官、保民官、大祭司長等重要職務兼於一身，他把元老院降爲諮詢機構、他把公民大會當作可有可無的裝飾品，都是爲他後來的繼承人把羅馬變成披了共和制外衣的帝國開創了道路。次之，他企圖逐步廢除舊羅馬作爲一個城邦霸國所遺留下來的種種特權，把義大利各城鎮的地位提高到和羅馬相等，把各行省的地位提高到和義大利相等，並且把公民權陸續給予羅馬的各個行省——當然只給統治階級——使這個大帝國的統治集團基礎更加擴大鞏固。但這項工作僅只完成了一部分。過去他在高盧時就已經把公民權給了山內高盧人，後來還讓他們的部分首領進入元老院，引起了那些把公民權視爲禁臠，不願別人分享的舊公民的不滿，他們譏刺他：

「凱撒在凱旋式裡牽著高盧人走，
　卻牽他們進了元老院；
　高盧人脫下了長褲子，
反穿上了（元老們的）闊邊長袍子。」①

公元前四四年，他制定適用於義大利各市鎮的自治法，給它們跟羅馬同樣的地位；他恢復了義大利一向免除的關稅；他還計畫廢除由商人承包徵收行省稅賦的辦法，改由國家直接派人收取，取消行省人民最痛恨的一項秕政。難怪當時沸沸揚揚地傳說他想把首都遷到亞歷山大里亞去，把羅馬改造成一個東方式的僭主國家，主要就是因爲他降低了羅馬城在國家中地位的緣故。

---

①隨東紐斯：《十二凱撒傳》《猶理烏斯・凱撒》。

凱撒在公元前四四年被貴族共和派的殘餘分子刺殺，結束了他忙碌的一生，他的嗣子、他姊姊的孫子該猶斯・猶理烏斯・凱撒・屋大維安弩斯，即奥古斯都，在凱撒奠立的基礎上，徹底完成了把奴隸制的羅馬共和國改建成帝國的任務。

歷來評論凱撒的人很多，大部分人都把他吹捧成不可一世的英雄人物、偉大的政治家、天才的統帥、作家、演説家等等，彷彿他是一個憑空建立了這個大帝國的人。其實，凱撒的一生鬥爭，只不過是統治階級中一個集團跟另一個集團，爲了該不該改變統治方式而作的鬥爭，雖然在一段時間内改善了這個奴隸制國家的處境，使奴隸制經濟得到了進一步發展，可是受惠的仍然只是統治階級，根本没影響到當時廣大奴隸階級的命運。其次，他一生的成功，主要應該歸之於他的恰巧處在羅馬共和國這樣一個國家，這樣一個歷史時代，一時風雲際會，機緣湊合，讓他不自覺地完成了歷史要他完成的事業，這裡，他的個人品質像堅毅、機智大膽、圓滑等等，在其中只起了極其有限的作用，因而過分吹捧凱撒是不恰當的。正像恩格斯説的那樣：「恰巧拿破崙這個科西嘉島人，做了被戰爭弄得精疲力竭的法蘭西共和國所需要的軍事獨裁者，——這是個偶然現象。但是，假如不曾有拿破崙這個人，那麼他的角色是會由另一個人來扮演的。這點可以由下面的事實來證明，即每當需要有這樣一個人的時候，他就會出現：如凱撒、奥古斯都、克倫威爾等等。」①

①見《致符・博爾吉烏斯（一八九四年一月二十五日）》《馬恩選集》卷四，頁五〇七。人民出版社一九七二版。

相反，也有一些人竭力訴責凱撒，說他鎮壓了民主運動，把他的取消行會組織、恢復義大利關稅、減少發給貧民口糧分額等等，說成是背叛平民。這些責難往往是出於對羅馬當時的所謂「平民」、「民主運動」等等名詞，作了過分現代化解釋的結果。要對共和末年聚居在羅馬的所謂平民、他們的構成、他們的政治作用和經濟地位等等作一番分析，是一件比較複雜的工作，而且也不是這裡該做的工作，但至少可以肯定說，他們絕不是十八、九世紀的那種工業無產階級。馬克思在《路易·波拿巴的霧月十八日》第二版的序言中，引用過的西斯蒙第的名言——「羅馬的無產階級依靠社會過活，現代社會則依靠無產階級過活」——這就是關於他們的最中肯的結論。在公元前一、二世紀中，他們在政治上從來没產生過一位自己的代表，也從來没提出過自己的一套政治綱領，他們一直是形形色色政治活動家手中播弄的工具。正跟我們不能把他們當做現代無產階級一樣，我們也絕不可以把凱撒看做是路易·拿破崙甚或梯也爾一流人物。凱撒在這裡，只是不多不少地做了當時其他活動家做過的事情，可以責備他的至多是他起初利用了他們，後來又離開了他們而已。而離開他們，甚或損害到他們，則是當時不問那個民主派活動家一旦當權之後，勢必難免的事情。特別是凱撒，只要從前面簡單地舉出來的他所致力的工作來看，就可以知道這是他這些工作的必然結果。首都的遊民階層久已成爲國家的沉重負擔，要減輕對行省的搜刮、減少羅馬這個城市的特權，就不得不採取一些對這些遊民不利的措施，像發放給公民的免費口糧，被凱撒從三十二萬分一下子降到十五萬分，把這一過去一向認爲是公民應享的特權嚴加限制，變成真正的社會救濟，就是一個例子。而且建立了強有力的個人統治之後，公民大會連作爲橡皮圖章的作用都失去了，遊民階層在政治上的地位也就宣告結束，用不著再竭盡國庫所有去討好他們，這正是合乎邏輯的發展，也是從共和國向帝國過渡的必然結果。凱撒一生的所作所爲可議的地方雖然很多，恰恰不在這一方面。

凱撒所寫的《高盧戰記》，共七卷，記述他在高盧作戰的經過，從公元前五八年至五二年，每年的事跡寫成一卷。關於它的寫作過程，歷來有兩種説法，有人認爲這是他每年向元老院和人民會議作的書面彙報，因此每年寫成一卷；有人認爲這是他在公元前五二—五一年間的冬天一次寫成的。這兩種説法，其實並不矛盾，可能他先是每年撰寫一卷，作爲書面彙報，後來因爲需要，又再加工連成一氣，成爲現在的形式的。

公元前五二—五一年間的冬天，正是凱撒鎮壓了維欽及托列克斯領導的聯合大起義，高盧基本上恢復了平靜的一年，但他在羅馬的地位已經在開始惡化。這時，克拉蘇斯已死在安息，他在元老院中的政敵正在用盡心機計算他，龐培雖然還沒正式跟他破裂，但當別人攻擊凱撒時，卻採取旁觀態度。在這種情況下，凱撒也不得不採取相應的措施，來保衛自己，《高盧戰記》便是在這種情況之下寫的，一則爲自己辯護，二則供給他自己在羅馬的一派人一個宣傳提綱。

他謙遜地把這部書叫做《Commentarii》，即《隨記》或《手記》之意，表示不敢自詡爲著作，只是直陳事實，供人參考而已。在敍述過程中，他處處用第三人稱稱呼自己，自首至尾，通篇都用異常平靜、簡潔的筆調敍説戰事的經過，不露絲毫感情，既不怪怨他的政敵，也不吹捧自己，即或在一兩處地方提到自己的寬容和仁慈，也都只是轉述別人對他的看法。這似乎是一種極爲鬆散的平鋪直敍，使不明當時凱撒處境的人讀後，不知不覺會以爲作者是以極坦率的胸懷，不加雕飾地隨手敍寫的，這正是凱撒寫作時一心要追求的效果，就連當時最著名的文學家西塞羅也禁不住讚揚它的「樸素、直率和雅緻」①，一般人自然更不會猜疑到這種樸素和直率背後隱藏著什麼。

其實，凱撒在戎馬倥傯之中，根本没時間舞文弄墨，如果不是爲了要答覆敵人，絕不會提起筆來寫作，只是他没有採用直接的答辯方式，而是委婉地用正面敘述事實經過的形式來爲自己辯解的。例如，當時他的政敵攻擊他的主要有一點，即他違犯了他自己在擔任執政官的那一年提出通過的「猶理亞反賄賂法」（lex Julia repetun darum），這條法律規定行省長官本人，無論是否帶有軍隊，如未得人民會議或元老院許可，均不得隨意越出行省，也不得對別國發動戰爭。凱撒在高盧的多次戰爭，就從來没徵得過元老院的同意。因而，他在敘述每一次戰事之前，必先詳細說明這次戰事之所以不得不進行的原因，像在比爾及戰爭時（卷二之一、二）、文內幾戰爭時（卷三之七、八）、以及和門奈比、莫里尼兩族作戰時（卷三之二七、二八）都是這樣，在敘述遠征不列顛（卷四之二〇）和進入萊茵河以東時（卷四之一六），自然更不會忘記。

再舉例說，他在卷四之五—一五諸節中，詳細敘述了對登克德里和烏西彼得人作戰的原因，這正是對元老院中加圖一流人的回答（已見該節注），而且通篇是以第三者口吻，平靜地、甚至似乎有些漠不關心地作出來的回答，要不是普魯塔克等人留下了關於這件事情的記述，我們簡直不會看出這裡面有文章，從這些地方看來，書中一定有許多敘述看來似乎漫不經心，實際上卻是有爲而發的。

作爲主管三個行省的長官，他的工作一定是頭緒萬千，數不勝數，但他在書中從來不提征戰

①西塞羅：《布魯圖斯》。

以外的其他工作，這也說明他想通過自己在羅馬的代理人，向羅馬人民誇說的是什麼。他想表明，儘管他在首都的政敵整天在他背後飛短流長，百般中傷他，他卻是義大利北部真正的屏障，正是因爲有他像長城般的矗立在北方，才有義大利的繁榮和安寧。他在敍述一次一次的艱苦戰鬥中，也從不忘記偶爾插進一兩句話提一下自己在戰鬥中所起的巨大的、而且往往是使整個戰事轉機的作用，和自己受到士兵們的愛戴，以便羅馬人民了解高盧方面的疆土開拓、以及像維欽及托列克斯這樣的强敵的征服，完全是凱撒和他的部下浴血戰鬥的結果，比起龐培征服那些衰朽無用的東方老大古國來，難易程度不可同日而語，而元老院裡的一小撮貴族共和派所要陷害的，卻正是這樣一位櫛風沐雨、一心爲國的人。他只在書中一次對話中，借阿里奧維司都斯之口，輕輕點了一下他們的陰謀。這種地方很多，只有同時參看當時的羅馬歷史，才能看出字裡行間隱藏的東西。

《高盧戰記》敍事翔實精確，文筆清晰簡樸，歷來很得到愛好羅馬歷史、拉丁文學和軍事史等各方面人物的推崇，特別因爲凱撒是羅馬共和國時代第一個親身深入到外高盧西部和北部、到過不列顛和萊茵河以東的日耳曼地區、親眼目睹過當地的山川形勢和風俗人情的人，給我們留下的是當時的第一手直接資料。在他以前，雖也有過一些希臘和羅馬作者對這些地方作過一鱗半爪的介紹，但都是些道聽途說得來的傳聞，因此，《戰記》又成爲記述這些地區情況的最古老的歷史文獻，它對高盧和日耳曼各地區的從氏族公社逐漸解體、到萌芽狀態國家出現這段時間裡的政治、社會、風俗和宗教等記述，成爲我們研究原始社會和民族學的重要依據，恩格斯在《家庭、私有制和國家的起源》一書中，就曾經大量引用過它，他的其他一些論著像《馬爾克》、《論日耳曼人的古代歷史》等，也都把本書當作重要的參考文獻。

凱撒的七卷《戰記》，最後只寫到公元前五二年爲止，但他直到公元前五〇年才離開高盧，因此後面缺了兩年的事跡。凱撒死後，他的幕僚奧盧斯・伊爾久斯續寫了一卷第八卷，補起了這段空缺。凱撒另外還有一部著作《內戰記》三卷，記述他自己跟龐培作戰的經過。除了這兩部書以外，記述凱撒戰績的還有伊爾久斯所寫的《亞歷山大里亞戰記》，和作者不詳的《阿非利加戰記》、《西班牙戰記》，這些書合起來統稱《凱撒戰記》。

本書經過長期傳抄，形成許多互有出入的版本，翻譯時根據一九五七年德國萊比錫出版的托伊布納爾叢書（Biblictheca Scriptorum Graecorum et Romanorum Teubneriana）中的拉丁文本。這種本子考訂精詳，但略嫌繁瑣，每一頁都有好幾行注腳，有時比正文還長，都是一字一句參校各種版本的異同的，不符合我們今天讀它的目的要求，因此全部略去未譯，現在的注釋都是譯者加上的。譯時還參考了幾種其他譯本，用得較多的，一種是洛布古典叢書（The Loeb Classical Library）中的J. Edwards英文拉丁對照本；另一種是W. A. MacDevitte的英譯本，這是英譯本中最常見的本子，列入朋氏叢書（Bohn's Library）、人人叢書（Everyman's Library）和哈潑叢書（Harper's Library）的，都是這一本子。這兩種譯本有出入的地方，依托依布納爾本爲定。原書沒有地圖，本書所附的地圖是依據洛布叢書本複製的。

由於譯者水平有限，錯誤的地方一定在所難免，懇祈讀者指正。

一九七八年十月

《高盧戰記》內容提要

卷一（公元前五八年）

節數

一　高盧概況——地理和居民

二——二九　厄爾維幾人戰役

他們的野心——他們的領袖奧爾及托列克斯；他的死去——凱撒採取措施保衛行省——厄爾維幾人進入愛杜依人境內——阿拉河之戰——凱撒和列司古斯、杜諾列克斯、狄維契阿古斯談話——別布拉克德附近的戰鬥；厄爾維幾人撤退和投降——他們的人數

三〇——五三　阿里奧維司都斯之役

全高盧大會；控訴阿里奧維司都斯——凱撒向他提的建議遭拒絕——羅馬軍中的一場虛驚被凱撒撫平——和阿里奧維司都斯的談判——日耳曼人戰敗

卷二（公元前五七年）

一——三三　比爾及人之役

卷三（公元五七——五六年）

卷四（公元前五五年）

卷五（公元前五四年）

卷六（公元前五三年）

卷七（公元前五二年）

卷八（公元前五一——五〇年）

卷一

1 高盧全境分爲三部分①，其中一部分住著比爾及人，另一部分住著阿奎丹尼人，而那些用他們自己的話來説叫克勒特人、我們稱之爲高盧人的，住在第三部分。所有這些人，彼此之間的語言、習俗和法律，各不相同。高盧人跟阿奎丹尼人接界的這一邊，由加隆納河分隔著，跟比爾及人接界的這一邊，由馬特隆納河和塞廣納河分隔著。所有這些人中，最勇悍的是比爾及人，因爲他們離開行省②的文明和教化最遠，並且也是商販們往來最少、那些使人萎靡不振的東西輸入

---

①凱撒征服以前，羅馬人統稱做高盧的，指義大利的盧比孔河和比利牛斯山以北、萊茵河以西，直到大西洋的大片莽莽原野。按自然區劃分，這一地區又可以阿爾卑斯山爲界，分爲山內高盧和山外高盧（簡稱內高盧和外高盧）；內高盧再可以柏度斯河（今波河）爲界，分爲河南高盧和河北高盧。凱撒這裡説的全高盧，是指行省以外的外高盧。——譯者

②行省——是羅馬人在外高盧南部建立的奈波高盧行省的簡稱，以其首府在奈波城得名。公元前一二一年，羅馬人征服了阿羅布洛及斯族之後建立了這個行省，今天法國南部的普羅旺斯（Provence）就是從拉丁文行省（Provincia）這字轉來。——譯者

也最少的地方；再則還因爲他們離開住在萊茵河對岸的日耳曼人最近，在跟他們不斷作戰的緣故。也就是爲了這原因，高盧人中的厄爾維幾族，就勇武而論，遠超過高盧的其他各族，因爲他們差不多天天在和日耳曼人作戰，不是抵抗他們侵入自己的國境，就是自己侵入到他們的領域中去作戰。那三部分中，已經説過由高盧人住著的那一部分，從羅唐納斯河起，四周分別爲加隆納河、大洋和比爾及人的疆域所限，另外在塞廣尼人和厄爾維幾人的這一面，又跟萊茵河相接，方向是朝著北斗星的。比爾及人的領土從高盧的極邊開始，一直抵達萊茵河的下游部分，面對著北斗星和日出的一面①。阿奎丹尼人住著的那一部分起於加隆納河，直達比利牛斯山和靠著西班牙的大洋，面向著日落的一方和北斗星之間。

2 厄爾維幾人中最顯赫、最富有的是奧爾及托列克斯。在馬古斯・梅薩拉和馬古斯・畢索任執政官的那一年②，他出於篡奪王位的野心，在貴族中策劃了一個陰謀，勸誘自己的本國人帶著他們的全部資財，離開自己的領土。他説：因爲他們的勇武超過所有一切人，所以要取得全高盧的霸權，是件極爲容易的事。要説服他們這樣做原本不難，因爲厄爾維幾人的國土，四周都被大

---

①即東北方。——譯者

②古代羅馬人紀年，大致採用兩種方法：一種以傳説中的羅馬建城的一年（公元前七五三）作爲元年，依次後推，如公元一年，即記作「建城後七五四年」簡寫作「A.U.C.754」；另一種方法是以當年擔任執政官的兩個人的姓名作爲年號，如此處説的梅薩拉和畢索執政的一年，即公元前六一年，也就是建城後六九三年。——譯者

自然限制著，一面是極寬極深的萊茵河，把厄爾維幾人的領土與日耳曼人隔開；另一面又是高峻異常的汝拉山，盤亙在塞廣尼人和厄爾維幾人之間；第三面是勒茫納斯湖和羅唐納斯河，把厄爾維幾人和我們的行省隔開著。在這種環境中，他們活動起來自然不能太寬敞，就要攻擊鄰邦也不很容易，因而使他們這種好戰成性的人，感到非常苦惱。所以，儘管他們的領土廣袤差不多已達二百四十羅里長①、一百八十羅里寬，但他們認爲對他們這樣人口衆多、武功煊赫而又勇敢過人的人來說，它還是嫌太狹小了。

3 由於這些因素的刺激，再加上奧爾及托列克斯的勢力一煽動，他們就決定預備啓程出發所需要的東西，盡可能地收買大量的牲口和車輛，又多多益善地播種了大量穀物，以便旅途中有充裕的糧食供應，還和鄰近的各邦建立了和平與友誼。他們認爲兩年時間就足以完成這些準備，因而用法律規定在第三年出發。奧爾及托列克斯被選出來負責籌備這些事情，他就自己擔起了到別國出使的任務。在這次旅途中，他說服了塞廣尼人卡泰孟塔羅第斯的兒子卡司幾克斯（他的父親曾經擔任塞廣尼國王多年，羅馬元老院贈給過他「羅馬人民之友」的稱號），叫他去攫取他父親以前執掌過的本國王位。同樣，他又說服了愛杜依人杜諾列克斯——他是當時執掌他們國家大權、很受百姓愛戴的狄維契阿古斯的弟弟——做同樣的事情，還把自己的女兒嫁給他做妻子。他

①羅里（mille passuum）——羅馬人以五羅尺（pes）爲一羅步（passus），一千羅步爲一羅里。一羅尺合二十九・六公分，一羅步合一百四十九公分，一羅里合一千四百九十公尺，即一・四九公里，合二・九八華里。——譯者

使他們相信，這是極容易做到的事情，因爲他本人也將取得自己本國的大權，毫無疑問，厄爾維幾人是全高盧最强有力的國家，他保證一定會用他的資財和他的軍隊，幫他們取得王位。受了這種話引誘，他們互相表白了誠意，設下了盟誓。他們希望在取得政權後，就能以這最有力、最堅强的三個族的力量，占據全高盧。

4 這事情遭到了告發，被厄爾維幾人知道了。依照他們的習慣，該讓奧爾及托列克斯戴著鐐銬，聽受審問，如果他被判有罪，隨著便應該受火焚之刑。在預定審訊的那天，奧爾及托列克斯把他所有的家屬①都從各地召到審判的地方來，數達萬人之多，他還把數目同樣很大的全部被保護人和債戶都召了來。就依靠這些人，他才逃了過去，沒受到審問。當國家被他這種手段所激怒，準備用武力來行使自己的權力，首領們從四鄉召集起大批人來時，奧爾及托列克斯卻在此時忽然死去，據厄爾維幾人猜測，絕不是沒有自殺的嫌疑的。

5 他死後，厄爾維幾人對離鄉它遷的計畫，仍舊毫不鬆懈地作著準備。最後，當他們認爲一切準備工作都已就緒時，就燒掉自己所有的十二個市鎮，四百個村莊，以及其餘的私人建築物。他們除了隨身攜帶的糧食以外，把其餘的也都燒掉，這樣，便把所有回家的希望斷絕乾淨，只有拚命冒受一切危險去了。他們又命令各自從家裡帶足夠三個月用的磨好的糧食上路。他們勸誘他們的鄰居勞拉契人、都林忌人和拉多比契人採取同樣的措施，也燒掉自己的市鎮和村落，和他們一起出發。他們還接受一向住在萊茵河以外、後來過河來侵入諾列克、並攻擊諾累耶的波依人，

---

①家屬（familia）羅馬人的所謂家屬，除一般家庭成員外，奴隸、僕役、門客等都包括在內。——譯者

作爲參加自己這個聯盟的人。

6 他們要離開自己的家鄉，一共只有兩條路可走。一條通過塞廣尼人的領域，在汝拉山和羅唐納斯河之間，是條狹窄而又崎嶇的道路，單列的車輛通過都很勉强，還有一座極高的山俯臨著它，因此只要很少人就可阻擋他們。另一條路要通過我們的行省，比較平坦和便利，那奔流在厄爾維幾人和新被羅馬人征服的阿羅布洛及斯人①領域之間的羅唐納斯河，也有幾處淺灘可以涉渡。阿羅布洛及斯人境内最邊遠、距厄爾維幾人也最近的市鎮是日内瓦，這個市鎮上有一座伸到厄爾維幾人那一邊的橋梁。他們認爲那些新被羅馬人征服的阿羅布洛及斯人，對羅馬人還不一定太有好感，也許可以説服他們借一條路給自己通過他們的領土，不然就用武力强迫他們這樣做。因此在已經準備好一切出發用的東西之後，他們就約定一日，大家都趕到羅唐納斯河上會齊。這一天是三月廿八日，正是盧契烏斯・畢索和奥盧斯・蓋平紐斯任執政官的那一年。②

7 當這事報告給了凱撒，説他們企圖取道通過羅馬行省時，他迅速離開羅馬，以盡可能快的速度趕向外高盧，到達日内瓦。當時外高盧一共只有一個軍團③兵力，他命令在全省多多益善地

---

①阿羅布洛及斯——羅馬行省中的一個部落，住在今天的多菲内、薩瓦一帶。公元前一二一年被擊敗後，公元前六一年又再次起義，被羅馬司法官該猶斯・邦浦提納斯鎮壓下去，距凱撒此時只三年。——譯者

②即公元前二八年。——譯者

③軍團（legio）羅馬步兵的一個完整的作戰單位。在凱撒時代，經過馬略的軍事改革後，軍團已跟共和中葉前完全不同，按財產等級分兵種的制度已取消，全部士兵的裝備和武器都已一樣，也不再全部是服義務兵

徵召軍隊，並命令把通向日內瓦的那座橋拆掉。當厄爾維幾人確知他已到來之後，他們把國內最尊貴的人派到他這裡來做使者，其中居於領袖地位的是南梅友斯和維盧克洛久斯。他們說：他們的目的只是想借道穿過行省，絕不作任何傷害，因爲除了這條路以外，再沒別的路可走，求他答應他們的要求。凱撒想起執政官盧契烏斯・卡休斯①曾經被厄爾維幾人殺死，他的軍隊也在被擊潰以後，被迫鑽了軛門②，因此認爲絕不可答應他們的要求，也不相信像他們這種心懷惡意的人，如果給了他們通過行省的機會，能不肆意蹂躪和破壞。但爲了要取得一段間歇的時間，好讓自己新徵召的部隊集中，他就回答使者說：他要花幾天時間考慮一下，如果他們希望得到答覆，可以在四月十三日再來。

役的公民，主要已由職業的雇佣兵組成。每個軍團包括十個營（cohors），每個營包括三個連（manipulus），每個連再分爲兩個百人隊（centuria）。每個軍團的定額爲五千人，但因爲在戰鬥中不能及時補充，所以有時遠低於這個數目。本書卷八第四十五節曾提到一次兩個軍團合起來只有七千人。——譯者

①盧契烏斯・卡休斯・朗琴納斯——公元前一〇七年執政官，當這一年厄爾維幾人中的幾古林尼族南下企圖進入行省時，他率領軍隊趕去阻截，中埋伏而死，他的部下也大部被殲滅，只少許殘餘在副將該猶斯・樸庇留斯率領下，接受了可恥的條件才得離開。——譯者

②軛門——義大利習俗，軍隊戰勝後，往往強迫戰敗者列隊低頭鑽過「軛門」（jugum原義牛軛）作爲投降條件之一，這是用兩支長矛分開插在地上，頂上再橫紮一支，像足球門那樣的一個架子，鑽軛門常被失敗者認爲奇恥大辱。——譯者

8 同時，他利用在自己身邊的那個軍團，以及由行省徵集起來的軍隊，從流入羅唐納斯河的勒茫納斯湖開始，至分隔塞廣尼和厄爾維幾領土的汝拉山爲止，造了一條高十六羅尺的城牆和壕塹，長達十九羅里。這工程完成後，他布置了防禦部隊，給堡壘也設置了守衛，以便在敵人不問他願意與否强行渡河時，能夠方便地阻止他們。當他和使者們約定的那天到來時，使者們回到他這裡。他拒絕他們說：按照羅馬人的習慣和前例，他不能允許給任何人一條穿過行省的通道。而且表示，如果他們企圖蠻幹的話，他是要用武力阻止的。厄爾維幾人這個打算落空後，有的就用聯起來的船隻和結紮在一起的大批木筏、有的就在羅唐納斯河的淺灘水不深的地方，試探著强行涉渡過來，有時就在白天，更多的是在夜間。但由於一系列的防禦工事和迅速集中到那邊的軍隊、矢矛，他們被迫放棄了這個企圖。

9 此外，還留下一條穿過塞廣尼的道路，但因爲這條路極狹窄，如果塞廣尼人不同意，就無法通過。當他們自己没法說服塞廣尼人時，就派使者到愛杜依人杜諾列克斯那邊去，企圖透過他的居間調停，使塞廣尼人同意他們的要求。因爲杜諾列克斯由於本身的人望和慷慨，在塞廣尼人中有極高的威信，同時又娶了厄爾維幾族中的奧爾及托列克斯的女兒爲妻，所以對厄爾維幾人也很友好；加之他那篡奪王位的野心又在引誘著他，極盼望有什麼事故發生，而且很希望能以自己的恩惠籠絡住愈多愈好的國家，所以他接受了這件事，說服塞廣尼人讓厄爾維幾人通過他們的領土，並且商定雙方交換人質，保證塞廣尼人不阻止厄爾維幾人的通行，厄爾維幾人在路過時也不爲非作歹，或者肆行破壞。

10 凱撒得到消息說：厄爾維幾人想通過塞廣尼人和愛杜依人的領域，進入桑東尼人境內去，這是離開行省中的一個叫托洛薩得斯的邦已經不遠的地方。他感到這件事將帶給行省很大的危險，因爲這樣一來，就讓這些好戰成性、而且敵視羅馬人民的人，成爲一個既沒設防、又富有穀物的地區的鄰居了。爲了這些理由，他留下副將①拉頻努斯坐鎮他築下的防禦工事，自己急急趕往義大利，在那裡徵召起兩個軍團，又把正在阿奎來耶附近冬令營②裡息冬的三個軍團帶出來，就率領了這五個軍團，揀最近便的道路，越過阿爾卑斯山，迅速趕向外高盧。在這個地區，有秋得隆內斯人、格來約契里人和卡都里及斯人占據了幾處高地，企圖阻止他的軍隊前進。在幾次戰鬥中擊敗他們之後，在第七天上，他就離開了內高盧最邊境上的奧契勒姆，進入外高盧的獲孔幾人領域。就在那邊，他向阿羅布洛及斯人的地區前進，然後再從阿羅布洛及斯率領軍隊進抵塞古西阿維人領域，這是行省境外羅唐納斯河對岸的第一個部落。

11 在那時候，厄爾維幾人已經帶著他們的軍隊，穿過那條狹谷和塞廣尼人的地界，到達愛杜依人的邊境，在蹂躪著他們的田野。愛杜依人不能抵擋這些侵入者，爲了保全自己的生命財產，

---

①副將（legatus）——此字原義是代表或使者，無論羅馬元老院派到外國或外國派到羅馬的使者，都用這個稱呼。共和中葉以後，元老院往往派帶著這種頭銜的人，到外省處理公務，一位軍事統帥或行省長官赴任時，也都配備有幾個帶這種頭銜的人前往，他們是統帥最重要的副手，故譯作「副將」。——譯者

②冬令營（hiberna）——羅馬古代供軍團息冬用的營房。冬令營常築在形勢險要，易於防禦的地方，而且是一種半永久性的建築物，往往發展成爲一個小市鎮。——譯者

就派使者到凱撒這裡來求助。他們聲稱：愛杜依人一向是很對得起羅馬人的，絕不應該幾乎就當著羅馬軍隊的面，聽任他們的土地被人家焚掠，孩子們被驅去做奴隸，市鎮被人家攻占去。在這同時，愛杜依人的盟友和近族安巴利人也報告凱撒說：他們的田地已經遭到蹂躪，他們要保住自己的城鎮不給敵人强占也很困難。同樣，有村莊和田地在羅唐納斯河對面的阿羅布洛及斯人也逃到凱撒這邊來，肯定地對他說：他們已經除了空地之外，什麼都不剩了。這些事情促使凱撒下定決心，絕不再坐視厄爾維幾人在毀盡羅馬所有各盟邦的財富之後，竄進桑東尼人境內去。

12 有一條河流叫做阿拉河，流經愛杜依和塞廣尼的領域，進入羅唐納斯河，水流滯緩得難於想像，憑眼睛幾乎無法辨別它流向那一端去。厄爾維幾人用聯結在一起的木筏和船隻，渡過這條河去。當凱撒接到偵察人員的報告說，厄爾維幾人的部隊四分之三已完全渡過，大約還有四分之一留在阿拉河這邊時，他就在第三更①帶著三個軍團離開營寨，直撲向敵人尚未渡河的那一部分。他在他們都身負重荷、猝不及防之中攻擊他們，殺掉他們一大部分，其餘的都四散逃走，躲進最近的森林裡去。這一部分人叫幾古林尼部，因爲厄爾維幾人全族共分爲四個部分或部落，我們的父老猶能記憶，這一部分曾經單獨離開過他們的本土，殺死了執政官盧契烏斯·卡休斯，迫使他的軍隊鑽了軛門。這一役，不知是偶然湊巧還是不朽的神靈作的安排，曾經帶給羅馬人一場奇恥大辱的這個厄爾維幾人的部落，首先遭受了懲罰。而且，除了國家的公仇之外，凱撒還一舉

---

①更（vigilia）——羅馬軍中，爲了便於夜間分班守望和巡邏，把一整夜分爲四個更次，每一更次的時間，根據一年四季晝夜長短而異。——譯者

兩得地洩了私恨，因爲幾古林尼部在攻襲卡休斯的那一役中，還殺死了他的副將盧契烏斯・畢索，他就是凱撒的岳父盧契烏斯・卡爾普林弩斯・畢索的祖父。

13 這場戰鬥完畢後，爲了追擊厄爾維幾人的其餘部隊，他命令在阿拉河上造起一頂橋來，帶著自己的軍隊渡了過去。他的突然到來，使厄爾維幾人大爲驚異，因爲他們看到自己花了二十天時間才困難地渡過來的河流，凱撒卻只花一天就過來了。他們就派使者來見他。這批使者的首領是狄維果，就是厄爾維幾人攻襲卡休斯時的領袖。他對凱撒這樣說：如果羅馬人願意和厄爾維幾人講和，他們願意到凱撒所指定、並且要他們住下來的地方去。但是如果他堅持要戰爭，那麼，他必須記住羅馬人以前的災難和厄爾維幾人原先的勇敢。至於他趁他們冷不防的時候攻擊了那個部落，這是因爲當時已經過了河的那些人不能來援救他們同胞的緣故，絕不可以因此便把自己的勇敢估計得太高，或者輕視起厄爾維幾人來。他們從自己的父老和祖先那裡學到的是：戰爭主要應當依靠勇力，不應該依靠陰謀詭計。所以，他千萬不要讓他們現在耽擱在這塊地方，因爲羅馬人在這裡遭到過災難，軍隊受到過殲滅，從此聲名遠揚，流傳到後代去。

14 對這番話，凱撒的回答是這樣的：正因爲他牢牢地記住厄爾維幾人所提起過的那些事情，所以才沒有絲毫的猶豫。特別是那場災難落到羅馬人頭上來，完全是飛來的橫禍，所以才感到格外的沉痛。如果他們覺得自己做過什麼傷害別人的勾當，本來也不難作好防備的，只是，他們卻以爲自己沒做過什麼須要戒懼的事情，就也沒有要戒懼的理由，這才上了當。就算他願意忘掉舊的仇怨吧，難道連那些新近的侵擾——他們沒經過他同意就用武力强行通過行省、侵犯愛杜依人、安巴利人和阿羅布洛及斯人——也都能置之一旁嗎？至於他們把自己的勝利吹噓得那麼神氣，因爲自己的作惡多端沒受報應就感到詫異，這兩者其實只說明一件事情：不朽的神靈因一個人的罪孽要給予懲罰時，常常先給他們一時的興旺和比較長期的安寧，這樣，他們才能在命運突然轉變時感到格外慘痛。話雖如此，他們如果願意給他人質，讓他知道他們能保證履行自己的諾言，同時，如果他們自己和他們的同盟，使愛杜依人和阿羅布洛及斯人受到的損害，都能得到賠償，他還是願意和他們講和的。狄維果回答說：厄爾維幾人從祖先起就定下了規矩，一向只接受別人的人質，從不把人質交給別人，羅馬人自己就是這件事的證人。作了這樣的回答後，就離去了。

15 次日，他們拔營離開那地方。凱撒也跟著離開，把他從全行省以及從愛杜依人和他們的同盟那裡集中來的全部騎兵，約達四千多人，全都派做前鋒，觀察敵人究竟向哪個方向進軍。他們對敵人的後軍釘得過分熱心了些，竟在地形不利的地方跟厄爾維幾人的騎兵交了一次手，我軍損失了少數人。這場戰鬥鼓勵了厄爾維幾人，因爲他們只用五百騎兵便驅走我軍這麼多騎兵，他們更放心大膽地在我軍面前停留下來，屢次以他們的後軍來撩撥我軍，以求一戰。凱撒約束自己的部下不准應戰，他認爲目前光只要牽制住敵人，不讓他們劫掠、採牧和破壞就夠了。就這樣繼續行軍了大約十五天，我軍的前鋒和敵人的後軍，相距始終不超過五、六羅里左右。

16 同時，凱撒每天都在催索愛杜依人以國家名義答應供應的糧食。由於天氣寒冷——高盧的位置處在北方，前面已經說過——不僅田裡的穀物沒成熟，就連草料也沒有充分供應；至於用船隻溯阿拉河運上來的糧食，由於厄爾維幾人所走的路已經離開了阿拉河，他又不願意放掉他們不追，因此也沒法再利用它。愛杜依人卻一天一天只管拖延，一會兒說在徵收了，一會又說在集中

了或就在路上了等等。當凱撒看到自己實在被人家敷衍搪塞得太長久了，而該發糧食給軍隊的日子又已迫在眉睫時，他就召集起他們的領袖們——這些領袖有很多在他營裡——其中有狄維契阿古斯，還有列司古斯，這是他們的最高首領，在人民中間掌握著生殺大權，愛杜依人稱之爲「執法官」，每年選舉一次。凱撒很嚴厲地斥責他們，因爲糧食買既買不到，田裡也收不起，在這樣緊迫的時機，敵人又這樣靠近，他們竟不加以援助，特別因爲這次戰爭，主要是由於他們的籲請才進行的，所以他才更加嚴厲地責備他們袖手旁觀。

17 終於，列司古斯被凱撒的話打動了，把他一直隱瞞著的話都講了出來。他說：有某些人，他們在平民中有極大的勢力，他們雖不擔任官職，卻比官吏更有力量。他們在用煽動性的、傲慢的話阻止羣衆，不讓他們把應交的糧食集中起來。他們這樣說：如果愛杜依人自己不能再掌握高盧的霸權，那麼，受高盧人的統治總比羅馬人的統治好些；再也不該懷疑，如果羅馬人一征服厄爾維幾人，就會把愛杜依人和高盧其餘各邦的自由，也一起剝奪掉的。也正是這些人，把我們營裡的打算和一舉一動，都去報告敵人，他自己實在無力阻止他們。他也很清楚，他雖然迫於形勢，不得不把這些事情告訴凱撒，但他冒的風險是十分巨大的，就因爲這緣故，他才能緘默多久就緘默多久的。

18 凱撒知道列司古斯的這番話指的是狄維契阿古斯的弟弟杜諾列克斯，但他不願當著這麼多人的面說穿這件事，因此很快就結束了會議，單把列司古斯留了下來。等只有他一個人時，再問他在會上講的事情，他講起來就自在得多，也大膽得多了。凱撒又把這件事情祕密地問了另外一些人，發現它完全是真的。這個杜諾列克斯，確是一個勇敢無比、而且因爲慷慨施與、在羣衆中

擁有極大勢力的人，他很盼望發生一場變故。多年以來，他一直用極低的包價，把愛杜依的關稅和其他稅收都包了下來，因爲只要他一開價，就沒別人再敢出較高的標價和他競爭。憑藉這種手段，一方面增加了他的家業，另一方面，又爲他的廣施賄賂開拓了大量財源。他用自己的錢常年豢養了一大批騎兵，護衛著他。不僅在國內，就在鄰國，他也有很大的勢力。爲了更加張大自己的聲勢起見，他讓自己的母親和別都里及斯邦中最尊貴最有力的人結了婚，自己又娶了一個厄爾維幾族的妻子，他的同母姊妹和其他女親屬，也都嫁給了別的邦。不僅這種親戚關係使他偏袒和寄厚望於厄爾維幾人，同時他還有私下的理由要痛恨凱撒和羅馬人，就因爲他們的到來，他的勢力才削弱下去，而他的兄長狄維契阿古斯卻恢復了原來的聲望和榮譽。他懷著很大的希望，如果一旦羅馬人遭到什麼不幸，他就可以藉厄爾維幾人之助，取得王位。羅馬人的統治卻不僅使他得不到王位，甚至現在已有的勢力都在削弱。凱撒在查詢中又發現，幾天以前騎兵戰鬥之所以遭到挫折，也是由於杜諾列克斯和他的騎兵①首先敗退下來的緣故。因爲愛杜依人派來支援凱撒的騎兵是由杜諾列克斯領導的，他們一退，就使其他的騎兵也都驚慌起來。

19 凱撒弄清楚了這些事實，而且得到許多千真萬確的證據，可以證實這些懷疑。引導厄爾維

---

①騎兵——羅馬騎兵，本來也跟軍團中的步兵一樣，全由羅馬公民組成，但後來在征服了義大利之後，逐漸由義大利的同盟組成（稱爲socii，以別於由外族組成的auxilia），到凱撒時代，義大利人也都成爲公民，騎兵索性全部由義大利以外的民族充任，如本書中就經常提到西班牙的、日耳曼的和高盧的騎兵。騎兵獨立編制，不包括在軍團之內，也不作爲作戰的主力，主要擔任巡邏、斥堠、側翼包抄等等工作。——譯者

幾人穿過塞廣尼人領土的是他，他們交換人質也是由他安排的，他做這些事情，不僅沒有得到凱撒和他本國的命令，甚至連知道也沒讓他們知道，因此他受到愛杜依首領們的詬責。凱撒認爲這些已足夠作爲處罰杜諾列克斯的理由，無論由他自己來處理也好，由他命令本國去處理也好。但卻有一件事情使他不能放手去做這一切，因爲他知道，他的兄長狄維契阿古斯是一位最熱忱擁護羅馬人民、最愛他自己、出奇地忠誠、正直和謙和的人，深恐處罰杜諾列克斯，會傷了狄維契阿古斯的心。因此，在還沒採取任何行動之前，他先命令把狄維契阿古斯召到自己面前來，在遣走了日常用的譯員之後，通過高盧行省的一個領袖、他自己的知友該猶斯・瓦雷留斯・普洛契勒斯——凱撒在任何事情上都很信任這個人——和他談話。同時向他指出了他本人也在場的那次高盧領袖們的會議上，關於杜諾列克斯的談話，還告訴他後來各人和他分別談話時，談到杜諾列克斯時說的話。他要求並鼓勵他，希望無論由他自己審問後定罪也好，或者由他下令交給他本邦去定罪也好，狄維契阿古斯不要因此心裡不快。

20 狄維契阿古斯淚汪汪地擁抱著凱撒，懇求他不要給他兄弟什麼嚴厲的處罰。他說：他知道這些控訴都是真的，沒有人再比他更爲這個難受了。因爲，當他本人在自己本國和高盧的其他部分勢力很大時，他弟弟卻因爲年紀還輕，沒沒無聞，全靠他的幫助才得勢起來，但他卻不僅利用這種勢力來削弱他的聲望，甚至還利用它來毀滅他。雖則如此，他還不能不顧到手足之情和羣衆的意見，如果凱撒真的給了杜諾列克斯什麼嚴厲的處罰，由於他處在和凱撒如此親密的地位，絕沒有人會相信這是沒有經過他的同意就做的，這種情況會使得全高盧人都從此唾棄他。當他一面哭，一面說著這許多話向凱撒懇求時，凱撒握著他的右手安慰他，叫他不要再說下去，說：他對凱撒的情誼這樣深厚，無論是國家的公仇還是私人的嫌怨，都會按照他的願望和要求，給予諒解。凱撒把杜諾列克斯召到自己面前來，當著他兄長的面，把自己要責怪他的那些事情都告訴了他，無論是他自己知道的還是他本國所控告的，都向他說了，同時還警告他：以後任何時候都必須避開一切嫌疑。特別向他指出：過去的一切是看在他的兄長狄維契阿古斯面上，才原諒他的。他又派人監視著杜諾列克斯，以便能了解他在做些什麼，和哪些人談話。

21 同一天，偵察人員報告說，敵人在離他自己的營寨八羅里的一座山下安了營。他派出人去探查那山的地勢和四面上山的道路如何。回報說很容易上去。他命令副將代理司令官季度斯·拉頻弩斯①在第三更時，率領兩個軍團和那些認識路的嚮導攀登到那座山的山頂上，同時把自己的打算告訴了他。他本人在第四更時急急從敵人經過的那條路，向他們趕去，派全部騎兵走在自己前面，另外又派布勃留斯·孔西第烏斯率領偵察人員在前面先走。孔西第烏斯是一個號稱富有軍事經驗的人，曾先後在盧契烏斯·蘇拉②和馬古斯·克拉蘇斯③的軍隊中服務過。

---

①副將代理司令官——拉頻弩斯是凱撒部下十個副將中最重要的一個，凱撒在自己離開時，往往把指揮全軍和處理行省事務的大權交給他代理，所以他不和其他副將那樣單稱Legatus，而有一個專用的「副將代理司令官」頭銜（legatus pro praetore），表示比凱撒的代行執政官頭銜（pro consul）只差一級。——譯者

②盧契烏斯·高乃留斯·蘇拉（公元前一三八—七八）——即以「大抄斬令」（Proscritio）大規模屠殺民主派的獨裁者蘇拉，元老院貴族共和派復辟政權的支柱。——譯者

③馬古斯·李欽紐斯·克拉蘇斯（公元前一一五—五三），和凱撒、龐培組成三人同盟的夥伴之一，羅馬最

22 黎明時，山頂已被拉頻努斯占領，他自己離敵人的營寨也已不到一羅里半路。據後來從俘虜口中得知，無論他自己或拉頻努斯的到達，都没被敵人發覺。但在那時候，孔西第烏斯忽然騎著馬匆匆趕來，告訴他說：他要拉頻努斯去占領的那座山頂，敵人已經占領著，他是從高盧人的武器和旗幟上辨認出來的。於是，凱撒把他的軍隊撤到最近的一座山上，在那邊布下戰陣。拉頻努斯事先接到凱撒的指示，叫他不要逕自和敵人作戰，要等看到凱撒的軍隊近敵營時，才同時四面向敵軍進攻，這時雖占據了山頂，卻仍停在那邊等候我軍，不和敵人交鋒。直到後來天色已很晚時，凱撒才從偵察人員那裡得知山頂在我軍手中，厄爾維幾人這時已移營前進，而孔西第烏斯則是因爲害怕，才把根本没有看到過的東西當做看到了的向他作了謊報。那一天，他仍保持一向的距離，跟隨敵人前進，離他們的營寨三羅里安下營。

23 次日，離開例應發放口糧給士兵的日子只剩兩天了。當時他離開愛杜依邦最大、積儲最充裕的市鎮畢布拉克德已經不到十八羅里。他考慮到糧食問題必須解決，就轉過頭來撇開厄爾維幾人，直向畢布拉克德趕去。這件事被高盧籍騎兵的一個什長盧契烏斯·愛米留斯部下的逃兵們報告了敵人。厄爾維幾人不是誤以爲羅馬人離開他們是由於害怕——特別因爲前一天羅馬人已經占有了山頭仍不作戰，更使他們深信這點——就是認爲自己可以把羅馬軍隊的糧食切斷，於是改變原來的計畫，掉過頭來，緊釘著我軍的後隊，開始攻擊。

24 凱撒注意到這事，把他的軍隊撤到最近的一座山上去，派騎兵去抵擋敵人的進攻。這時，

富有的奴隸主，此時他的兩個兒子均在凱撒軍中服役。——譯者

他自己把四個老的軍團，分成三列布置在半山腰裡，新從高盧徵召來的兩個軍團和全部輔助部隊①，被安置在山頂上，這樣就好像整座山上到處都布滿了軍隊，同時他又命令把全軍的行囊都集中放在一起，由處在高處的部隊負責守衛。厄爾維幾人帶著他們的全部車輛跟蹤追來，也把他們的輜重集中在一起，驅走我軍騎兵之後，結成極密集的方陣，向我軍的前列衝來。

25 凱撒首先把自己的坐騎一直送到老遠看不見的地方，後來又命令把所有別人的馬也都這樣送走，讓大家都面對著同樣的危險，不存逃脫的希望，然後對士兵們鼓勵了一番之後，遣他們投入戰鬥。兵士們踞高臨下，擲下輕矛，很容易地驅散了敵人的方陣。敵人散亂之後，士兵們拔出劍來，朝他們衝殺過去。高盧人的盾，大部分被輕矛一擊中就穿透了，而且因爲鐵的矛頭彎了過來，緊箝在盾裡，拔既拔不出來，左手累累贅贅地拖著它作戰又不方便，一時很受阻礙，於是，許多人在把手臂搖擺了很久仍没法擺脫它之後，就寧願拋掉盾，露著身體作戰。最後，他們因爲受傷累累、支持不住，開始撤退，向離當地約一羅里的一座小山逃去。等他們占有那座小山時，我軍已緊緊跟在他們背後。作爲後軍掩護著敵人後方的一萬五千波依人和都林忌人，掉過頭來攻擊羅馬軍隊敞開著的側翼，包圍住他們。已經退上山的厄爾維幾人看到這事，重新立定下來，開

①輔助部隊（auxilia）——羅馬從第二次布匿戰爭時起就往往雇佣、或通過條約攤派的方式，從義大利以外的同盟和被征服國家召來大批軍隊，協同作戰，這些輔助部隊大抵都是用來加强羅馬人自己軍事上的薄弱環節的，如騎兵、輕裝步兵等，最高指揮權屬於羅馬軍事將領，中、低級指揮人員則由他們本國人來充任。——譯者

始作戰。羅馬人回轉身來，兩面分開應戰，第一列和第二列抵抗已被擊敗和逐走的敵人，第三列抵抗新來的敵人。

26 戰鬥就這樣分爲兩面，長期地激烈進行著，直到他們再也擋不住我軍的攻擊時，一部分開始退到山上去，一部分集中到他們的輜重和車輛那邊。儘管這場戰鬥從第七刻時①一直延長到傍晚，但在整個戰鬥過程中，卻誰也沒有看到任何敵人轉過身去逃走的。輜重附近，直到深夜還在進行戰鬥，他們把車輛排列起來當作堡壘，站在高處向我軍進攻的人投射矢石，另有些人則躲在戰車和四輪車之間，朝上發出梭標和投槍，殺傷我軍。戰鬥持續很久，輜重和營寨終於爲我軍占領。奧爾及托列克斯的女兒和一個兒子，都在那邊被我軍俘獲。約有一萬三千人從這場戰鬥中逃出性命，他們通宵趕路，整夜一刻不停，第四天到達林恭內斯人境內。我軍因爲有的士兵受了傷，還有些陣亡者要掩埋，停留了三天，沒追趕他們。凱撒派使者送信到林恭內斯人那邊去，命令不准把糧食和其他物資接濟他們，如果接濟他們，他就要以對付厄爾維幾人同樣的方式對付他們。他自己在隔了三天之後，帶著全軍追趕他們。

27 厄爾維幾人因爲一切給養都感到缺乏，不得不派使者來見他求降。他們在路上遇到凱撒，

---

①刻時（hora）——羅馬人計算時間的單位，約略和我們現在的小時相當，一天也分爲二十四刻時，晝夜各十二刻時。但不同的是羅馬的每一刻時四季長短各不相同，白晝的十二刻時從日出算起，到日落爲止，夏天晝長的時候，一刻時達現在的七五・五分鐘，冬天晝短，每刻時只合現在的四十四・五分鐘。夜間的刻時則與此相反。——譯者

投身在他腳下，含著眼淚低聲下氣地懇求講和。他吩咐他們留在現在所在的地方等他到來，他們聽從了。後來凱撒到了那地方，向他們索取人質、武器以及逃亡到他們那裡去的奴隸。當這些正在搜索和集中時，約有六千人，屬於稱做維爾畢琴納斯的那個部落，不知是恐怕交出武器後將受到懲罰，還是妄想保全自己，認爲反正投降的人多，自己乘機溜走可以混瞞過去，別人不會注意。天一黑時就從厄爾維幾人的營中逃出來，向萊茵河上日耳曼人的地界奔去。

28 凱撒一知道這事，就向他們經過的地區的居民下令：如果他們想要洗清自己，就得把這些逃亡的人搜索出來，送回他這裡。送回來的人都被當作敵人處理了①。所有其餘的人，在把人質、武器和逃亡者交出之後，都接受了他們的投降。他命令厄爾維幾人、都林忌人、拉多比契人，都回到原來出發的地方去。又因爲他們家鄉的一切莊稼都已經毀掉，沒有可以恃之度日的東西，他命令阿羅布洛及斯人把足夠的糧食供應他們，並命令他們把已經燒掉的市鎮和村莊重建起來。他所以這樣做，主要理由是因爲他不願意讓厄爾維幾人遷走後那塊地方空出來，深恐住在萊茵河對岸的日耳曼人看到這裡土地肥沃，會遷出自己的領土，住到厄爾維幾人的土地上來，成爲高盧行省和阿羅布洛及斯的鄰居。愛杜依人因爲波依人以勇敢聞名，願意把他們安插在自己的土地上，凱撒也答應了他們的要求。他們給了波依人土地，後來又讓他們跟自己享有同樣的權利和自由。

29 在厄爾維幾人的營帳中，發現有用希臘文寫的字板，被拿來交給了凱撒，這上面是編好的

①這裡，凱撒故意用了比較隱晦的說法，意思是把他們全殺了。——譯者

名册，逐個記載著他們從故鄉出來的能持武器作戰的人的數目，同樣也逐一地記載著兒童、老人和婦女。在這些記載中，厄爾維幾人總數是二十六萬三千、都林忌人是三萬六千、拉多比契人是一萬四千、勞拉契人二萬三千、波依人三萬二千，這些人中，能拿起武器來作戰的約有九萬二千人，合起來總數爲三十六萬八千人。其中能夠返回故鄉的，依照凱撒的命令作的統計是十一萬人。

30 厄爾維幾之役結束後，差不多全高盧的使者——都是各國的首領——統統趕來向凱撒道賀。他們說：他們雖然知道凱撒之所以和厄爾維幾人作這次戰爭，是爲了報復以前他們對羅馬人的侵害，但這件事情的後果，使高盧地方蒙受的利益卻不下於羅馬人，因爲厄爾維幾人在他們正盛極一時的時候離開故鄉，目的在於向全高盧發動戰爭，爭取統治權，在全高盧的廣大土地上，選取他們認爲是最便利、最富饒的地方，作爲自己的住家，把其餘的各國作爲納貢的臣屬。代表們要求凱撒允許他們約定一天，宣布召開一個全高盧的大會，因爲他們有一個請求，希望在取得一致同意之後，向凱撒提出來。這要求被答應了，隨即爲這個會議定下了一個日期，他們之間還起了誓，保證除了會議上大家同意授權的人之外，任何人不得擅自把討論的內容洩漏出去。

31 散會後，仍舊是上次那些國家的首領們，回到凱撒這邊來，請求允許他們和他祕密商談一下有關他們本身和全體安全的問題。這個要求得到了允許，他們全都投身在他腳下，哭泣著向他懇求說：他們熱切而又焦急地希望將和他談的事情不至洩漏出去，其熱切和焦急的程度絕不亞於他們就要提出來的那個要求本身。因爲他們知道，假如洩漏出去之後，他們就要遭到最最殘酷的處罰。替他們發言的是愛杜依人狄維契阿古斯，他說：全高盧各邦，分爲兩個集團，一個集團的領導權由愛杜依人掌握，另一個由阿浮爾尼人掌握。多年以來，他們之間一直在激烈地爭奪霸權，以致阿浮爾尼人和塞廣尼人竟花錢雇來日耳曼人。他們第一次渡過萊茵河來的大約有一萬五千人，後來這些粗魯而又野蠻的人愛上了高盧的土地、文化和富庶，又帶過來更多的人，至今在高盧的日耳曼人已達十二萬左右。愛杜依人和他們的屬邦一再和日耳曼人刀兵相見，在吃了敗仗之後，遭到極大的災難，全部貴族、全部元老和全部騎士都損失乾淨。因爲戰爭和災難的打擊，這些本來由於自己的勇敢、由於羅馬人的恩情和友誼，過去一直在高盧享有霸權的人，被迫不得不把自己國內最尊貴的人交給塞廣尼人做人質，還要用誓言束縛自己的國家：不得索回人質、不得向羅馬人求救、不得拒絕永遠服從他們的權力和統治。在愛杜依全國，只他狄維契阿古斯一個人沒有被弄去宣誓，也沒把自己的孩子交出去做人質，就爲這緣故，他自己才逃出本國趕到羅馬去向元老院求救①，因爲就只他一個人不受誓言和人質的拘束。可是，獲得了勝利的塞廣尼人，比起被征服的愛杜依人來，處境卻只有更壞些。因爲日耳曼人的國王阿里奧維司都斯就住在他們境內，占據了塞廣尼人的三分之一領土，這是全高盧最富饒的土地，而現在，他卻又要塞廣尼人另外再讓出三分之一來，因爲幾個月以前，二萬四千阿魯得斯人又來到他這邊，要讓出地方來給他們住。再息不多幾年，全部日耳曼人都將跑到萊茵河這邊來，這裡的人都要被趕出高盧的領土，因爲高盧的土地和日耳曼的土地，簡直無法相比，他們那邊的生活也跟這邊的生活不可同日

①狄維契阿古斯到元老院求救的事情，發生在公元前六一年，當時元老院僅通過一個空洞的決議，責成高盧行省長官注意愛杜依人的安全。——譯者

而語。阿里奧維司都斯在馬其多勃里加地方一戰擊敗高盧軍隊之後，就極傲慢、極殘酷地進行著統治，把最尊貴的貴族們的孩子索去作爲人質，這些人質略微做了一些未經他點頭同意的事情，就得遭到各種各樣的慘刑。他是一個粗野、任性、殘暴的人，對他的統治誰也没法忍受下去。要不是凱撒和羅馬人民出來設法給一些幫助，全高盧都得像過去的厄爾維幾人那樣離鄉背井，遠遠避開日耳曼人，另外去尋找別的家鄉、別的安身之處，去碰運氣，無論什麼樣的事情在等待他們，也只得去試探一下。這些話要是被阿里奧維司都斯知道，毫無疑問，他要把最慘酷的刑罰加到在他那邊的全部人質身上。只有凱撒，可以利用他自己本人或他的軍隊的威望、利用新近取得的勝利、或者利用羅馬人民的名義，阻止他再把更多的日耳曼人帶到萊茵河這邊來，保障全高盧不再受阿里奧維司都斯的蹂躪。

32 狄維契阿古斯說完這番話時，所有在場的人開始大聲嚎哭著懇求凱撒幫助。凱撒注意到所有人中，就只塞廣尼人没跟別人那樣哭泣，只管凄惶地低頭注視著地面。他不知道這是爲什麼緣故，就詢問他們。塞廣尼人不回答，仍舊默默地保持著原來的凄惶神情。當他一再詢問，得不到答覆時，還是那位愛杜依人狄維契阿古斯作了回答：塞廣尼人的命運，比起別的部落來更爲慘痛、更爲傷心，因此只有他們，那怕在背後，仍舊不敢訴苦，也不敢乞援，即使阿里奧維司都斯不在這裡，對於他的殘忍，也和他親自在這裡一樣的惴惴畏懼。因爲其餘的人，無論如何，逃走的機會總還是有的，獨有塞廣尼人，因爲他們把阿里奧維司都斯邀進自己境内，所有的市鎮都在他的勢力範圍之内，不得不受盡各種苦難。

33 凱撒知道了這些事，就對高盧人說了一番鼓勵的話，答應說：他要親自關心這件事情。他說：他希望阿里奧維司都斯能夠看在他的恩惠和威望面上，不再做傷害人的事情。說過這番話，就遣散了會議。其實，除了這原因以外，還有許多別的緣故，促使他不得不考慮這件事，並且採取行動。首先，他知道屢次被元老院稱作「兄弟」、「親人」的愛杜依人，正在受日耳曼人的奴役和統治，甚至他們還有人質落在阿里奧維司都斯和塞廣尼人手裡，這對羅馬這樣一個堂堂大國說來，不免是他本人和國家的一種恥辱。再說，在他看來，如果日耳曼人逐漸把渡過萊茵河看作一件習以爲常的事情，大批大批地湧入高盧來，對羅馬人民來說，將是一件危險不過的事，何況像他們這樣粗野橫蠻的人，絕不肯安分守己，一旦占有全高盧，就會像過去的欽布里人和條頓人①那樣，衝進我們的行省，再從那裡蜂擁奔向義大利，特別因爲塞廣尼和我們的行省之間，只隔了一條羅唐納斯河。根據這種種情況，他認爲非迅速採取行動不可，而阿里奧維司都斯表現出來的那種自高自大、不可一世的態度，也是件難於忍受的事。

34 因之，他決定派使者到阿里奧維司都斯那邊去，要求他選擇一個和雙方距離相仿的會面地點，他有公務和跟彼此都有重要關係的事情要和他商談。阿里奧維司都斯回答使者說：如果他本人對凱撒有什麼要求，他自會到凱撒這裡來；如果凱撒有什麼事情要求於他，凱撒也應該自己跑到他那邊去。特別因爲他不帶軍隊，便不敢到凱撒所占有的這部分高盧來，如果要把軍隊集中起

---

①欽布里人和條頓人——波羅的海沿岸的兩支日耳曼部落，公元前二世紀末，全族南遷，進抵阿爾卑斯山，企圖侵入義大利，連續殲滅三支羅馬大軍，引起義大利的極大震動，到公元前一〇二——一〇一年，條頓人和欽布里人才先後爲凱撒的姑丈馬略所擊潰，幾乎全族被殲。——譯者

來帶到某個地方去，又不可能不多帶糧秣，大費周折。並且他還奇怪，在他用武力所征服的那一部分高盧中，有什麼事情用得著凱撒和羅馬人來費心。

35 這番回答帶給凱撒後，凱撒又差使者再次帶去如下的話：儘管凱撒和羅馬人對他那樣的恩德備至——就在凱撒仕執政官的那一年①，元老院給了他「國王」和「友人」的稱號——但他給羅馬人民的竟是這樣的回答，連會面的邀請都不願接受，對於雙方都有關的事情，也不屑商談和了解。凱撒要求他的事情是這樣一些：首先，不要再帶更多的人渡過萊茵河進入高盧；其次，歸還從愛杜依人那邊取來的人質，同時也允許塞廣尼人把他們手中握有的人質還給愛杜依人；不再侵犯愛杜依人，也不再對愛杜依人和他們的同盟發動戰爭。如果他做到這些，凱撒和羅馬人民將永遠對他保持友誼和好感。反之，如果他不答應這些要求，那麼，根據馬古斯・梅薩拉和馬古斯・畢索兩人任執政官那年元老院的決議：負責高盧行省的人，應當從共和國的利益出發，對愛杜依人和羅馬人民的其餘友邦加以保護。因而，他不能坐視愛杜依人受到傷害。

36 對於這番話，阿里奧維司都斯回答說：根據戰爭的權利，戰勝者可以隨心所欲地支配他所戰敗的人。同樣，羅馬人統治被征服者，也只是憑自己高興，從來不聽別人的意見。既然他從來不干涉羅馬人行使自己的這種權利，他本人在行使這種權利時，就也不該受羅馬人的阻礙。至於愛杜依人，他們曾經在戰爭中試過運氣，刀兵相見之後，吃了敗仗，才開始向他納貢的。凱撒已經給他造成了很大的損失，凱撒的到來，已經使他的貢賦收入減少了。他絕不會把愛杜依人的人

①即公元前五九年。

質還給他們，如果他們能夠履行先前的諾言，每年交付貢賦，他也不會無緣無故對他們和他們的盟邦作戰；反之，他們如果膽敢違背這些約定，羅馬人的「兄弟」頭銜，絕幫不了他們的忙。至於凱撒對他的警告，說他不會坐視愛杜依人受到的傷害，那麼，他的回答是：沒有誰和他作戰不是自取滅亡的。凱撒只要願意，盡可一試，領教一下戰無不勝的日耳曼人——武藝嫻熟，十四年沒在屋子裡住過的日耳曼人，憑他們的勇敢，能幹出點什麼樣的事業來。

37 在這個消息帶給凱撒的同時，愛杜依人和德來維里人派來了使者，愛杜依人申訴說：新近進入高盧的阿魯得斯人正在蹂躪他們的領土，他們即使再加給阿里奧維司都斯人質，也不能換取和平。德來維里人申訴的是：蘇威皮人住在萊茵河沿岸的一百個部①，正在試圖渡河過來，領導他們的是奈蘇亞和欽百里烏斯兄弟兩人。這些事情使凱撒大爲不安，他決定自己必須迅速採取行動，否則，一旦新來的這股蘇威皮人和阿里奧維司都斯原有的部隊一聯合起來，就將更難抵禦。於是，盡可能迅速地準備起糧秣以後，就急急地向阿里奧維司都斯趕去。

38 當他趕了三天之後，接到報告說：阿里奧維司都斯已經帶著全軍趕去占領塞廣尼人最大的市鎮維松幾阿，離開他的領域已有三天路程。凱撒認爲自己應當極盡全力防止這樁事情的實現。因爲這個鎮上儲藏著大量的戰備物資，而且地勢險要，有很好的天然屏障，特別利於戰守，杜比

---

①部（pagus）——原文指當時義大利一種按地區劃分的小自治單位，無論城市中或鄉村裡都劃成許多這種pagus，它有自己的一些地方性公益事業和祭祀。尚處在部落時代的蘇威皮人未必也有這種組織，凱撒不過是隨便用一個現成字來稱呼他們而已，這裡勉強譯之爲「部」。——譯者

斯河差不多像圓規畫的那樣繞整個市鎮一周，只留下一個缺口沒有包合，長度不到一千六百羅尺，恰巧有一座極高峻的山封閉著這個缺口，這座山的兩面山腳，都一直伸到河邊。有一道城牆包圍著這座山，使它變成一個堡壘，跟市鎮連成一片。凱撒日以繼夜的向那邊趕去，占據了這個市鎮後，就在那裡安下守衛部隊。

39 當他爲了準備糧食和其他給養，在維松幾阿作幾天耽擱時，我軍的士卒向高盧人和客商探詢情況，這些人的笞覆馬上在全軍引起很大的恐慌，大大擾亂了所有人的心緒。這些高盧人和客商誇稱日耳曼人的身材魁偉、勇敢非凡、武藝也十分精熟，平時他們自己遇到日耳曼人時，簡直不敢正視對方的面容，也不敢接觸他們銳利的目光。恐怖最初發生在軍團指揮官①、騎兵指揮官和其他一些本來没有多少軍事經驗，只是因爲友誼，才跟凱撒離開羅馬前來的人身上。他們提出各式各樣理由來說明自己有不得不離開的必要，請求凱撒同意他們離去。還有一些人只是爲了顧全面子，想避免人家說他害怕，才勉强留下來。但他們既掩飾不住愁容，也抑制不住眼淚，只是

①軍團指揮官（tribuni militares）——共和中葉以前，他們本來是真正的指揮官，每個軍團六人，每人兩個月輪流指揮全軍團，由公民大會選出。後來軍團逐漸增多時，只前面的四個軍團還是由選舉產生，其餘軍團都改由執政官任命。到凱撒這時候，他們已經只擔任軍團中的行政工作，很少指揮作戰，即使指揮，也只是統帥交給他們的一個或幾個營，甚至只一條船了。他們都是出身於元老或騎士家庭的青年，來軍中是爲了鍍金，好作爲往上爬的進身之階，實際上没有什麼作戰經驗，因此在戰鬥上的作用，已被首列百夫長們代替，在指揮上的作用，也已被統帥臨時指派來的副將代替。——譯者

躲在營帳中，抱怨自己的命運，或者和他們的熟人在一起，爲共同的危險而悲嘆。全營的人都在簽署遺囑。不久，就連軍事上頗有經驗的人，像兵士們、百夫長們，以及帶領騎兵的人，也都因這些人的傳說和恐懼而感到惶惶然了。其中那些想把自己打扮成並不膽怯的人則誘稱他們不怕敵人，他們擔心的是路途險狹，橫亙在他們和阿里奧維司都斯之間的森林又很遼闊，怕軍糧供應不上。甚至還有些人告訴凱撒說，如果他下令移營拔幟前進，士兵們不會聽從命令，因爲他們害怕，不敢前進。

40 他注意到這些情況，就召集了一個會議，把所有各個百人隊的百夫長都召來。他激烈斥責他們，特別責怪他們竟然把軍隊要開到哪裡去和開去做什麼，認爲是應該由他們來過問和考慮的事情。在他擔任執政官的那一年，阿里奧維司都斯曾經竭力求取過羅馬人民的友誼，爲什麼現在誰都肯定他必然會粗暴得完全不顧情面了呢？至於他自己，他相信：如果對方一旦了解他的要求，知道他的條件是多麼公平合理，就絕不會拒絕他和羅馬人民的好意。即使說，由於憤怒和瘋狂的衝動，他終於發動了戰爭，他們又怕什麼呢？爲什麼他們要對自己的勇氣、對他本人的領導毫無信心呢？在我們上一輩人的記憶中，就是這些敵人，曾經威脅過我們，但在欽布里人和條頓人被該猶斯·馬略擊敗的那一役中，軍士們的值得讚揚，也絕不稍遜於那位統帥本人。就拿最近義大利發生的奴隸暴動①來說，也是一樣，他們學去的我們的經驗和紀律，確實幫了他們不少忙。從這件事情來看，我們就可以判斷，堅定能帶來多大的好處，因爲還沒武裝起來時我們就莫

①指發生於公元前七三—七一年間的斯巴達克斯所領導的大起義。——譯者

明其妙地畏懼的人，後來武裝起來了，還得到了勝利，正當不可一世時，反被我們擊敗了①。最後，就是這些日耳曼人，連厄爾維幾人也常常跟他們交戰，不僅在厄爾維幾人自己的領土上作戰，甚至還跑到對方的領土中去，一再擊敗他們，而厄爾維幾人則早就被證明不是我軍的敵手了。如果還有人被高盧人的失敗和逃竄嚇怕了的話，那麼，這些人只要一調查就可以發現，在高盧人被漫長的戰爭拖得十分厭倦時，阿里奧維司都斯卻一連好幾個月躲在沼澤中的營寨裡不出來，不給他們戰鬥的機會，等高盧人認爲作戰已經無望，紛亂四散時，他才突然加以攻擊，他所以取得勝利，主要依靠的不是勇敢、而是計謀。這種計謀，捉弄一下沒有經驗的蠻族或許還行，如果想用它來對付我們的軍隊，就連他們自己也不敢夢想。還有那些把自己的恐懼諉稱是因爲擔心軍糧不繼、道路險阻的人，他們卻未免太放肆了，他們不是根本不相信統帥的戰略部署，就是認爲非得由他們自己來指點指點他（凱撒）不可，其實這些事情應當是由他來考慮的。糧食有塞廣尼人、呂契人和林恭內斯人在供應，田裡的莊稼也已經成熟。說到道路，短期之內他們就能自己判斷了。至於有人報告說：兵士們會拒絕聽從命令，不再拔幟前進，他絕不因爲這件事情動搖，他知道，凡是被兵士拒絕聽從命令的人，不是因爲措置失當，爲命運所棄，就是因爲被發現

①原文比較費解，凱撒這裡的意思是：那些蠻族在沒得到羅馬的軍事技術和武器裝備以前，蠻族軍隊曾經莫名其妙地（sine causa timuissent）被羅馬軍隊畏懼過，後來這些蠻族軍隊接受了羅馬人的技術和武裝，反被羅馬人擊敗了，於此可見堅定能帶來多大好處。相傳斯巴達克斯本人以及他的部下有許多人都在羅馬的軍隊中服過役，能按羅馬人的方式組織和訓練自己的軍隊。——譯者

了某些罪行，貪污有據。而他凱撒的清白卻可以從一生的行事中看出來，他的命運之好，也可以從厄爾維幾之役中看出來。因而，他要把本來想過一些日子再做的事情，提到現在來做，次日夜間第四更就要移營前進，以便盡可能早一些知道，在他們中間，究竟是自尊心和責任感占上風呢，還是恐怖占上風。即令真的再没別人肯跟他走，只剩第十軍團跟著，他還是照樣繼續前進。毫無疑問，第十軍團一定能夠這樣做，他們正可以做他的衛隊。凱撒最寵愛這個軍團，也最信任這個軍團，因爲他們很勇敢。

41 這番話一說，全軍的情緒都極奇妙地發生了變化，產生了要求馬上投入戰鬥的巨大熱情和渴望。第十軍團因爲得到他的好評，首先通過他們的軍團指揮官們來向他道謝，並向他保證，他們已經作好一切戰鬥準備。其他各軍團也通過他們的指揮官和首列百夫長①，向凱撒作了解釋，說：他們既不懷疑、恐懼，也不想妄自干預作戰機宜，認識到這是應由統帥絕對掌握的事情。接受了這些解釋，同時通過狄維契阿古斯——這是所有高盧人中最得他信任的一個——詢明了道

①首列百夫長（centuriones primorum ordinum）——羅馬軍團中没有專職的軍團長，也没專設的營、連長，除作戰時由統帥臨時派副將去指揮全軍團外，實際上領導戰鬥、負責安營、構築工事和維持紀律的全是每個百人隊的百夫長（centurio）。全軍團六十個百夫長中，第一營的六個百夫長稱爲首列百夫長，直接指揮全軍團的其餘百夫長。首列百夫長中，又數第一營第一連的第一個百夫長責任最爲重大，稱做首席百夫長（primipilus），實際上是全軍團的總指揮。百夫長都是身經百戰的老兵，從最後一個百夫長一級一級地逐連逐營地升上去的，首席百夫長是一個普通士兵所能升到的最高職位。——譯者

路，知道他可以繞道五十多羅里，領著軍隊從一條開闊平坦的路前進。他就照上面所說，在第四更起程。經過不斷的行軍，在第七天，偵察人員向他報告說：阿里奧維司都斯的軍隊，離我軍已經只有二十四羅里了。

42 阿里奧維司都斯知道凱撒到來，就派使者來到他這裡，說：凱撒過去所要求的會談，現在他可以同意了，因爲凱撒現在離他近了些，他認爲這樣做已經毫無危險。凱撒沒有拒絕這個建議，認爲他終於恢復了理智，所以才能把過去拒絕過的要求，又主動答應下來。因而凱撒懷著很大的希望，認爲阿里奧維司都斯可能看在自己和羅馬人民對他的極大恩惠面上、在了解了他的要求之後，會改變自己的倔强態度的，就指定在這一天之後的第五天，舉行會談。在這段時間中，他們之間常常有信使往返。阿里奧維司都斯要求凱撒不要帶步兵到會談的地方去，他深恐中了暗算，被包圍起來，雙方可只帶騎兵到場，否則他就不參加會談。凱撒既不願意有任何枝節橫插進來，可以給他們作爲破壞會談的藉口，又不敢冒險把自己的安全託付給高盧騎兵，就決定一個最萬全的辦法，他把所有高盧騎兵的馬都抽出來，讓給最得他信任的第十軍團的兵士們騎上，以便在萬一發生什麼變故時，他可以有一支最親信的衛隊。當這事在安排時，第十軍團的某一個士兵開玩笑的說：凱撒現在做的事情，已經遠遠超過他的諾言，他原來只答應過第十軍團擔任衛隊，現在卻讓他們當上騎士①了。

---

①騎士（eques）——羅馬古代，公民都參加義務兵役，最富有的人被編成十八個騎兵的百人隊，據說這是塞維烏斯·圖里烏斯立法時規定的。征服義大利之後，騎兵，改由義大利同盟提供，公民騎兵逐漸消失，但在

厄爾維幾戰役圖

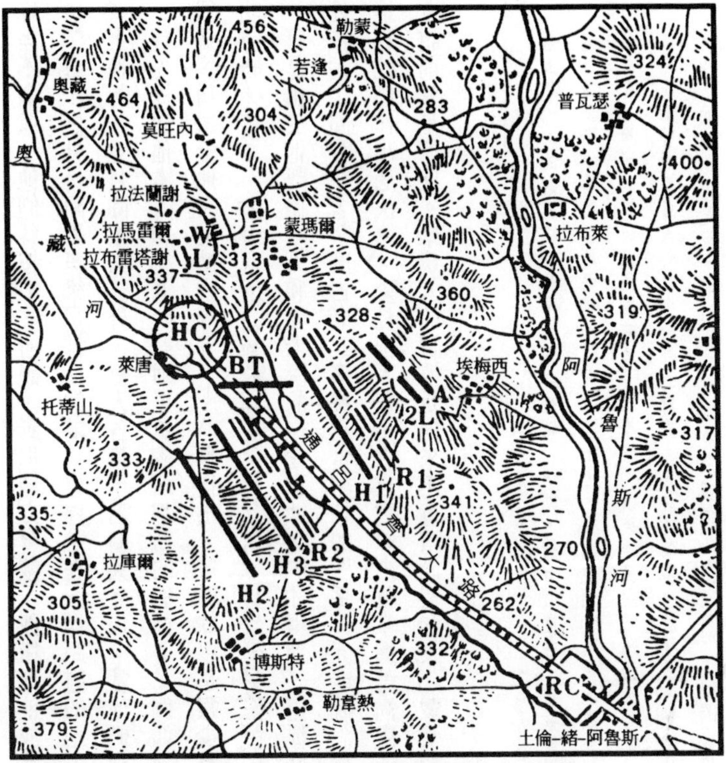

本圖係根據洛布叢書複製，圖中高地上標明的數字是海拔公尺數。

0　1　2　3　4 羅里

說　明

RC	羅馬軍營	H1	厄爾維幾軍最初的陣地（前進時）
— — —	羅馬軍北上路線	H2	厄爾維幾軍第二次陣地（撤退後）
═══	厄爾維幾人北上路線	H3	厄爾維幾軍第三次陣地（前進時）
HC	當天早晨厄爾維幾軍營	BT	波依人和都林忌人進攻R2暴露的側翼
WL	戰鬥前剛排成的車陣	R2	四個老軍團第二次陣地，其第三列轉身迎擊BT
2L	兩個新軍團 } 布滿整個山頭部份人在築壕溝E		
A	輔助部隊		
E	掩護行李的壕溝		
RI	四個老軍團最初的陣地		

43 那邊有一片大平原，平原上有一個很大的土墩，這地方離開阿里奧維司都斯和凱撒的營寨恰好差不多遠。他們就按上文所說，到那地方會談。凱撒把他放在馬上帶去的軍團士兵安頓在距土墩二百步之外，阿里奧維司都斯的騎兵也停駐在同樣距離的地方。阿里奧維司都斯要求會談在馬背上進行，並且除本人之外，每人各帶十名騎兵參加。當他們到達那地點後，凱撒在開始談話時，首先提起他本人和元老院對阿里奧維司都斯的恩德——例如元老院給他「國王」和「友人」的稱號、贈送給他大批禮物等等——並且指出，這種殊恩是很少有的，一向只在一個人有了極大的功勞時才授予，阿里奧維司都斯卻既沒有可以作爲進身之階的藉口，也沒有要求它的正當理由，只是由於他凱撒本人和元老院的仁愛和慷慨，才得到了這種殊榮。同時他又指出：羅馬人和愛杜依人之間存在著多麼古老、多麼正當密切的關係，元老院怎樣一而再、再而三、而且關懷備至地爲他們作出過決議。愛杜依人差不多自古以來就掌握著高盧的霸權，甚至在他們謀求羅馬人的友誼前就是如此。羅馬人的習慣是向來不肯讓同盟和友邦蒙受損失，而是只希望他們在聲譽、

每五年一次的財產統查時，還保留著這一稱號，擁有財富在一定數額以上的就被劃爲騎兵，其中也包括元老。該猶斯・格拉古斯開始把元老排除出去，從此他們就明確地成爲奴隸主階級中的一個單獨的等級——最富有、除元老等級以外最有勢力的等級。以後的民主派政治活動家就都利用他們來對抗元老等級，他們從此成爲普通羅馬人心目中敬畏的對象，騎兵這個字也就變成一種特殊頭銜，一般都改譯爲騎士了。這裡這個士兵的意思是說，凱撒原只說讓他們當衛隊，現在卻把他們提拔爲騎士(ad equum rescribere)了。——譯者

尊嚴和光榮上有所增長的，怎麼能聽任他們早先帶來和羅馬人結交的東西被奪走呢？後來，凱撒又提出曾經委託使者提出過的要求，要阿里奧維司都斯既不對愛杜依人、也不對他們的同盟交戰，並且交還人質。如果不能把一部分日耳曼人遣返回到原地去，至少不再讓別的日耳曼人渡萊茵河過來。

44 阿里奧維司都斯對凱撒的要求回答得很少，卻對自己的勇敢大加吹噓。他說：他之所以渡過萊茵河，不是出於自願，而是高盧人要求和邀請來的。沒有很大的希望和很大的酬報，他們不會輕易離開家鄉。在高盧取得的安身之處，是他們自己讓出來的，人質也是他們自願給的，取得貢賦是戰爭的權利，這是戰勝者慣常加給被征服者的。他沒有把戰爭硬加給高盧人，而是高盧人對他作戰，全高盧各邦都起來攻擊他，在他對面旗鼓森嚴地紮下了營寨，但他們卻被他一戰便擊敗並且征服了。如果他們願意重新再試一下，他也準備再作一次決戰；要是他們願意和平，按道理說，就得繳納貢賦，他們不是到今天還自願繳納嗎？對他來說，羅馬人民的友誼應該是一種裝飾、一種保障，而不是一種障礙，他原來就是按照這種想法去謀求友誼的。假如因爲羅馬人出來說話，他就要取銷貢賦、放過投降者，那他就寧願把羅馬人的友誼拋掉，拋的時候也會跟謀求它的時候同樣輕鬆愉快。至於他之所以把大批日耳曼人帶到高盧來，目的是保衛自己而不是攻擊高盧人。譬如說，他沒接到邀請自己不過來、也不主動發動戰爭而只是自衛，這些都是很好的證明。他進入高盧比羅馬人早，在這個時間以前，羅馬人的軍隊從來没越出過高盧行省的邊界。他凱撒究竟要怎樣？爲什麼要到他占有的地方來？這裡是他領有的高盧，跟那邊是羅馬人領有的一樣。如果是他侵犯羅馬人領有的疆界，自然不該原諒，羅馬人去干擾他的統治，也同樣是不合理的事情。至於說到元老院把愛杜依人稱做「兄弟」，他也不是那麼野蠻不懂事，竟然不知道新近愛杜依人在阿羅布洛及斯一役中没給羅馬人幫助，而愛杜依人在自己跟塞廣尼人所作的鬥爭中，也没受到羅馬人的幫助。他不得不懷疑凱撒雖然表面上裝做友好，但在高盧保留一支軍隊，卻是爲了打擊他的。除非凱撒離開並且把軍隊帶出這個地區，否則他就不認爲他是友人而是個仇敵了。如果他殺死了凱撒，就可以討好許多羅馬的顯貴和要人——他是直接從他們自己的使者們口中得知的——凱撒的死可以替他換來所有這些人的感激和友誼。要是凱撒肯離開，把高盧讓給他自由自在地占領下去，他會重重酬報他，而且可以奉陪他作一次他愛怎樣打就怎樣打的戰爭，一點不用費心血、擔風險。

45 凱撒說了很多話來表明他爲什麼不能把這件事置之度外。無論他本人還是羅馬人民，從來都没忍心拋棄過真誠不渝的朋友不管，他也不承認阿里奧維司都斯比羅馬人更有權占據高盧。阿浮爾尼人和盧登尼人都曾被奎因都斯·費庇烏斯·馬克西姆斯在戰爭中打敗過，羅馬人民卻寬恕了他們，既未把他們的國家改做行省，也没徵收他們的貢賦。因而，如果以時間先後作爲標準，羅馬人統治高盧就應該是最合理的事情。再說，如果元老院的決議應該遵守，那麼，既然元老院在高盧人被征服之後仍舊給了他們自治的權利，就應該讓他們自由下去。

46 當這些事情正在會談時，凱撒得到報告說：阿里奧維司都斯的騎兵，正在走近那土墩，朝我們靠攏，並向我軍投射矢石。凱撒結束了講話，回到自己的軍隊那邊，命令他們無論如何不要向敵人還發一件武器。因爲他雖然明知經他挑選出來的軍團士兵和敵人騎兵交鋒，毫無危險，但還是認爲不應當動手，免得敵人被擊敗之後，會說他們是被他藉談判之名騙來加以包圍的。後來，阿里奧維司都斯在談判中怎樣傲慢不遜、怎樣想把羅馬人驅逐出高盧全境之外，他的騎兵又怎樣攻擊我軍、以致怎樣中斷了談判等等，全都在我軍大夥中傳開了，一種摩拳擦掌，亟亟欲戰的心情在全軍傳布開來。

47 兩天之後，阿里奧維司都斯派使者來見凱撒，說他願意把他們之間已經開始但未結束的那些事情繼續談下去。或者由他重新定一個談判的日子、或者如果他本人不願意，可以在他的副將中派一個人到他那邊去。凱撒認爲已經沒有再會談的必要，特別是前天那些日耳曼人一直向我們投擲矢石，止都止不住。他還認爲把自己的副將派一個到他那邊去做使者，聽其落入蠻族手中，是一件極危險的事情。看來最合適的還是派該猶斯・瓦雷留斯・卡蒲勒斯的兒子該猶斯・瓦雷留斯・普洛契勒斯到他那邊去，這是一個極勇敢、極有教養的青年，他的父親是由該猶斯・瓦雷留斯・弗拉古斯授與公民權的。派他去，既是爲了他的忠誠，也是爲了他對高盧語言的熟練——阿里奧維司都斯由於長期使用這種語言，也已經說得很好——而且像他這樣一個人，日耳曼人實在沒有要傷害他的理由。陪同他一起去的還有馬古斯・梅久斯，這是個已經以客人身分受阿里奧維司都斯款待過的人。他委託他們去了解阿里奧維司都斯有什麼話要說，回來報告給他。但當阿里奧維司都斯在營中見到他們時，當著他的軍隊就叫了起來：「你們爲什麼到我這裡來？是不是來當間諜的？」在他們想要發言時，他阻止了他們，把他們鎖了起來。

48 同一天，他把他的營寨向前移動，在離凱撒的營地六羅里的一座山下安紮下來。就在這第二天，他又領著他的軍隊越過凱撒的營寨，在距他兩羅里處安下營，想藉此把從塞廣尼人和愛杜依人處運來支持凱撒的糧食和供應截斷。這天之後接連五天，凱撒每天都把他的軍隊領到營寨前面，按戰鬥的陣勢布置好，如果阿里奧維司都斯想作戰，好讓他隨時都有機會。但阿里奧維司都斯在這些日子裡，一直把他的軍隊關在營裡不出來，只以騎兵天天作些小接觸。日耳曼人練習有素的戰術是這樣的：他們大約用六千騎兵，配備了同樣數目的極敏捷、極勇敢的步兵，這些步兵都是騎兵們爲了自身的安全，各人挑一個，從全部軍隊中選出來的，在戰鬥中跟他們配合在一起，騎兵撤退時就退向他們那邊去，如果發生什麼緊急情況，他們也很迅速的衝向前接應，有人受重傷從馬上跌下來，他們便立在他四周團團圍住保護他，如果需要前進得更遠或撤退得更迅速時，他們的速度也練得非常之快，只要攀著馬鬃，就可以隨同騎兵一起進退。

49 凱撒看到他閉守在營中，覺得自己的給養不能一直這樣讓他阻截下去，就在日耳曼人紮營的那地方之外，離開他們的營寨大約六百步左右，選擇一個適於紮營的地方，把自己的軍隊分成三列，向那地方趕去。他命令第一、第二兩列武裝戒備，第三列構築工事。前面已經說過這地方離敵營約六百步左右，阿里奧維司都斯派去六千輕裝步兵和全體騎兵，用以威脅我軍，並阻止我軍構築工事。儘管這樣，凱撒還是按照事先擬訂的計畫，命令兩列軍士阻擊敵人，第三列完成了工事。營寨的防禦工事完成後，他留下兩個軍團和一部分輔助部隊，把其餘的四個軍團仍帶回大營。

50 次日，凱撒仍照他原來的做法，把他的軍隊從這兩個營中帶出來，在大營前面不遠的地方列下戰陣，給敵人一個戰鬥的機會。當他發現敵人還是不肯出來時，就在中午前後，把他的軍隊仍領回營寨。阿里奧維司都斯終於派出一部分軍隊去進攻那個小營，雙方一直激戰到傍晚，太陽落山時，阿里奧維司都斯才把他那支受傷很多、傷人也不少的部隊帶回去。凱撒詢問俘虜們爲什麼阿里奧維司都斯不出來一決勝負，發現其原因是這樣的：原來日耳曼人中有一個習俗，作戰有利與否，要由他們族裡的老奶奶們經過占卜，請教過神諭之後再宣布①。她們說：如果在新月出來以前作戰，神意不會讓日耳曼人得勝。

51 就這一天的次日，凱撒在兩個營中各自留下大致足夠防守的兵力之後，在小營前把全部輔助部隊面對敵人布下陣來。因爲他的軍團士兵比起敵人來要少得多，就藉輔助部隊壯壯聲勢。他自己則把軍隊分爲三列，一直向敵人的營寨推進。日耳曼人終於被形勢所迫，也把他們的軍隊開出營寨來，阿魯得斯人、馬可蒙尼人、得里布契人、汪瓊內斯人、內美德斯人、優杜西人和蘇威皮人，一族接一族隔相等的距離布置下來。全軍四周都用自己的四輪車和輜重車團團圍住，使大家沒有脫逃和倖免的希望。車上載著婦女們，她們伸出雙手，痛哭流涕地哀求那些正在進入戰鬥的戰士們，不要讓她們落到羅馬人手裡去當奴隸。

52 凱撒給每個軍團都派去一個副將或財務官，以便每個人都可以由他們來證明自己的勇敢。他自己則在右翼加入戰鬥，因爲他觀察到這一邊的敵人最爲脆弱。在戰鬥的號令一下，我軍猛烈向敵人進攻時，敵人的推進也極爲突然和迅速，使我軍連向敵人投擲輕矛的機會都沒有。他們只

---

①日耳曼人極重視占卜，一直到塔西佗時代還是如此，據塔西佗記載：他們尤其重視鳥卜和占卜，占卜的方法很簡單，從果樹上割下一段細枝，切成小片，加上某些記號作爲區別，不經意地隨手撒在一件潔白的衣服上，如果問的是公務，由國家的巫師主持，如問的是私事，即由一家之長主持，先禱告過神，眼注視著上蒼，把每一木片拈起三次，按照事先做在上面的記號，辨識其凶吉。——譯者

能拋掉矛，手接手地用劍迎戰。日耳曼人很快就按照他們的習慣，結成方陣①來迎接我軍的劍擊，這時，發現我軍中有許多人都跳到敵人的方陣上去，用手拉開盾，從上向下刺傷敵人。當敵人的陣列左翼被我軍擊退並驅散時，他們的右翼仍以大量兵力緊緊地壓迫著我軍。統率騎兵的小布勃留斯·克拉蘇斯②看到這情況——他比在行列中戰鬥的人行動可以自由一些——就把第三列軍隊派上來幫助手忙腳亂的我軍。

53 於是，戰鬥又重新恢復，所有的敵人都轉身逃走，一直逃到離那地方約五羅里的萊茵河才停止。在那邊，有少數人，或則倚恃自己的精力，努力泅水渡過了河，或則尋得小船，逃出性命。阿里奧維司都斯也是其中之一，他看到一隻繫在岸邊的小船，藉此逃了出去。其餘的人全部

---

①方陣（phalanx）——凱撒有時用這個字來稱呼日耳曼人和高盧人的一種陣形，想來這不會是羅馬、希臘、特別是馬其頓的那種真正方陣，不過是一種比較密集的陣形而已。據下文所說的羅馬士兵跳上去用手拉開盾，自上而下刺殺，大約這就是希臘羅馬人常用的「盾龜」戰法，即兵士們先密集作方形或圓形，外圍的兵士把長方形的盾一個接一個連接起來，垂直地擋在自己胸前，護住身體，後面的各列士兵把盾像傘一樣舉在頂上，也一一接連，以防上面落下的矢石。這種陣列往往在被包圍時或接近敵人城牆時使用，士兵們還可以在密不通風的盾掩護下，挖掘敵人的工事，或站在盾上爬上敵人的城牆。因為它形似大龜，故羅馬人稱它爲「盾龜」（亦譯「龜甲車」）（Testudo）。——譯者

②小克拉蘇斯——指布勃留斯·李欽紐斯·克拉蘇斯，即跟凱撒一起結成三人同盟的老克拉蘇斯的幼子，這時他跟他的哥可馬古斯·李欽紐斯·克拉蘇斯一起在凱撒軍中工作，一個擔任副將，一個擔任財務官，凱撒特在他的名字前加一個小字，作爲區別。公元前五三年，他跟他的父親一起死於安息之役。——譯者

被我軍追上殺死。阿里奧維司都斯有兩個妻子，一個是蘇威皮人，是他從家鄉帶出來的，另一個是他在高盧娶的諾列古姆人，是國王沃克契奧的妹妹，她是由她的哥哥送到高盧來跟阿里奧維司都斯結婚的。這兩人都在逃奔中死去。他的兩個女兒，一個被殺，一個被俘。該猶斯・瓦雷留斯・普洛契勒斯在身帶三重鎖鏈，由監守的人牽著奔逃時，恰巧落在帶著騎兵追趕敵人的凱撒本人手裡，這件事情帶給凱撒本人的喜悅，並不亞於戰勝敵人這件事本身，因爲他看到高盧行省的這位最最尊貴的人、他的好友和貴賓，居然能從敵人手裡搶出來還給他，命運之神總算沒有用他的災難來使這場喜事大煞風景。據普洛契勒斯自己說，敵人曾經當著他的面，占卜過三次，詢問究竟馬上殺死他好還是留待日後好，占卜的結果有利於他，才得保全至今。同樣，馬古斯・梅久斯也被找到了，帶到凱撒這邊來。

54 這場戰事的消息傳過萊茵河，已經到達河邊的蘇威皮人聽到後，開始回家。住在離開萊茵河不遠的那些人，趁他們正在萬分驚惶時追上他們，殺死他們中的大部分人。凱撒在一個夏季中完成了兩個重要戰役之後，就把軍隊帶進冬令營，在時令上比這一年實際上需要的還早了一些。留下拉頻努斯主持冬令營之後，他趕向內高盧主持巡回審判①大會去了。

---

①巡回審判（conventus agere）——羅馬行省下面劃分成許多叫做「區」（conventus）的行政單位，行省長官每年一次輪流到各區的首府去主持審判、接受請願，處理稅收和徵兵等事務上的糾紛。有時附近各被征服部落和盟邦的領袖也都趕來相會，所以本書中有的地方又譯爲巡回審判大會。——譯者

卷二

1 如前所說，當凱撒在內高盧的冬令營，軍團也安紮在那邊時，屢次有消息傳來說：整個比爾及——我們前面已經說過，它占高盧的三分之一——在結成同盟，反對羅馬，彼此之間還交換了人質，拉頻努斯的來信也證明了這一點。他們結盟的原因是這樣的：首先，他們害怕一旦全部高盧被征服後，羅馬軍隊就會去征討他們；其次，他們還受到某些高盧人的煽動，這些高盧人中，一部分是因爲既不願日耳曼人在高盧多耽擱，同樣也不喜歡羅馬軍隊在高盧過冬和長期駐留；另外一部分是由於天生好亂成性，輕舉妄動，盼望出現新的政權。煽動者中還有這樣一些人，因爲通常在高盧，有很大勢力的，或者有力量能雇佣軍隊的，就可以占有王位，這些人認爲要是在我們的統治之下，他們就難以達到目的了。

2 這些報告和信件驚動了凱撒，他在內高盧徵集了兩個新的軍團，在夏季開始時，將它們交由副將奎因都斯·彼迪烏斯率領著到外高盧去。當草秣剛一充裕時，他自己也趕到軍中。他交給森農內斯人和跟比爾及人相鄰的其他高盧人一件任務，即命他們去了解比爾及人在進行些什麼活動，並把探到的情況報告他。他們衆口一詞地向他報告說：比爾及人正在徵集兵員，並且正在把軍隊向一個地方集中。凱撒感到不能再猶豫，非馬上向他們進軍不可了。糧食準備好以後，就移

營前進，大約經過一五天，就到達比爾及人邊境。

3 他出其不意到達那邊，其速度之快出乎所有人的意料之外，比爾及人中離高盧最近的雷米人，派他們國內的首要人物依克契烏斯和安德康椤求斯擔任使者，來見凱撒。他們說：他們願意將自己本人和全部財物都交給羅馬人保護和支配，他們既沒有和別的日耳曼人通謀，也沒參加對抗羅馬人的聯盟，無論要交納人質也好，執行凱撒的指示也好，他們都已經作好準備，而且還願意接凱撒進入他們自己的市鎮，把糧食和其他物資支援他。他們說：其餘的比爾及人都已經武裝起來，住在萊茵河這一面的日耳曼人也都跟他們串通一氣。這些人竟然狂熱到如此地步，就連他們雷米人自己的兄弟之族和血親、跟他們享受同樣權利和法律、受同一個政權和首領管轄的蘇威西翁內斯人，也阻攔不住，只好看著他們去附和別人。

4 在凱撒詢問他們哪些國家在武裝、它們的力量有多大、它們的作戰能力如何時，他發現下面的情況：比爾及人大多數是日耳曼人的後代，在很古的時候就渡過萊茵河來，因爲這裡的土地肥沃，便把原來住著的高盧人逐走，自己定居下來。就我們的父老記憶所及，當全高盧都受到欽布里人和條頓人騷擾時，只有比爾及人能擋住他們，沒讓他們侵入自己境內。爲此，每當追憶那些往事時，他們便自認爲在軍事上有極大的權威和聲望。雷米人又說：關於他們的人數，已經全部探聽得很清楚，因爲自己跟他們有鄰居和同盟的關係，所以能夠了解他們每一族在全比爾及大會上答應派來參加這次戰爭的軍隊有多少。在他們中間，俾洛瓦契人在勇敢方面、勢力方面、以及人數方面都最占優勢，可以徵集起十萬軍隊，他們答應從這個數目中選出六萬人來支持這場戰爭，但卻要求把整個戰爭的指揮大權交給他們。蘇威西翁內斯人是他們的緊鄰，占有一片極遼闊豐饒的土地，他們有過一位叫狄維契阿古斯的國王①，直到我們這一代還都記得，他曾經是全高盧最有勢力的人，統治了這些土地中的絕大部分，甚至連不列顛島也包括在內。現在的蘇威西翁內斯人，由蓋爾巴擔任國王，由於他的正直和謹慎，在全體同意之下，已經把這次戰爭的指揮權授給了他。他們有十二個市鎮，答應出五萬兵士。答應出同樣數目的還有納爾維人，這被認爲是比爾及人中間最野蠻、住得也最僻遠的一族。阿德來巴得斯人出一萬五千人、阿姆比安尼人出一萬人、莫里尼人出二萬五千人、門奈比人出七千人、卡來幾人出一萬人、維略卡薩斯人和維洛孟都依人同樣也出一萬人、阿杜亞都契人出一萬九千人，至於通常都被混稱爲日耳曼人的孔特魯西人、厄勃隆尼斯人和卡洛西人、拜曼尼人，據說都答應出四萬人。

5 凱撒用親切的語言對雷米人鼓勵一番之後，命令他們的全部長老都到他這裡來集合，並把他們首領們的孩子帶來給他做人質。所有這些，他們都在指定的那天一一細心地完成。他自己又熱情地鼓勵了那個愛杜依人狄維契阿古斯一番。向他指出：爲了免得在同一時期跟敵人這樣龐大的兵力作戰，設法把敵人的軍隊分開，是一件對於雙方的共同安全關係極爲重大的事情。只要愛杜依人能夠把他們的軍隊帶進俾洛瓦契人的領土，開始蹂躪他們的土地，就能做到這一點。給了他這樣的指示後，就遣他離去。當凱撒一知道全部比爾及人都集中在一個地方並向他開來，又從他派出去的那些偵察部隊和雷米人那邊探知，他們已離他不遠時，他就急急領著軍隊，渡過雷米

①狄維契阿古斯——此人與上卷和本卷以下各節所說的愛杜依人的狄維契阿古斯，不是同一個人。此人全書只此一見。——譯者

人邊界上的阿克松奈河，在那邊安下營寨。這樣，他的營寨就有一面受到河流的掩護，使他的後方避免受敵人的威脅，雷米人和其他各邦送來的給養，也可以毫無危險地運到他這裡來。這條河上有一座橋，他在橋邊布置下守衛，同時還派奎因都斯·季度留斯·薩賓弩斯帶著六個營，留在河的對岸，凱撒命令他造一座有十二羅尺高的壁壘和十八羅尺深的壕溝防衛著的營寨。

6 離他的營寨八羅里，有一個叫做比勃辣克斯的雷米人的市鎮。在進軍途中的比爾及人開始轉過頭來，鬧哄哄地去攻城。那天的防守工作極爲艱苦。高盧人和日耳曼人的攻城方式毫無兩樣：先用大批人把防禦工事團團圍住，再開始用石塊四面向城牆上擲去，把防守的人統統驅走，然後搭起盾龜，逐漸逼近，躲在下面挖掘城牆。這樣做起來很方便，因爲投擲了這麼多石塊和武器之後，再沒人能在城上堅持下去。當圍攻因爲黑夜降臨歇下手來時，雷米人中最尊貴、最有人望的依克契烏斯——前次派到凱撒這裡來求和的代表之一，這時主持守城工作——派使者到凱撒這裡來說：如果不派救兵去援助他們，勢將無法再支撐下去。

7 在半夜裡，凱撒即用依克契烏斯派來的使者做嚮導，派弩米底亞和克里特的弓弩手、以及巴利阿里的射石手①去援助那市鎮。他們的到達，不但激起了雷米人抵抗的希望和反擊的熱情，

---

①地中海上的克里特島居民，和北非的弩米底亞人，自古以善射馳名，羅馬人很早就雇佣他們作爲同盟軍。西地中海上靠近西班牙的巴利阿里群島上的居民，也從古以來就以善於用闊帶子兜著石塊或鉛球投擲傷人聞名，第二次布匿戰爭時，羅馬和迦太基軍中都雇佣著他們。在當時敘述戰爭的著作中，幾乎已把弩米底亞人和克里特人當做弓箭手的同義語，巴利阿里人當做射石手的同義語。——譯者

同樣也使敵人奪取市鎮的夢想落空。因此，他們在市鎮附近略事停留、蹂躪了雷米人的田地、並把所能趕到的全部村莊和房舍付之一炬後，用他們的全部兵力向凱撒的營寨趕來，在相距不到兩羅里處，安下營寨。這個營寨，就它的炊烟和火光來推測，寬度當在八羅里以上。

8 凱撒最初因爲敵軍人多勢衆，又一向負有驍勇善戰的聲譽，決定避免跟他們作戰，只在每天進行的一些騎兵接觸中，試探敵人究竟勇悍到什麼程度，我軍又果敢到什麼程度。他終於覺察到我軍並不稍遜於他們。同時，他看到營寨前面的那塊地方，正好天然條件極適合、極有利於布列戰陣，因爲紮營的那座山，只從平地上隆起不太高，它正面伸出去的一塊地方，寬度恰好容得下布好陣列的部隊，它的兩側面很陡，只正前方才緩緩地下降爲平地。他就在山的兩側面各挖了一道大約爲四百羅步的橫截的壕塹，壕塹兩端都建有碉堡，把他的作戰機械①布置在那邊，免得把軍隊布列下來以後，數量上占極大優勢的敵人，會趁戰鬥正吃緊時從側面來包圍他的軍隊。這些布置完畢之後，他除了把最近徵召來的兩個軍團留在營中，以備必要時調出來作援軍之外，其餘六個軍團，都在營寨前按戰鬥的陣列布置下來。敵人也同樣把他們的軍隊引出營寨，布下陣勢。

9 我軍和敵軍之間，有一片不很大的沼澤。敵人等候在那邊，想看我軍是否涉渡過去，我軍也只嚴陣以待，企圖在敵人敢於首先涉渡過來時，趁他們在混亂中攻擊他們。當時只有騎兵在兩

---

①羅馬人作戰時廣泛使用各種機械，統稱爲tormenta，大都屬於弩機一類。主要有三種，即用於射長箭或矛的catapulta，或scorpio，用於射木柱和大石塊的ballista，和只用於射小石塊的onager。——譯者

阿克松奈河之役圖

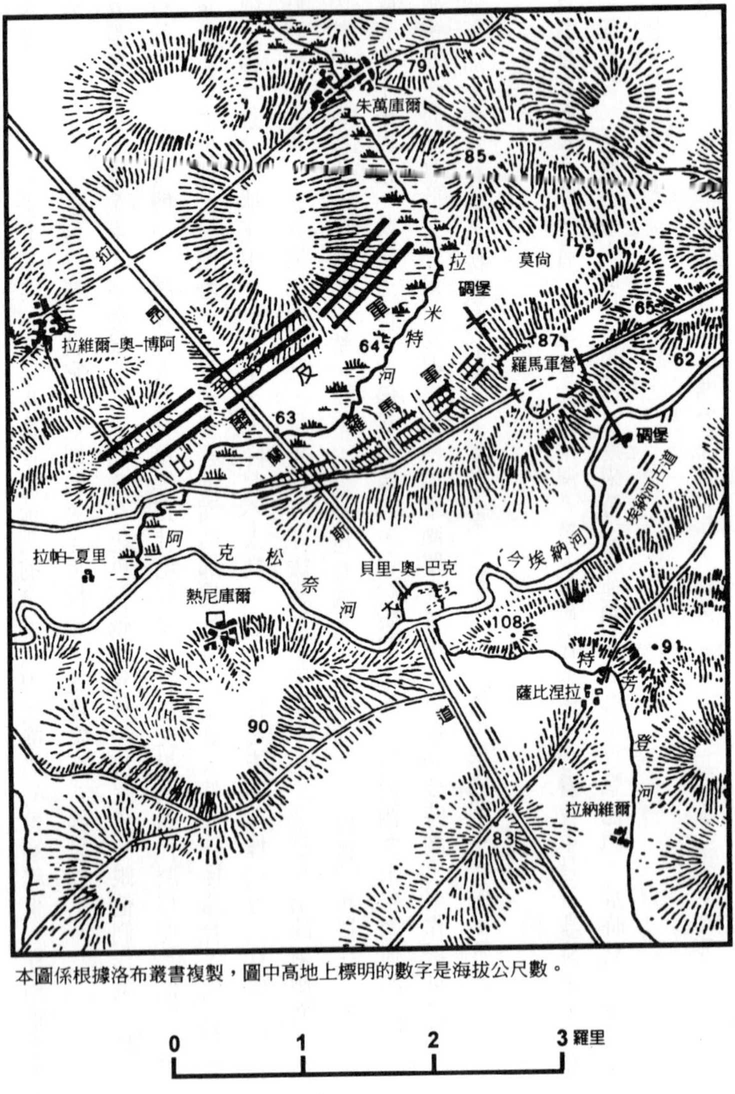

本圖係根據洛布叢書複製，圖中高地上標明的數字是海拔公尺數。

0 1 2 3 羅里

軍之間戰鬥著。雙方既然都不作涉過沼澤的打算，凱撒就趁我軍騎兵在戰鬥中占上風時，帶著軍隊回營寨。敵人立刻從那地方急急趕到前面已經提過的在我們營寨後方的阿克松奈河去。他們在那邊發現了渡口，就試探著把他們的一部分軍隊渡到對岸來。他們的打算是：如有可能，就突擊攻下凱撒的副將奎因都斯・季度留斯坐鎮的那座營寨，拆斷橋梁；如果做不到這點，也可以破壞對我軍作戰極有助益的雷米人的領土，阻礙我軍給養。

10 凱撒從季度留斯那邊得到了消息，就派他的全部騎兵、輕裝的努米底亞人、射石手和弓弩手從橋上過河，向他們趕去，在那邊發生了非常激烈的戰鬥。我軍攻擊那些正在困難地渡河的敵軍，殺掉他們大部分人。當其餘的人勇敢地跨過同伴的屍體企圖渡河時，被大量的矢矛擊退，最前面的已經渡過來的一批人，也被我騎兵圍困殲滅。敵人這時知道無論襲擊市鎮也好、渡河也好，都已沒有希望，又看到我軍不前進到對我方不利的地方去和他們作戰，加上他們自己的糧食供給不足，因此，他們召開全體會議，決定各人最好還是回到自己國裡去，誰的領土首先遭到羅馬軍隊入侵，大家就從各地趕到那邊去救援，這樣，便可以不在別人的領土上、而在自己的領土上作戰，利用本土的資源供應軍需。除了別的一些原因之外，還有一個理由在促使他們作出這樣的決定：他們已經知道狄維契阿古斯和愛杜依人已經到達俾洛瓦契人的領土，再也沒法說服俾洛瓦契人多留片刻，遲一點去援助自己的同族。

11 這樣決定後，他們就在第二更時吵吵鬧鬧地衝出營寨，亂成一片，既沒有一定的隊列，也沒有什麼號令，因爲各人都想替自己搶到行軍途中最前面的位置，好急速趕回家去。因而他們的撤退乍看竟像是潰散一樣。凱撒馬上就從他的偵探人員那邊得知這消息，但因爲沒有了解他們撤退的理由，深恐有埋伏，故而把他的軍隊和騎兵留在營中不出動。天明時，這消息得到偵察部隊證實，他才派騎兵去騷擾他們的後隊。這些騎兵交由奎因都斯・彼迪烏斯和盧契烏斯・奧龍古來猶斯・考達兩位副將率領。另外又命他的另一個副將季度斯・拉頻努斯帶三個軍團在後面接應。他們攻擊了這些人的後隊，追逐了許多羅里，把正在逃奔的敵人殺死一大批。因爲當他們的後隊被我軍趕上、停下來奮勇抵禦我軍攻擊時，處在前面的人卻因爲看到自己離開危險還有一段距離，無論形勢多麼急迫、無論什麼樣的命令，都不能阻止他們奔逃，一聽到叫喊的聲音，馬上就隊列散亂，各自奔走逃生。這樣，我們就不用冒絲毫危險，盡那天餘下來的時間，放手盡情殺死他們的大批人，直到日落西山方停止追趕，按照給他們的命令，返回營寨。

12 次日，在敵人還沒從驚駭和潰散中恢復過來之前，凱撒帶領他的軍隊，進入和雷米人最接近的蘇威西翁內斯人境內，經過急行軍後，趕到一個叫做諾維奧洞納姆的市鎮。因爲聽說該鎮守衛空虛，他企圖趁行軍途中順路過去一舉襲取它。但由於濠寬城高，雖然防守者很少，卻攻不下來。因而，給自己的營寨築好防禦工事後，就開始製造盾車①，並準備攻城使用的各種東西。這時，逃出來的全部蘇威西翁內斯人也於次日晚上大批進入該鎮。當盾車很快就朝市鎮架設起來，

---

①盾車（vinea）——攻城用的木製器械，像一間小屋子，但只兩面或三面有木板牆，屋頂也用厚木板製成，上面還覆有鐵皮或獸革，用以防火，下面有輪子，可以推動。人躲在裡面可以從牆上的洞裡向外射箭，還可以利用它挖掘地道等等。——譯者

敵人的城濠也給填進泥土，還造起了木塔時①，這些高盧人過去見所未見、聞所未聞的巨大工程、以及羅馬人的行動敏捷，使他們大爲吃驚，就派求降的使者來見凱撒，加之雷米人從中代爲求情，他們獲得了寬恕。

13 凱撒接受了該邦最重要的人作爲人質，其中包括蓋爾巴國王自己的兩個兒子，又收繳了城裡的全部武器，然後答應了蘇威西翁内斯人的投降，把軍隊帶著向俾洛瓦契趕去。他們已經把自己的全部人員和家財都集中到勃拉都斯邦久姆鎮上，當凱撒帶著軍隊離開那邊還只五羅里時，他們的全部老人都跑出城來，開始向凱撒伸著雙手，齊聲訴說：他們願意投身到他的保護和權威下來，再也不跟羅馬人作戰。當凱撒到達該鎮，紮下營寨時，孩子們和婦女們也同樣按照他們的習俗，在城上伸出雙手，向羅馬人懇求講和。

14 狄維契阿古斯在比爾及人撤退時，就已經遣散了愛杜依人，回到凱撒這邊，這時也替他們請求說：俾洛瓦契人對愛杜依人是一向很忠誠友好的，他們之所以背叛愛杜依人，跟羅馬人作戰，是受了他們的領袖們煽惑的結果。這些人謊稱愛杜依人已經在受凱撒的奴役，受盡各種侮辱和污蔑。策劃這些陰謀的領袖們在知道了自己給國家造成的災難是多麼深重時，都已逃到不列顛去。不僅俾洛瓦契人懇求凱撒仁慈寬大，就愛杜依人也同樣要代他們請求。這樣，愛杜依人在全

①木塔（turris）——木材造成的一層或多層結構，外蒙鐵皮，有輪子可以推動，往往一層一層往上加高，使它高過城牆，再從上面向城上發射矢石，驅走守衛的人。有時塔上還設有可吊起和放下的檻橋，可以放下來架在敵人的城牆或碉堡上，讓戰士們爬上去。——譯者

部比爾及人中的威信就可以提高。歷來發生什麼戰爭時，愛杜依總是依靠他們的援助和資源的。

15 凱撒說：他正是爲了尊重狄維契阿古斯和愛杜依人的緣故，才接受他們的投降，保全了他們。但因爲他們的國家在比爾及人中力量最強大、人口也最多，所以他要了六百名人質。當這些人質交了出來，鎮上所有的武器也都收齊後，他就離開這裡，趕到阿姆比安尼人境內去。他們也毫不疑遲地連人帶全部財富都獻出來投降。跟他們國界相接的是納爾維人，當凱撒探詢納爾維人的性格和習俗時，他發現他們的情況如下：商人向來没法接近他們，酒和其他近於奢靡的東西，他們絕不允許帶進去，認爲這些東西能夠消磨他們的意志，減弱他們的勇氣。他們都是極粗野、極勇悍的人，他們責罵和怪怨其餘的比爾及人甘心向羅馬人屈膝投降，拋棄世代相傳的英勇。他們聲明自己絕不派代表到凱撒這裡來，也不接受任何講和條件。

16 當凱撒越過他們的境界，行軍三天之後，從俘虜口中得知薩比斯河離開他的營寨已不到十羅里，全部納爾維人都集中在一渡過河的地方，等待羅馬人來。跟他們在一起的還有他們的鄰邦阿德來巴得斯人和維洛孟都依人，他們都是被納爾維人說服來跟他們在一起，準備在這場戰爭中碰運氣的，同時他們還在盼望著已經在路上的阿杜亞都契人的軍隊。婦女們和看來年齡不適於作戰的人，都集中在一個有沼澤阻礙、軍隊難於通行的地方。

17 凱撒知道了這些事情，就派偵察部隊和百夫長們前去選擇宜於紮營的地方，當時跟著凱撒一起行軍的有大批投降過來的比爾及人和別的高盧人。後來才從俘虜們口中得知，在那些日子裡，他們看到了我軍通常的行軍方式，就趁夜趕到納爾維人那邊，告訴他們說：在我軍的一個軍團和另一個軍團之間，插有大量輜重隊，當前面的一個軍團已經進入營寨，其餘的軍團還隔著一段距離時，趁機攻擊那些身負行囊的士兵，是件輕而易舉的事情。擊潰他們之後，奪走他們的輜重，其餘的軍團就不敢再相持下去。納爾維人還有一項從古傳下來的習慣，即促使他們採納送情報的人所提的建議，因爲他們自古以來就沒有騎兵，直到現在爲止，他們對它還是不很熱心，他們所有的力量，全在步兵上面。爲了便於阻止鄰國的騎兵進入境內劫掠，他們把半切開的嫩枝彎著插向地下，不久它就向四面八方滋生許多繁茂的小枝，茅茨和荊棘也密密地夾雜著叢生在裡面，很快就長成一道城牆似的藩籬，爲他們構成一條很好的防禦工事，人不但沒法穿過，連窺探也不可能。我軍在進軍途中很受到這種藩籬的阻礙，因而他們就認爲這是一個不可輕易放棄的計畫。

18 我們選來紮營的地方，形勢是這樣的：那邊有一座山，山坡勻稱地向下降落，直抵我們前述的薩比斯河邊。河邊又升起另一座同樣坡度的山，正好面對著上述的那一座，山腳下約有二百羅尺左右是空曠的地方，再上去就有森林掩蓋著，因此不易窺見它的內部。敵人就躲在這些密林中。在空曠的地方，只有在沿著河的地方可以看到一些騎兵哨崗。那條河的深度約爲三羅尺。

19 凱撒派騎兵走在前面，讓其餘的軍隊緊緊跟在他們後面，但進行的方式和次序卻和比爾及人報告給納爾維人的不同。因爲凱撒的習慣，在他接近敵人時，以六個輕裝的軍團當做先鋒，放在前面，全軍的輜重都跟在他們後面，然後以新近徵召的兩個軍團放在最後面，掩護全軍和保衛輜重隊。我軍的騎兵和射石手、弓弩手，一過河就和敵人的騎兵交鋒起來。敵人時而退回藏在密林中的自己人那邊去、時而又衝出林來攻擊我軍，我軍追趕退走的敵人時卻不敢越過那片可以遙望到的空曠地帶。這時，我軍走在前面的六個軍團已經測量好工事，開始爲營寨建築防禦工程。

當我軍的第一批輜重隊被躲在林中的那些敵人看到時——這就是他們事先約好同時進攻的時刻——他們就在森林中布好行列和陣勢，彼此鼓勵了一番之後，突然以全部兵力猛衝出來，攻擊我軍的騎兵。後者很快就被擊潰，陷入混亂。他們又用難於想像的速度奔到河邊。一時看起來似乎林中、河邊，以至我們身邊，到處都是敵人，他們甚至還以同樣的速度趕上山去，衝向我軍的營寨和那些忙於築工事的人。

20 這一來，凱撒就得在瞬息間做好許多事情，戰旗①要升起來——這是急須拿起武器來戰鬥的表示——信號要利用軍號發出去，士兵們要從工事上叫回來，跑到遠處去爲壁壘尋找材料的人要集合攏來，陣伍要布列起來，戰士要鼓勵一番，還得把戰鬥號令發布出去。時間的急促和敵人的逼近使得這些事情大部分受到阻礙，但也有兩件事情幫了忙，減輕了這些困難：第一，軍士們的經驗和技術經過前幾次戰鬥鍛煉後，什麼事情該做，都能自己給自己安排，並不比有人指點差一些；次之，凱撒禁止他的副將們在營寨築好防禦工事以前離開各人的軍團。這時，他們一看到敵人如此逼近和迅猛，就不再等待凱撒的命令，馬上根據自己的判斷行動起來。

21 必要的命令發布好之後，凱撒爲要鼓勵士卒，急急趕向隨便遇上的那個軍團去，正好逢上第十軍團。他没用更多的話鼓勵士兵們，只籲請他們記牢自己原有的英勇，心裡不要慌張，奮勇抵住敵人的攻擊。當時敵人離他們已只有一矛可以投及的距離，他發出了接戰的號令。同樣爲了鼓勵士卒，他又向別的部分趕去，正好遇上戰鬥。時間十分急迫，敵人的鬥志又十分堅決，我軍

---

①戰旗（vexillum）——升在統帥營帳上表示即將戰鬥或開拔的小紅旗。——譯者

不僅徽號没佩好，甚至戴上頭盔、揭掉盾上的套子的時間都没有，各人從工事上奔過來時，恰好遇上隨便哪一部分、第一眼看到隨便哪個連隊標誌①時，就在那邊站定下來，免得因爲尋找自己的隊伍而浪費了戰鬥的時間。

22 軍隊的布置，與其說是根據正常的戰術要求，還不如說是因爲受到地形、山的坡度和時間的限制，没奈何才這樣安排的。當各個軍團各自在不同的地方抵禦敵人時，由於有我們前面所說的極爲繁密的藩籬橫隔在中間，無法眺望，也没法在適當的地方安置一些接應的兵力，既不能預料到哪些地方需要什麼樣的措施，也不可能由一個人來統一發布所有的號令，從而，遭遇既完全不同，結果便也各式各樣了。

23 處在戰線左翼的第九和第十軍團的士兵，正好和也處在這邊的阿德來巴得斯人相遇，擲罷輕矛之後，很快就把這些已跑得很乏力、氣都喘不過來、而且負傷累累的敵人，從高地趕向河中去，又在他們竭力渡河，不暇應付時趕上去用劍砍死了一大批人。他們自己也毫不猶豫地渡河追

---

①連隊標誌（signum）——標誌的作用就像我們現在的軍旗，不過不是用紡織品製成的。在軍團有鷹幟，在營或連則是一支矛，矛頭部分帶有一些特別記號的東西，如刻字的銅牌和銅製動物之類，作爲各自的標誌。當時，營没有單獨的標誌，全營根據第一連的連隊標誌指向而行動。所以在凱撒書中，就把進軍稱爲「把標誌帶向前去」（signa proferre），把退軍稱爲「把標誌轉過來」（signa convertere），把停止前進稱爲「把標誌停下來」（signa constituere）。標誌都有專人肩扛，叫做"signifer"，意即「旗手」。——譯者

去，趕到一個地形不利的所在，跟重新站定下來抵抗的敵人再次交鋒，又一次把他們逐走。同樣在另一面，別的兩個軍團，第十一和第八，也擊敗和他們遭遇的維洛孟都依人，離開高地，一直殺奔到那條河的岸邊。但這樣一來，雖有第十二軍團、以及離它不遠之外還有第七軍團駐在那邊右翼，整個營寨的正面及左側卻差不多完全暴露了。全部納爾維人，在他們的最高指揮官波陀奥耶多斯領導下，都急忙向那邊趕去，一部分開始從暴露著的側翼著手，包圍這兩個軍團，另一部分向那山頂上的營寨攻去。

24 就在那時候，我們的騎兵和跟他們在一起的輕裝步兵，即前面說過的在敵人第一次衝擊時被擊退的那些人，正在退回營寨時，恰好迎面碰上敵人，重新又向別的地方逃去。在營寨後門和山脊最高處的軍奴們①，看到我軍乘勝追過了河，正要搶下來收集戰利品時，回頭一看，卻見敵人已經在我軍的營寨中走動，急忙四處逃竄。同時，跟輜重隊一起來的人也發出一片呼噪叫喊聲，嚇得到處亂竄。所有這些情形，使德來維里人的騎兵大爲驚駭——他們以勇猛馳名全高盧，這次是由他們的國家派來支援凱撒的——當他們看到我們營中到處都是敵人，軍團受到沉重的壓力，而且幾乎處在被圍困之中，軍奴們、騎兵們、射石手和努米底亞人也紛紛四散逃生時，便認爲我軍的處境已經絕望，急忙趕回家去，報告他們國裡的人說，羅馬人已經被打敗和潰散了，他

---

①軍奴（calo）——隨著主人到軍營裡來侍候他的私人奴隸，有屬於士兵的，也有屬於軍官的。這種軍奴人數大概很多，每個軍團都有一大隊跟在身後，他們也編了隊，用軍法管理著。他們做著各式各樣的工作，特別是運送行李。——譯者

薩比斯河戰役圖

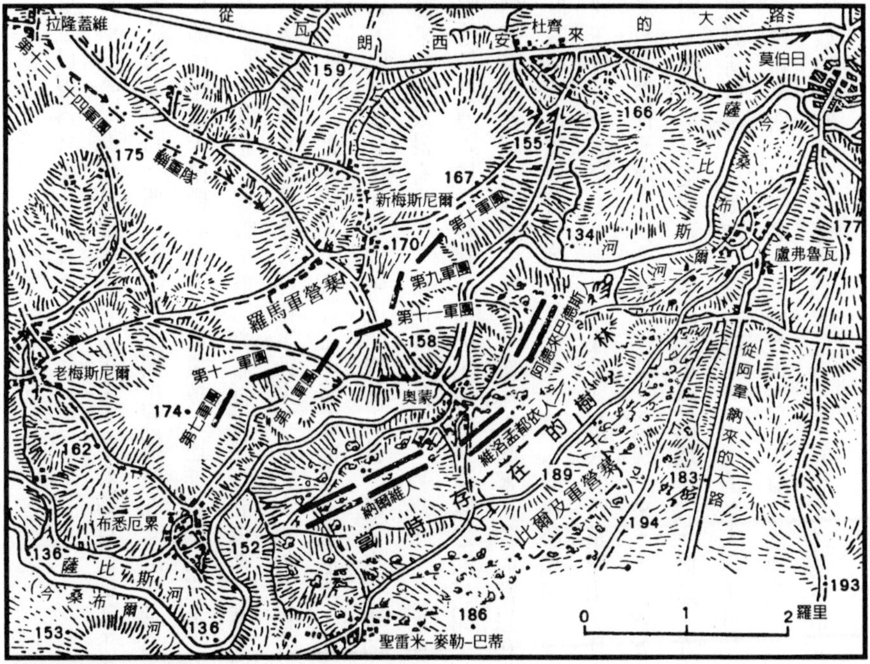

本圖係根據洛布叢書複製，圖中高地上標明的數字是海拔公尺數。

們的營寨和輜重也已經落到敵人手裡。

25 凱撒在鼓勵了第十軍團之後，向右翼趕去，他看到自己的部下正受到沉重的壓力，第十二軍團所有連隊標誌都集中到一個地方，軍士們也都擁擠在一起，使自己的戰鬥受到了妨礙，第四營的全部百夫長都已陣亡，掮標誌的人也被殺掉，連標誌都已失落，其餘各營的全部百夫長，幾乎不是負傷便是陣亡，其中一個極勇敢的首席百夫長布勃留斯·塞克司久斯·巴古勒斯已經受了好幾處重傷，無法再支持。其餘的人都鬆下勁來，有些人由於自己身後失掉了掩護的人，就退出戰鬥，以避鋒刃。另一方面，敵人卻只管在正面從低處向上進攻，同時還衝擊兩面側翼。看來形勢已經十分危急，而且沒有任何可以動用的後備力量。凱撒在後軍的一個兵士手中搶過了一面盾——因爲他自己來的時候沒有帶——就向陣線的第一列趕去，一面叫著百夫長們的姓名，鼓勵著其他兵士，吩咐他們把連隊標誌移到前面去，連隊與連隊之間拉開，以便更自由地運用劍。他的到來，給士兵們帶來了希望，他們的精神重新振作起來，各人都想在統帥的親眼目睹之下，表現出自己即使身歷險境時還驍勇善戰到何等程度。敵人的攻勢稍稍被遏止了一些。

26 凱撒看到在他近旁的第七軍團，同樣受到敵人的沉重壓力，便指示軍團指揮官們逐漸把兩個軍團連接起來，背靠背地兩面朝著敵人作戰。這樣一來，士兵們互相掩護著對方，不再擔心背後受到敵人包圍，開始更堅強地站定腳跟，更勇敢地作戰。同時，在大軍後方保護輜重的兩個軍團，一聽到戰鬥的新情況，立刻加快腳步趕來。山上的敵人馬上就望見他們。這時已經占領敵人營寨的季度斯·拉頻努斯，也從高處看到我軍營寨中發生的事情，就派第十軍團來救援。他們從奔逃的騎兵和軍奴口中知道了形勢是那麼危急、軍團和統帥的處境又是那麼凶險時，就盡其所能地加快速度奔過來。

27 他們的到達，使形勢起了極大的變化，我軍中即使因傷躺倒的人，也竭力倚在他們的盾上重新戰鬥起來。那些軍奴，儘管自己沒有武器，看到敵人慌亂，也不顧對方有武器，照樣撲上前去。騎兵們也希望以自己的勇敢來洗刷掉潰逃的恥辱，就在所有戰鬥的地方一馬當先搶到軍團士兵的前面去。但敵人儘管生還的希望已經微乎其微，卻仍顯示出非常的勇敢。當他們最前列的人陣亡時，旁邊的人便馬上站到倒下的人上面，在他們的屍體上戰鬥，當這些人也都倒下，他們的屍體積成一堆時，活著的人就把它們當做壁壘，站在上面向我軍發射武器，或者攔截我軍發出的輕矛，投擲回來。因之，我們完全有正當的理由稱這些敢於渡過大河、攀登高岸、闖入形勢不利的地方的人爲英勇無比的人。這些行爲雖是極端不容易的，但高度的英勇使它們輕易做到了。

28 這場戰鬥結束，差不多就把納爾維人這個民族連帶他們的名字都消滅掉了。我們前面說過，那些跟婦女、兒童一起安頓在河口和沼澤地帶的老年人，得知這場戰鬥的消息時，知道再沒什麼可以擋住勝利者，也再沒什麼可以保障被擊敗了的人，就在殘存的人全體同意之下，派使者來見凱撒，向他投降。在談到他們這個族所遭到的慘運時，據說，他們的六百個長老只剩下三個，能持武器作戰的六萬男子中，大約只剩下五百人。爲要表示對他們的苦苦懇求有所憐憫，凱撒很細心周到地把他們保全下來，吩咐他們仍舊使用自己的疆土和市鎮，並命令他們的四鄰不許侵害他們和他們的財物。

29 至於我前面說到過的阿杜亞都契人，當他們以全部兵力趕來援助納爾維人時，得到了這場戰事的消息，就在半路上掉頭回家，放棄了全部市鎮和要塞，把所有的財物都集中到一處被自然條件極好地捍衛著的市鎮裡去。這市鎮四面都被高峻的巉岩和陡壁包圍著，只在一面有一條平緩的上山道路，不到二百羅尺寬，他們原已在那邊築了兩重很高的城牆作爲防禦，這時又在城牆上放置了極重的石塊和削尖的木樁。他們原是欽布里人和條頓人的後代，這兩族人向我們的行省和義大利移動時，把他們帶不走的那些輜重和財物，設法安頓留置在萊茵河這邊，並從他們中間留下六千人來作爲守衛和保護者。在他們被殲滅以後，留下來的那些人受到鄰族的多年侵擾，一會兒進攻別人，一會又抵禦別人的進攻，後來在大家同意之下，挑選這塊地方作爲住家。

30 我軍剛到達時，他們不時從市鎮裡衝出來，跟我軍作些小戰鬥。後來當我軍造起了一座高十二羅尺、周一萬五千羅尺、密布碉堡的長壘以後，便退守在市鎮裡不再出來。當我軍的盾車推了上去，圍牆堆了起來，同時他們還看到很遠的地方正在建造木塔時，最初他們只管取笑，譏諷我們說：老遠造起這麼笨重的器械來幹什麼？特別是像你們這樣矮小得可憐的人，要費什麼樣的手腳、什麼樣的精力，才能把這麼笨重的木塔搬到城下來呀？因爲和他們的魁偉身材一對比，我們的矮小常常受到大部分高盧人的輕視。

31 但他們一看到它居然移動起來，向他們的城牆靠近時，新奇而又陌生的景象刺激了他們，他們派求和的使者來見凱撒。使者們是這樣說的：他們相信羅馬人作戰時是有神靈相助的，所以才能把這樣高大的機械迅速地移動到就近來作戰。他們願意把自己連人帶全部財物都交給凱撒，聽憑處理。他們只要求允許一件事情：如果僥倖得蒙他的仁慈和惻隱——他們老早就聽人說過這個——決定饒恕阿杜亞都契人，希望也不要把他們的武器沒收掉，因爲差不多所有他們的鄰人都仇視他們，妒忌他們的英勇，如果他們交出武器，就再也無法保衛自己。要是真讓他們落到這種倒霉的境地，還不如聽憑羅馬人隨便怎樣處理，總比讓一向受自己統治的那些人殘酷殺害好些。

32 凱撒對他們的這些話回答說：假使他們在撞錘還沒觸到城牆之前就投降，他就會保全他們的國家。這樣做，主要是因爲他自己一向以寬大爲懷，而不是因爲他們的過錯有什麼可以原諒的地方。但投降没有別的條件，唯獨要他們把武器交出來。他自然會像過去給納爾維人安排的那樣，命令他們的鄰居不許對已經投降羅馬人的國家作任何侵害。使者們把這些話回報了他們國內的人以後，他們答應執行凱撒的命令。大量武器從城牆上擲下來，投入市鎮前面的壕塹裡，堆積得差不多跟城牆一樣高。就算這樣，後來還發現幾乎有三分之一武器被隱藏下來，藏在市鎮裡。城門打開了，當天他們就獲得了和平。

33 傍晚，凱撒下令關上城門，並命令士兵們都撤離市鎮，以免鎮上居民受到侵害。後來才知道，他們事先就商定了一個陰謀。他們相信，一投降之後，我軍就會把哨崗撤走，或者，至少也要在防守上鬆懈許多。他們一部分人用留藏起來的武器，一部分人用樹皮做成或柳條編就的盾——因爲時間短促，只匆匆蒙上一層獸皮——在第三更時，突然全力從鎮上奪門而出，揀我軍的工事最易於攀登的地方衝出去。很快地，信號按照凱撒事先作的指示，用火光馬上傳開，士兵們從附近的碉堡中立刻奔向那邊集中。在這場戰鬥中，敵人作戰的猛烈程度，只有像他們這樣勇悍的人，需要在不利的地形抵禦從壁壘和木塔中向他們紛紛發射矢石的敵人、生路只剩一線時，才會表現出來。這時唯一可以寄希望的東西就是自身的勇敢了。約有四千人被殺，其餘的仍被驅回鎮上。次日，把已經不再有人把守的城門打開了，我軍進入鎮中，凱撒把鎮上的全部戰利品一下子就拍賣出去。據買的人向他作的報告，他們買下的人達五萬三千之多。

34 就在那時，布勃留斯·克拉蘇斯——他是奉凱撒的命令帶一個軍團去征討文內幾人、文內里人、奧西絲米人、古里阿沙立太人、厄蘇維人、奧來爾契人、雷東內斯人這些連接大洋的沿海各邦——向他報告說：所有這些國家都已被收歸羅馬人民的權力和管轄之下。

35 這些工作完成後，全高盧都已平定，這場戰爭在蠻族中引起的震動如此之大，連住在萊茵河以外的一些族也都派使者到凱撒這裡來，答應交納人質，並奉行他的命令。凱撒因爲急著要趕到義大利和伊里列古姆去，就命令這些使者在明年初夏時再到他這裡來。他自己把他的軍團帶進設在卡爾努德斯、安得斯、都龍耐斯以及鄰近新作戰地區的各邦的冬令營後，立刻出發到義大利。元老院接到凱撒的信後，決議爲這些戰役作十五天謝神祭①，這是前所未有的事。

---

①謝神祭（supplcatio）——羅馬一種全國性的宗教儀式，常在巨大的災難（如布匿戰爭中的德拉西曼之役慘敗）或巨大的勝利後舉行。儀式舉行時，全城的廟宇開放，神像和聖物都陳列在公共場所，供人獻牲奉祀，各祭司團體也都舉行隆重的祭禱儀式。舉行這種典禮的日期長短，由元老院決定後，執政官公布執行，普通爲一天到三天，五天到七天已很少見，龐培在東方大捷時曾舉行十天。這次爲凱撒舉行的典禮是最長的一次，所以凱撒把十五天的謝神祭當作特殊的光榮。——譯者

卷三

1 當凱撒出發到義大利去時，他派塞維烏斯・蓋爾巴率領第十二軍團和一部分騎兵去討伐南都阿得斯人、維拉格里人和塞鄧尼人。他們的領域從阿羅布洛及斯的邊界、勒茫納斯湖和羅唐納斯河開始，直抵阿爾卑斯山頂。凱撒派他去進討的原因，是想打通商人需要經過很大的危險和繳納很重的捐稅，才能通過的阿爾卑斯山通路。凱撒答應他，如果他認爲軍團有必要在那邊過冬，就可以留在那邊。蓋爾巴進行了幾次順利的戰鬥，攻取了他們不少碉堡之後，各方面都派使者來到他這裡，交納人質，締結和約。於是，他決定在南都阿得斯人這邊留上兩個營，然後自己領著那個軍團的其餘各營，到維拉格里人的一個叫做奧克多杜勒斯的村莊去過冬。這村莊處在一個山谷中，只有一片不大的平地跟它相連，四周都有極高的山包圍著。由於那村莊被一條河流一分爲二，蓋爾巴便把半個村莊讓給高盧人住，另外空出來的半個村莊留給他的軍隊住著過冬，並且築了壁壘和壕塹，防護這地方。

2 他在冬令營度過了一些日子，還命令從鄰近運糧食來，突然有偵察部隊向他報告說：讓給高盧人住的那部分村莊，忽然在夜間全搬空了，俯臨村子的四周高山已被大量塞鄧尼人和維拉格里人占據著。高盧人所以突然採取重新作戰、襲擊我軍的計畫，是有一些原因的。首先，他們輕

視我軍人數少，只一個軍團還不足額，除了已經抽走兩個營之外，被零零星星派出去尋找給養的人也不少。其次，他們認爲我軍所處的地形不利，只要他們從山上向峽谷中衝下來，一投擲矢石，這第一陣攻擊我軍就難以阻擋。此外，還因爲他們自己的孩子被當做人質帶走，感到痛心，而且相信羅馬人試圖占領阿爾卑斯山頂，不僅是爲了要打通道路，而是想永久占領它，把這地方併到鄰近的行省裡去。

3 蓋爾巴接到這消息時，冬令營的工程和防禦工事還沒有竣工，就連糧食和其他的給養也沒準備充足，本來他認爲他們已經投降了，還接受了人質，可以不用擔心戰爭了。這時，他迅速召集了一個軍事會議，開始徵求意見。在這會議上，因爲發生了這樣出乎意外的突然危險，已經可以看到差不多所有高處都已布滿大批武裝隊伍，道路被隔斷了，沒有援軍能趕得來，也沒接濟能運得來，在這種安全處於絕望狀態的時候，自然有不少人提出意見，要求把輜重留下，突圍出去，仍從來的那條路退回去，尋求生路。但就大部分人來說，都認爲這個方案不妨留作最後手段，目前姑且等一下，看看事情如何發展，並且守衛好營寨再說。

4 只經過很短一段時間，差不多還來不及安排和實行他們所決定的事情，敵人就一聲號令，從四面八方衝下來，一陣陣石塊、重矛，向我方的壁壘亂發。最初，在精力充沛時，我軍奮勇地抵抗著，從高處發出去的武器，也很少落空，一發現營寨有哪一部分守衛者被驅走，壓力沉重時，就都趕到那邊去相援。但在這點上他們很吃虧，敵人遇到作戰時間一長，感到疲勞時，就可以退出戰鬥，由別的生力軍來填補他的位置，我軍卻因爲人數太少，根本沒法這樣做，不僅疲勞的人不能退出戰鬥，就是受傷的人也一樣沒有離開崗位、稍事休息的機會。

5 戰鬥連續不停拖到六個時刻以上的時候，我方人員不僅精力不濟，就矢矛也難於爲繼了，敵人的進攻卻分外猛烈，開始趁我軍精疲力盡的時候，拆毀我軍的戰壁，填沒我軍的壕塹。在這事機萬分危急的時候，首席百夫長布勃留斯·塞克司久斯·巴古勒斯——即我們說過跟納爾維人作戰時受傷多處的那個——和智勇兼備的軍團指揮官該猶斯·沃盧森納斯，急忙奔到蓋爾巴這裡來說：唯一可以保安全的辦法只有突圍，試一試最後這一步棋了。於是蓋爾巴召集百夫長們，命令他們很快通知兵士們，暫停戰鬥片刻，收集起投擲進來的武器，並略事恢復疲勞。後來，一聲令下，從營中突圍出去，把他們全部的安全希望，都寄託在勇敢上面。

6 他們按照給他們的指示辦事，突然從營寨的所有各個門同時突圍出去，使敵人既沒有機會了解發生了什麼事情，也來不及集合自己的人員。運氣卻就這樣完全轉了過來，那些企圖趕來占領營寨的人，到處受到我軍的包圍和殲滅。集中到我軍營寨來的據說有三萬多人的蠻族中，三分之一以上被殺死，其餘的都被嚇得驚惶四散，甚至連高地上也沒讓他們再停下去。就這樣把敵人全軍擊潰、武器也都收起來之後，他們才回進營寨和工事。經過這次戰鬥，蓋爾巴不願意再碰運氣，他還記得他之所以到這裡來過冬，本來是抱著一定的目的來的，但現在遇到的完全是另一種情況，特別是缺乏糧食和給養使他很憂慮，便在次日，把那村莊的全部房舍付之一炬後，急急趕回行省。一路沒遇到敵人阻擋和干擾，他把軍團安全地帶進南都阿德斯，又從那邊進入阿羅布洛及斯，就在那邊過冬。

7 經過這些事情之後，凱撒認爲有一切理由可以假定目前高盧已經完全平定——比如說，已經征服了比爾及人、驅逐了日耳曼人、擊敗了阿爾卑斯山區的塞鄧尼人——因而可以在冬天出發到伊利列古姆去，訪問一下那邊的部落，了解一下那個地區的情況。就在這個時候，高盧突然爆發了戰爭。這場戰爭的原因是這樣的：那小布勃留斯・克拉蘇斯本來是帶著第七軍團駐在靠近大洋邊的安得斯人境內過冬的。他因爲那一帶地方缺乏穀物，就派出一些騎兵指揮官和軍團指揮官到鄰近各邦去征取穀物和給養。這些人中，季度斯・德拉西第烏斯被派到厄蘇維人那邊、馬古斯・德來彪斯・加盧斯被派到古里阿沙立太人那邊、奎因都斯・維朗紐斯和季度斯・悉留斯被派到文内幾人那邊。

8 文内幾這個國家的勢力，遠遠超過沿海的一切地區，因爲他們不但擁有大量船隻，慣於用來遠航不列顛，而且就航海的知識和經驗來說，也遠遠超過其他人。加之，散布在這片海濤洶湧、浩蕩無邊的大洋沿岸的幾個港口，又都掌握在他們手中，習於在這片海洋上航行的所有各族，差不多都得向他們納貢。首先發起扣押悉留斯和維朗紐斯的正是他們。他們認爲如果能扣下這兩個人，就可以用來換回自己交給克拉蘇斯的人質。高盧人採取什麼行動一向是很突然、很匆促的，在他們的勢力影響之下，鄰近各族也就因同一目的扣留了德來彪斯和德拉西第烏斯。使者們很快地在他們的領袖中往來奔走一番之後，他們之間便設下了盟誓，規定除一致同意之外，不得擅自單獨行動，原因是好讓大家分擔同樣的命運。他們還煽動其他各族說：與其忍受羅馬人的奴役，不如繼續保持祖先們傳下來的自由。所有沿海地區都很快接受了他們的意見。他們聯合派使者來見布勃留斯・克拉蘇斯說：如果他想要自己的部下回去，就得把人質還給他們。

9 凱撒從克拉蘇斯處得知了這個消息，因爲他離開那邊較遠，就命令在流入大洋的里傑爾河上建造戰艦，到行省裡去徵集槳手，並準備好水手和領航。這些事情很快就執行完畢，一到季節許可時，他自己匆匆趕到軍中。文內幾人及其他各邦的人一聽到凱撒到來的消息，同時也知道自己把使者——持有這種稱號的人是在各族人民中一致認爲神聖不可侵犯的——扣留下來投入牢獄，是一件極爲嚴重的罪行，便估量著將落到自己頭上來的危險有多大，而積極備戰起來。因爲他們對自己所處的地理形勢抱有很大的信心，所以特別留意準備那些船隻所需用的東西。他們深信，由於河口港汊紛紜，陸路被切斷了，加之我們地勢不熟，港口稀少，海路也受到了一定的阻礙。他們還認爲我們由於缺乏糧食，絕不可能在他們那邊耽擱很久。即令發生的事情件件都跟他們設想的相反，他們的艦隻仍不失爲一支强大可靠的力量，羅馬人既不可能有很多艦隻，又不了解自己就要在那邊作戰的這個地區的淺灘、港口和島嶼的情況，而且他們知道，在茫無邊際的大洋上航行，究竟跟在狹隘的海面上是完全不同的兩回事。既經這樣決定之後，他們就給市鎮築起防禦工事，把鄉間的穀物運進城裡，還把大量船隻集中到文內幾人境内，他們認爲，凱撒要用兵，一定首先在文内幾人那邊開始。他們把奧西絲米人、勒克索維人、南姆內德斯人、安皮利亞幾人、莫里尼人、狄布林得斯人和門奈比人都聯合起來，做爲參加這個戰爭的同盟，並派人到正好面對這些地區的不列顛島上去召請援軍。

10 要進行這場戰爭，存在著許多困難，已如上述。雖然如此，促使凱撒從事這次戰爭的原因卻有許多：因扣留羅馬騎士而給羅馬的侮辱、投降之後又輕易背叛、交了人質後再肆意反復、這麼多國家的通謀叛亂，特別重要的是他深恐如果姑息了這一地區的行動，其餘各族就會認爲也允許他們這樣做了。他很了解差不多全高盧人都愛鬧事，要煽動他們作戰是件極容易的事，同時他也知道，一切人的本性都是愛好自由，痛恨受奴役的。因此，他應該在還沒更多的部落參加這次

叛亂以前，先把自己的軍隊分開，散布得更廣一些。

11 因而他派他的副將季度斯・拉頻弩斯帶著騎兵到靠萊茵河最近的德來維里人那邊去，命他去訪問雷米人和其他比爾及諸族，囑咐他們保持忠順，如果日耳曼人企圖用船隻強渡過來——據說比爾及人已經邀請他們過來幫助自己——便截阻他們。他又命令布勃留斯・克拉蘇斯帶十二個營和大批騎兵進入阿奎丹尼，防止這些族派援軍進入高盧，免得這麼大的兩個部落連成一氣。又派副將奎因都斯・季度留斯・薩賓努斯帶三個軍團進入文內里人、古里阿沙立太人、勒克索維人中間去，注意不讓他們的兵力和其他各邦聯合起來。他還派年輕的特契莫斯・布魯圖斯統率艦隊以及從庇克東內斯、桑東尼和其他仍舊保持平靜的地區集合起來的高盧船艦，並命令他盡速向文內幾地區趕去。他自己也帶著步兵，向那邊前進。

12 他們的市鎮，所處的位置總是一個樣子，一般都坐落在伸到海中的地角或海岬的尖端，因為洋中來的大潮，一天二十四刻時中間總要湧進來兩次，所以步行不能到達；而且因為潮水總得退去，船隻會在礁石上碰傷，因此也無法乘船前往。上述的兩種情況，都使攻取他們的市鎮受到阻礙。有時逢到他們偶然被我們巨大的圍城工程所困，海水被幾乎跟市鎮的城一樣高的圍牆或堤岸隔斷，使他們感到危在頃刻時，他們馬上把大批船隻調進港口（這是他們的優勢所在），把他們的全部財物連帶自己本人都載走，到最近的一個市鎮，利用同樣有利的地形，重新進行抵抗。他們在夏季的大部分時間中，他們這樣做更加方便，因為我們的船隻受到風暴的阻碍，在這浩瀚、空曠的洋面上航行有極大的困難。加之，那邊的潮水漲得極高，少數幾個港口又分布得稀稀落落，幾乎等於沒有。

13 他們的艦隻是這樣建造和裝備起來的：船身的龍骨比我們的要平直得多，因而遇到淺灘和落潮時，更容易應付。船頭翹得很高，船尾也一樣，適於抵禦巨浪和風暴。船隻通身都用橡樹造成，經受得起任何暴力和衝擊。坐板是一羅尺來粗的木頭橫檔做成的，用拇指那樣粗的鐵釘釘住。扣緊錨的也是鐵鏈而不是普通的纜繩。帆是用毛皮或精製的薄革製成的，所以使用這些東西，不是因爲他們缺乏或不知道利用亞麻，就更可能是因爲他們認爲要經得起洋面上如此險惡的波浪、如此猛烈衝擊的颶風、要駕馭如此重載的巨船，帆是不適合的。如果我們的艦隊和他們的船隻一朝相遇，我們的艦隻在速度上和使用槳這一點上勝過它們，至於其他，就這地區的自然條件和風浪險惡而論，他們的船隻各方面都比我們更適合、更可取些。他們的船隻造得如此之堅牢，我們既不能用船頭上的鐵嘴去撞傷它們，又因爲它們高，也不容易把投擲武器投擲上去，由於同樣原因，它們也不可能被鐵鈎搭住。再加上每逢風暴發作時，他們可以乘風揚帆，處之泰然，既能夠從容應付風暴，又可以安然停泊在淺灘裡，即令退潮，也不怕那些岩石和暗礁。這些危險，卻都是我們的艦隻所要擔心的。

14 凱撒在攻取他們的許多市鎮後，發現只占領市鎮，並不能阻止敵人逃走，也傷害不了他們，白白浪費許多勞動力，便決定等他的艦隊來臨。它們剛一到來，被敵人一眼看到時，馬上就有他們的大約二百二十艘艦隻，準備充分、配備齊全，從他們的港口駛出來，停在我們的艦隊對面。率領整個艦隊的布魯圖斯和每人指揮一艘軍艦的軍團指揮官們、百夫長們，都一點不知道該怎麼辦、採用什麼樣的戰術才好。因爲他們都知道船頭上的鐵嘴傷害不了它們，即使甲板上豎有望塔，但蠻族艦隻的後身，高度超過了它，我們處在較低的位置，武器不可能有效地投擲到它上面去，高盧人擲向我們的武器卻將更加分外有力。我們準備好的東西只有一件起了很大的作用，即一種嵌在長竿上並且縛得很牢固的銳利的鉤刀，其形式大約跟攻城用的撓鉤相似，當把帆桁紮牢在船桅上的繩索，一旦被它們鉤住拉緊的時候，我們的船隻努力鼓槳前進，繩索就被割斷。繩索一斷，帆桁也必然就此落下來。既然高盧軍艦的全部希望都寄託在帆和索具上，它們一落掉，軍艦的功用也就同時全部完結，這場戰鬥餘下來的工作就是較量勇力了。我軍在這方面是毫不費力就可以占得上風的，特別因爲這場戰鬥是當著凱撒和全部大軍的面進行的，任何行動，只要稍比別人勇敢一些，就不會不引人注目，因爲這時差不多所有的山丘、高地，凡是可以就近俯視海面的地方，全都在我軍占領之下。

15 敵艦的帆桁被拉下以後，雖然我們每艘軍艦都受到他們兩三艘軍艦包圍，我軍仍舊全力爬登到敵艦上去作戰。蠻族一看到發生了這樣的事情，一時找不出解救的辦法，只得馬上匆匆逃去。在他們掉轉艦隻剛想乘風駛去時，海上突然出現一段極端平靜、一絲風浪都沒有的時刻，使他們的船隻一步不能離開那地方。這確確實實是結束這一戰役的極好機會，我軍追上去一一襲取了它們。戰鬥從第四刻時一直拖到日落以後，全部敵艦中，只極少數能趁黑夜降臨，逃回岸邊。

16 這一次戰役結束了文內幾和整個沿海地區的戰事，因爲，一方面他們的全部青年、以及全部年齡雖大一些、但卻有謀略或地位的人，都已集中在這裡；另一方面，他們在這裡也同樣集中了到處搜羅得來的所有船隻，這些船隻一失掉，不僅倖存者再無處可逃，也再無別的方法可以保衛自己的市鎮。因此他們只能把自己的全部生命財產都獻給凱撒乞求投降。凱撒決定給他們比較嚴厲的懲罰，好讓使節的特權將來得到蠻族更大的尊重，因而在處死他們的全部長老之後，又給其餘的人全都戴上花圈，當做奴隸拍賣出去①。

17 當這些事在文內幾進行時，奎因都斯・季度留斯，薩賓努斯帶著凱撒交給他的軍隊，進入文內里人的領土。領導著文內里人的是維里度維克斯，他掌握了所有那些叛亂的邦的最高大權，並且從這些邦裡徵召軍隊，集中起大量兵力。近幾天中，奧來爾契人、厄布洛維契人和勒克索維人，也在殺掉他們自己的那些不肯出來擔任戰爭發起人的長老之後，閉上城門，跟維里度維克斯聯合起來。此外，還有從高盧各地趕來的大批亡命之徒和匪盜，搶劫的習氣和對戰爭的嗜好，使他們抛掉了農活和日常勞動。薩賓努斯卻只堅守在一處應付各種事故都很方便的營寨中，當維里度維克斯在兩羅里以外安下營寨，每天都把軍隊帶出來給他戰鬥的機會時，薩賓努斯卻不僅引起敵人的輕視，甚至還受到我軍士兵的一些冷言冷語的諷刺。他的故作膽怯給了敵人深刻的印象，他們甚至敢於一直跑到我軍營寨的壁壘前面來。他之所以這樣做，是因爲他認爲一個副將，特別當負責指揮的人不在場的時候，不該擅自跟這麼大的一支軍隊作戰，除非恰巧逢到很合適的地形和極有利的時機。

18 這種僞裝的膽怯一經被敵人深信不疑時，薩賓努斯選定了一個很合適而又機敏的高盧人——這是他作爲同盟軍帶在身邊的人之一——他用慷慨的獎賞和諾言誘使他去投奔敵人，並教他

---

①羅馬習慣，奴隸送到市場上去出售時，常給戴上花圈，所以「給戴上花圈賣掉」（sub corona vendere），就是賣做奴隸的意思。這裡，大批俘虜是在軍營中當場整批拍賣給隨著軍隊走的奴隸販子的，不是在普通市場上零售，未必都戴花圈，凱撒不過是使用習慣的說法而已。——譯者

該怎麼做。這個僞裝逃亡的人逃到他們那邊時，就把羅馬人如何害怕一一講給他們聽，還告訴他們：凱撒本人也正在受到文內幾人的進攻，處境困難，薩賓弩斯至遲在明天晚上就要帶著他的軍團祕密離開營寨，趕去支援凱撒。他們聽到這番話後，異口同聲地嚷著說：一舉成功的大好機會千萬不可以錯過，應該趕到羅馬營寨去。有許多原因鼓勵高盧人採取這一步：前些日子薩賓弩斯所表現的畏縮；逃亡者證實的消息；糧食的缺乏（因爲他們沒好好準備）；文內幾人的戰爭所帶來的希望；以及人們通常總相信自己的願望會實現的心理。他們受到這些原因的推動，便硬纏著維里度維克斯和別的領袖們不放，不讓他們退出會議，直到這些人答應他們拿起武器、趕到我軍營寨來方息。一得到許可時他們那副歡天喜地的樣子，好像勝利已經穩穩地捏在手裡似的，在收集了準備填沒羅馬人壕塹用的柴把和樹枝之後，便向羅馬營寨趕來。

19 營寨所在的地方是一片高地，從山底緩緩升起的斜坡長達一羅里左右。他們從那邊用極快的速度跑上來，目的是盡可能不讓羅馬人有集合和武裝自己的時間，因而他們到達時，差不多連氣都喘不過來。薩賓弩斯鼓勵了他的部下，發出他們渴望已久的戰鬥信號。當敵人正身負重荷、累贅不堪時，他命令部隊從營寨的兩個門突擊出去。由於地形的優勢、敵人的無知和疲勞、我軍的勇敢和歷次戰爭中得來的經驗，他們簡直一觸即潰，立刻轉身逃走。我軍士兵趁他們亂成一團時以極旺盛的精力追逐，殺死他們大批人，其餘的也由騎兵追逐下去，只留下極少數，飛奔逃出性命。這樣，薩賓弩斯得到凱撒海戰勝利的消息，恰恰正和凱撒接到薩賓弩斯的捷報同時。所有的國家都馬上向季度留斯投降，正因爲高盧人的性情浮躁、輕於尋釁惹禍，所以他們的氣質也很脆弱，完全經受不起挫折。

20 大約同時，在布勃留斯·克拉蘇斯一到阿奎丹尼——正如前文所說，這地區由於幅員廣大、人口衆多，被視爲高盧的第三部分——時，他就已經看出，他自己要在這裡進行一場戰爭。這地區正是幾年前副將盧契烏斯·瓦雷留斯·普來孔寧納斯的軍隊在這裡被擊敗、本人也在這裡遇害的地方；也就是代行執政官盧契烏斯·孟尼留斯①在丟掉輜重之後才得逃出去的地區，因此自己必須加倍警惕才行。克拉蘇斯在準備好糧食、召集了輔助部隊和騎兵、並且從鄰接這些地區的托洛薩、卡加索和奈波等高盧行省中的幾個邦指名召集了許多勇士之後，領著軍隊進入索幾亞德斯人的境內。得知他到來的消息，索幾亞德斯人集中大量兵力，特別是作爲主力的大批騎兵，趕來突襲行軍中的我軍。最初作了一次騎兵戰，然後，當他們的騎兵被擊退，我軍正在追逐時，他們埋伏在山谷中的步兵突然衝出來，趁我軍騎兵分散時進行攻擊，重又戰鬥起來。

21 戰鬥時間長而且激烈。索幾亞德斯人一則倚恃前次的勝利，再則還認爲整個阿奎丹尼的安全都得靠他們的勇敢；我軍的士兵則急切想給人們看看當統帥不在場、其他軍團不在場、只在年紀很輕的將領率領之下，自己能取得什麼樣的成就。終於，敵人負傷累累，轉身逃走。他們中間大批人被殺死。克拉蘇斯開始轉過頭來攻打索幾亞德斯人的市鎮。當他們頑強地抵抗時，他建

---

①蘇拉死後，民主派殘餘的首領奎因都斯·塞多留斯占據西班牙，跟羅馬元老院派去的軍隊作戰，高盧行省的代行執政官盧契烏斯·孟尼留斯率領三個軍團趕到比利牛斯山以南去支援羅馬政府軍，被塞多留斯的部將伊爾都來猶斯擊潰。當他帶著殘軍退回行省時，又遭到阿奎丹尼人的襲擊，幾乎全軍覆沒。此事發生於公元前七十九年。——譯者

造了許多盾車和木塔。他們時而試行突圍、時而又掘地道通到我軍的壁壘和盾車附近來——掘地道是阿奎丹尼人最拿手的工作，因爲他們那邊許多地方都有銅礦——後來他們知道我軍戒備嚴密，這些事情都徒勞無益時，就派使者來到克拉蘇斯處，求他允許他們投降。得到允許之後，他們遵命交出武器。

22 正當我軍的注意力都集中在這件事情上，擔任最高司令的阿狄亞都安納斯帶著六百名死黨——這種人他們稱之爲「共命」①，他們與他們傾心訂交的人同享一切生活享受，逢到有什麼强暴落到與之訂交的這個人身上時，不是跟他一同經受患難，就是自殺。到現在爲止，就人們的記憶所及，還沒一個人在他與之訂交的人被殺時吝惜一死的——在市鎮的另一部分竭力想突圍出去。我軍一聽到這部分工事上發出一陣喧鬧聲時，紛紛持武器趕去，在那邊發生激烈的戰鬥，他們被驅回鎮內。不過，他們仍舊得到克拉蘇斯的允許，跟別人享受同樣的投降待遇。

23 克拉蘇斯接受他們的武器和人質之後，又進軍到狄卡德斯人和塔魯薩得斯人境內。這些蠻族一聽到一個有自然條件和人工防衛得很好的城鎮，沒幾天就被我軍攻下來時，非常驚駭。他們開始派遣使者四出奔走，互相聯盟，交換人質，並準備軍隊。使者甚至一直被派到毗連阿奎丹尼的近西班牙②，到那邊去徵召援軍和指揮官。這些人招來後，他們就以極大的聲勢和人力進行備

---

①共命（soldurii）——大概古代許多落後部落中都有這種制度，這裡的譯法，是從《新唐書・吐蕃傳》中來的。——譯者

②近西班牙（Hispania citerior）——羅馬從公元前一九七年起，把伊比利安半島組成兩個行省，一個叫西班

戰。那些多年來始終追隨奎因都斯・塞多留斯的人，被認爲具有極豐富的軍事知識，當選爲領袖。這些領袖學習羅馬人的做法，開始選擇地形，給營寨建築防禦工事，並切斷我軍的給養。克拉蘇斯注意到了這些，知道自己的部隊人數少，不便分遣出去，敵人卻既可以流動，又可以攔截道路，還能給自己的營寨留下足夠的守衛，因而，糧食與給養很難運到他這邊來；而敵人的數目卻在一天比一天增加，他深感到萬不能再拖延不戰。這事被提交給軍事會議，在他知道所有的人都有同感時，就決定在次日作戰。

24 次日拂曉他領出了全部隊伍並布列成兩行，輔助部隊被安置在中間，然後就等著看敵人採取什麼行動。儘管敵人認爲自己人多勢衆，又歷來以勇敢善戰馳名，而我軍人數又很少，但他們還是想用封鎖道路、切斷供應等更加安全的辦法，想等到羅馬人因爲缺乏糧食，開始退卻時，趁我軍行軍途中行李累贅、鬥志低落的時候，加以攻擊，便可不流一滴血取得勝利。這一計畫得到領袖們的同意，當羅馬軍隊已領出營寨時，他們卻仍舊守在自己營裡不理睬。克拉蘇斯注意到敵人的拖延不戰和因此給人的膽怯印象，已經使我軍士卒更加急於一戰，到處可以聽到反對再拖延下去、要求一直逼到敵人營壘前去的呼聲。於是，他鼓勵了部下之後，便率領全軍，摩拳擦掌地直奔敵人的營寨。

25 一到那邊，有人忙著填沒壕塹，有人投擲大量矢矛，把防守者從壁壘和碉堡上驅逐走。那

牙，包括已經羅馬化了的埃布羅河下游一帶，另一個叫遠西班牙（Hispania ulterior），包括瓜達爾基微河一帶。帝國初期又重分爲三個行省。——譯者

些克拉蘇斯並没指望他們在戰鬥中起多大作用的輔助部隊，紛紛供應石塊、投槍，把草泥運向壁壘，也給人一種忙於作戰的印象。敵人這方面戰鬥得同樣堅決，毫不膽怯，他們的武器從高處發射下來很少有落空。騎兵在周遊巡視敵人的營寨之後，來報告克拉蘇斯說：敵營的後門没有跟前門那樣細心設防，易於接近。

26 克拉蘇斯鼓勵騎兵指揮官們，叫他們用極大的酬獎和慷慨的諾言激勵自己的部下，並且還把自己希望做的事情告訴他們。指揮官們按照克拉蘇斯的命令，把留在營寨中擔任守衛、没有因勞動而疲乏的幾營生力軍帶出來，從另一條比較遠的路繞道過去，以免被敵人看到。當敵人個個都全神貫注只顧戰鬥時，他們很快趕到我們前面説過的那些防禦工事，把它們搗毁之後，在敵人還没來得及看仔細、或者還來不及知道發生了什麼事情之前，便已經在他們的營寨裡站住了腳。當這一邊發生的呼噪聲被正在戰鬥的我軍聽到時，正像勝利在望時常出現的情況那樣，他們重新鼓起勇氣，開始格外勇敢地戰鬥。敵人四面受到包圍，感到完全絶望，趕忙從工事上跳下去飛奔逃生。騎兵在這一片極空曠的平原上盡情追逐他們，把從阿奎丹尼和康丹勃里集中來的據説數達五萬人的敵人，殺得幾乎只剩四分之一，深夜方始回轉營寨。

27 聽到這場戰爭的消息後，阿奎丹尼各族大部分向克拉蘇斯投降，自動交納人質。其中有塔倍里人、皮及里翁耐斯人、庇將尼人、獲卡德斯人、塔魯薩得斯人、厄魯薩得斯人、嘉得斯人、奥斯契人、加隆尼人、西布扎得斯人、柯科薩得斯人。只有少數幾個住在極邊遠的民族，眼看冬天已經臨近，認爲季節可以幫他們的忙，没有這樣做。

28 就在這時候，雖然夏天差不多已經過去，高盧已平定，就只莫里尼人和門奈比人還處於戰爭狀態，沒派使者來求和，凱撒便帶著軍隊很快趕去聲討，他相信這場戰爭馬上可以結束。這些部族開始採用的作戰方法和其餘高盧人的完全不同。因爲他們看到最大的國家都在戰爭中被擊敗和征服了，而他們卻有連綿不斷的森林和沼澤，便把所有的人和財物都移到裡面去。當凱撒趕到那森林的邊緣、開始構築工事時，還看不到一個敵人，但在我軍分散開來，正忙著各自的工作時，他們就突然從森林的所有地方衝出來，攻擊我軍。我軍迅速拿起武器，把他們驅回森林，還殺掉他們很多人，只是在這種難於施展手足的地方追得太過深入的時候，自己也不免要損失一些人。

29 在後來的那些日子裡，凱撒開始砍伐森林，以免在赤手空拳、預料不及的時候，側面遭到攻擊。他集中所有採伐下來的木材，在兩側面對著敵人的方向堆疊起來，作爲壁壘。幾天之後，敵人的牲口和輜重的後隊被我軍截獲，於是他們鑽進了森林更深密的地方。暴風雨來得如此之猛，以致工作不得不停頓下來，連續幾天大雨使得軍士們無法在營帳中安身，因而在蹂躪了他們全部土地，焚燒了他們的村落和屋宇之後，凱撒把他的軍隊帶領回來，讓他們進入在奧來爾契、勒克索維和新近和他作戰的其餘各邦的冬令營。

卷四

1 下一個冬天，即克耐猶斯·龐培和馬古斯·克拉蘇斯任執政官的那一年①，日耳曼人中的烏西彼得斯族和登克德里族，大批渡過了萊茵河。渡河的地方離開萊茵河所流入的那個海不遠。過河的原因是爲了蘇威皮人多年以來一直在侵擾他們，戰爭的威脅使他們連耕作都受到了阻碍。蘇威皮族是所有日耳曼人中最大、最驍勇善戰的一族，據説他們有一百個部，每年都從每一個部徵召一千名武裝人員到境外去作戰，其餘留在本土的，即從事生産，以維持自己和那些出征者的生活。同樣，下一年就輪到他們出去參加戰爭，再由上年服役的人回家生産。這樣，無論是種地還是作戰的方略和技術、都不會荒疏掉。他們中間没有私有的、劃開的土地，也不允許停留在一個地方居住一年以上。他們不大吃糧食，生活大部分都依靠乳類和家畜，特别重著打獵。因而，由於食物的特點、日常的鍛煉，再加上生活的自由自在——從童年時代起，他們就不曾受過責任心和紀律的束縛，無論什麼違反本性的事情都没勉强做過——使他們既增强了筋力，又發育得魁梧異常。而且他們還讓自己養成一種習慣，即那怕在最寒冷的地方，除了獸皮之外，什麼東西也

①即公元前五五年。——譯者

不穿，同時又因獸皮的稀少，迫使他們不得不把身體的大部分都裸露在外面。他們就在河裡洗澡。

2 商販們所以能接近他們，主要是因爲他們要把戰爭中擄掠來的東西賣給人家，而不是他們希望人家販運什麼商品進去。日耳曼人甚至連輸入的牲口都不用，不像高盧人那樣最喜歡收買牲口，肯出很高的價錢。日耳曼人寧願把他們本地出生的瘦小而又醜陋的牲口，加以經常的訓練，使它能擔得起最艱苦的勞動。在騎兵戰鬥中，他們常常從馬背上跳下來進行步戰，他們的馬訓練得能夠站在原地，　動也不動，以便在必要的時候他們可以很快地退回到它那邊去。照他們的習俗看起來，再沒有什麼事情比使用馬鞍更可恥，更軟弱無能，因而，不管他們自己人數多麼少，遇到使用鞍轡的敵人騎兵時，不管對方人數多麼多，都敢於對之衝擊。他們無論如何絕對不讓酒類輸入，相信人們曾因它變得不耐勞苦，萎靡不振。

3 就國家而論，他們認爲如果能讓自己的領土外圍有一圈愈大愈好的土地荒蕪著，是一件極可讚揚的事情，這表明有許多國家抵擋不住他們的威力。據說蘇威皮人的邊境，有一面大約有六百羅里的土地，是斷絕人烟的。蘇威皮人的另外一面跟烏皮人接境，按照日耳曼人的標準，烏皮人也是一個很大而且很繁榮的國家，比起他們其餘的同族人來，要文明一些，因爲他們的邊境緊接萊茵河，商人們常到他們那邊去，再加上因爲與高盧毗鄰，不免逐漸染上高盧人的習俗。對這些烏皮人，蘇威皮人雖然也曾發動過好幾次戰爭，但因爲這個國家人口多，力量大，無法把他們逐出自己的領土，雖說如此，還是把烏皮人逼得成爲向自己納貢的屬國，大大削弱了烏皮人的聲譽和力量。

4 前面提到過的烏西彼得斯人和登克德里人，情況也是這樣。他們多年來，一直在抵禦蘇威皮人的壓力，直到最後，仍被逐出自己的領土，在日耳曼的許多地區流浪了三年之後，到達萊茵河。這塊地方原來是門奈比人居住的，河流兩岸都有他們的田地、房舍和村落。但他們一看到湧來這麼一大批人，恐慌起來，就撤出了萊茵河對面的那些房舍，在河的這邊布置下許多防哨，阻止日耳曼人渡河過來。日耳曼人用盡了各種辦法，但在他們發現要强渡既缺乏船隻，偷渡又碍於門奈比人設立的那些防哨時，他們就假裝退回自己原來的老家去，趕了三天路程之後，又重新掉頭回來。他們的騎兵在一夜之中就趕完全部路程，一舉掩襲了不知不覺的、毫無防備的門奈比人——他們都是聽到探報的人員說日耳曼人已經離開了，才放心大膽渡過萊茵河，回到自己村裡來的——殺掉這些人之後，日耳曼人占有了他們的船隻，趁萊茵河這一邊的門奈比人還没發覺他們，渡過河來，占據了他們的全部房舍。冬天的其餘日子，就用門奈比人的糧食供應自己。

5 凱撒聽到這些消息時，對高盧人反覆無常的脾氣很爲擔心。因爲他們浮躁、輕率，大多數人都樂於發生變故，絕不可以輕信他們。高盧還有一種習慣，在遇到過路的旅客時，不問他們願意與否，總要强迫他們停下來，詢問他們各人聽到或知道的各種各樣事情。在市鎮上，羣衆常常包圍著客商，硬要他們說出從什麼地方來，在那邊聽到些什麼。他們往往就根據這些道聽途說，對極重要的事情作出決定。這些決定當然都是馬上就要使他們後悔不及的，因爲推動他們的只是些不可靠的謠言，大部分人都只是投其所好地胡亂編些話來回答他們的詢問。

6 凱撒知道他們這種習慣，爲了避免這場戰爭變得更加嚴重起見，便比平常的習慣提早一些出發到軍中去。當他到達那裡時，便知道先前擔心的事情，真的已經成爲事實了。有些高盧國家已經派使者到日耳曼人那邊去，請求他們離開萊茵河到自己這裡來，所有需要的東西，都可以由他們代爲預備。有這些希望在引誘他們，日耳曼人出没的範圍更廣了，他們已經侵犯到德來維里人的屬邦厄勃隆尼斯人和孔特魯西人的邊境。因此，凱撒把高盧各邦的領袖們召來，但他認爲最好把他已經掌握的消息隱瞞著，所以在對他們鼓勵和安慰了一番之後，便吩咐徵集騎兵，決定對日耳曼人作戰。

7 準備好糧食，選起騎兵之後，他開始進入聽説日耳曼人在出没的地區。當他離開他們還有没幾天路程時，他們那邊就來了使者。他們説的話大致如下：日耳曼人絕不先動手攻擊羅馬人，但在遭到攻擊時，也不會拒絕一戰。日耳曼人祖祖輩輩傳下來的規矩是：不論誰來侵犯，應該還擊而不應該求饒。他們還宣稱，他們來到這裡，不是出於自願，而是被逐出本土的。如果羅馬人願意得到他們的感激，一定會發現他們的友誼是有用的。羅馬人可以指定一些土地給他們，或者就聽任他們把已經用武力强占的土地保留下去。他們只怕蘇威皮人，因爲蘇威皮人是連不朽的神靈也不能抗衡的，除了蘇威皮人之外，天下再没有什麼人是他們不能擊敗的了。

8 凱撒對這些話，作了一番他自認爲恰如其分的答覆，他這番話的結論是這樣的：如果他們仍舊留在高盧，他跟他們就不會有友誼。一方面，不能守衛自己疆土的人，反而侵占別人的疆土，理上説不過去；另一方面，高盧現在根本没有一塊閒著的土地，可以隨便送人而不致受到損害——特別是像他們這樣大批的人。但雖則如此，如果他們願意的話，不妨住到烏皮人的領土中去，烏皮人的使者正在他這裡控訴蘇威皮人的侵擾，懇求他幫助，他可以命令烏皮人答應這一點。

9 使者答覆説：他們願意把這些話帶回去報告自己人，經過考慮之後，第三天回到凱撒這邊來答覆。他們要求他在這一段時間內，不要再移營前去靠近他們。凱撒回答說：他就連這個要求也不能答應他們。實際上他知道，他們在幾天以前已經派出大批騎兵，渡過莫塞河；到安皮瓦里幾人的領域中去掠奪戰利品和糧食。他斷定他們正在等候那支騎兵回來，所以才設法拖延時日。

10 莫塞河發源於林恭內斯境內的獲斯蓋山，在接納了萊茵河的一條叫做畢卡勒斯河的支流以後，形成巴達維島，然後在離大洋不到八十羅里的地方，流入萊茵河。萊茵河發源於住在阿爾卑斯山中的來本幾人境內，在其漫長的流程中，湍急地穿過南都阿德斯、厄爾維幾、塞廣尼、梅狄阿麥特里契、得里布契和德來維里諸族的領域，當它流到大洋時，又分爲許多支，形成很多大島——其中大部分居住著凶悍野蠻的部落，據傳他們中間有些甚至靠魚類和鳥卵爲生——然後從好幾個河口注入大洋。

11 當凱撒離開敵人不到十二羅里時，使者們按照前幾天的約定，回到他這裡。他們在行軍途中遇上了他，急迫地懇求他不要再向前推進。當他們的要求被拒絕之後，他們又請求他派人趕到走在軍隊最前面的騎兵那邊去，阻止他們戰鬥，讓他們有時間派人到烏皮人那邊去，如果烏皮人的領袖和長老肯跟他們設下盟誓，他們就接受凱撒提出來的建議。他們又要求再給他們三天期限，以便他們安排這些事情。凱撒斷定所有這些藉口，都跟前次提出的要求同一個原因，無非是想得到三天間歇，好等候他們出外的騎兵歸來，便說：爲要取得飲水，他這一天還是要前進的，但不超出四羅里路。他叫他們第二天就在那邊碰頭，同來的人愈多愈好，這樣，他可以了解他們究竟需要什麼。同時，他派人傳令給那些率領全部騎兵走在前面的騎兵指揮官們，不要向敵人挑戰，即或自己受到攻擊，也只牢守陣地，等他自己和大軍走近了再說。

12 敵人因爲渡過莫塞河去搶劫糧食的那批騎兵還沒回來，目前所有的騎兵不到八百人，但當他們一看到我軍爲數五千左右的騎兵時，立刻發動進攻。我軍因爲他們派來求和的使者還剛離開凱撒，那天又正是他們要求休戰的一天，因此絲毫沒有預計到這種情況，很快就陷入混亂。等到我軍重新轉過身來進行抵抗時，敵人依照他們的習慣，跳下馬來，刺擊我軍的馬，使軍團的許多士兵摔下馬來，其餘的也都被弄得四散奔逃，直逃到看見我軍團的行列方才止步。在這場戰鬥中，我軍騎兵被殺死七十四人，其中有那個極英勇的阿奎丹尼人畢索，他出身於最顯赫的家族，他的祖父執掌過他們國家的王權，曾被羅馬元老院贈給過「友人」的稱號。他在他的兄弟被敵人包圍時，搶過去援救，把他的兄弟救脫了險，但自己卻從受了傷的馬背上摔下來。他一直極勇敢地抵抗著，直到在重重圍困中受到許多傷被殺才止。他那位本已退出戰鬥的兄弟，在遠處看到了，重又驅馬衝向敵人，也同歸於盡。

13 這場戰鬥以後，凱撒認爲他不該再接待這些使者，也不該再接受這些一面玩弄陰謀、假作求和，一面卻又發動攻擊的人提出來的條件。此外，他還相信，只有狂妄到極點的人才會坐待敵人增兵，坐待他們的騎兵回來。他也深知高盧人的輕浮喜事，恐怕敵人單是這一役，便已在他們中間獲得了很大的威望，再也不可以讓他們有策劃陰謀的時間。他這樣決定之後，又把他的打算告知了他的副將們和財務官，叮囑他們，如遇有戰鬥的機會，一天都不可以輕易錯過。正好發生一件十分運氣的事情，第二天早晨，一大批日耳曼人，包括他們的首領們和長老們在內，趕到他的營裡來見他，仍舊假惺惺地玩弄著那套詭計和僞裝。他們此來，一則是想爲自己洗刷一下，說明他們與昨天違反了約定和自己的請求而作的進攻無關，再則，如果他們的欺詐能得逞的話，還想再獲得一次休戰的機會。凱撒因爲他們居然落到自己手裡來，大爲高興，下令把他們全都扣下來，然後親自率領他的全部軍隊趕出營寨。至於騎兵，他認爲他們在新近這場戰役中已經受過驚嚇，因而令他們跟在自己後面。

14 這時形成了三列縱隊，八羅里的行軍趕得那麼迅速，在日耳曼人絲毫没想到會發生什麼事情之前，就趕到敵人營寨。許多突如其來的情況，如我軍的迅速到達、他們自己領袖的離開等等，使得他們手足無措，而且時間匆促得連考慮一下對策、或者搶起武器來都不可能，嚇得他們不知道該怎麼辦，究竟是領兵抵抗敵人好呢？防守營寨好呢？還是逃走求生好？當他們的驚慌從喧囂和亂竄亂跑中透露出來時，我軍卻正因爲昨天的詭計而感到十分憤怒，一鼓衝入營寨。在那邊，那些來得及搶起武器的人，對我軍抵抗了一會兒，就在車輛與輜重之間進行戰鬥，至於其餘的，包括婦女和孩子（因爲日耳曼人是帶了所有親屬一起離開家鄉，渡過萊茵河的），則開始四散奔逃，凱撒派出騎兵去追趕他們。

15 日耳曼人聽到後面的嘈雜聲，又看到自己人被殺，便抛掉武器，丢下旗幟，一擁逃出營寨。當他們奔到莫塞河與萊茵河會合處的時候，許多人已被殺掉，餘下的覺得逃生已完全無望，便跳進河流，由於恐怖、疲乏、以及河水的衝激，全都淹死在水中。羅馬人没損失一個，甚至連受傷的都極少，安然度過了這場巨大的戰爭恐怖——因爲敵人有四十三萬人之多——返回營寨。那些被扣留在營中的日耳曼人，凱撒允許他們可以自由離去，但他們因爲自己曾經蹂躪過高盧人的土地，怕他們的報復和酷刑，聲稱願意留在他這裡，凱撒也答應了他們的選擇。①

16 日耳曼之戰就此結束。凱撒因爲很多理由，決定自己應該渡過萊茵河去一次，其中最最主要的一點是他認爲日耳曼人太容易被引進高盧來，他希望讓他們看看羅馬軍隊不但能夠、而且也敢於渡過萊茵河，使他們也爲自己的身家性命擔幾分憂。再則，前面提到過的烏西彼得斯人和登克德里人的那部分騎兵，因爲渡過莫塞河去劫掠戰利品和糧食，沒參加這次戰爭，現在，他們的同族被擊潰之後，他們渡過萊茵河進入蘇剛布里人領域，跟他們聯合起來了。凱撒曾派使者到他們那邊去，要他們交出曾經對他和高盧人作過戰的人。他們答說：萊茵河是羅馬人權力的界限，如果他認爲日耳曼人不得他的同意擅自渡河侵入高盧，是不合理的行爲，爲什麼他又要求把自己的號令和權力伸到萊茵河這一邊來？另一方面，萊茵河對岸曾派使者到凱撒這裡來的唯一的一個部落烏皮人，卻和羅馬人建立了友誼，交納了人質。因爲他們正受到蘇威皮人的嚴重侵害，迫切要求他去幫助他們，甚至說：即使有什麼國家大事牽纏著，不能馬上做到，只要讓他的軍隊渡過一次萊茵河，就足夠做他們現在的救星和將來的希望了。他們還說：他的軍隊的聲名和威望非常

①這一段有關烏西彼得斯人和登克德里人的戰事，凱撒的記載是我們唯一的資料。就是他自己的這段記載，我們讀了還禁不住要懷疑：究竟是只有八百人的對方騎兵先攻擊羅馬的五千騎兵，還是羅馬騎兵先進攻他們？他們前來求和究竟是出於真心還是意圖欺騙？如果是欺騙，爲什麼又大批首領和長老自己送到凱撒營中來，毫不提防凱撒會扣留他們？但在當時，這次戰事的消息傳到羅馬時，凱撒的行動卻頗受人指謫，他的政敵們，以馬古斯・樸爾久斯・加圖爲首，甚至建議元老院把凱撒交給烏西彼得斯人和登克德里人，以保全羅馬的榮譽。政敵的話當然不能全信，但這場戰事的起因絕不像凱撒所說的這樣簡單，恐怕是事實。

——譯者

高，在擊敗阿里奧維司都斯和取得最近的這次勝利之後，即使在日耳曼最最僻遠的一些族中也都傳遍了。他們的安全也可以指望羅馬人的聲名和友誼而得到保障。他們答應提供大批船隻運送軍隊。

17 凱撒因爲上述的許多理由，決定渡過萊茵河去。但他認爲坐著船過河，既不夠安全，也跟自己和羅馬人民的尊嚴不相稱。因此，雖然要在這樣寬闊、而且又急又深的河上造一頂橋，是件極爲困難的工作，但他認爲還是應該做這樣一番努力，否則就索性不把軍隊帶過去。他決定按照下列方式建造橋梁①：把許多粗各一羅尺半的木柱每兩根連在一起，中間相距兩羅尺，下端從根部起稍稍削尖，量好正跟河底的深度相當，利用機械的力量把它們送到河中立住後，再用打樁錘把它們打入河底，卻不像木樁那樣垂直地立著，而是傾斜著俯向河水順流的一方。面對著這一對對柱腳，又在下游方向距離它們約四十羅尺的地方，另外樹立起同樣的成對柱腳，也同樣緊緊地連在一起，只是傾斜的方向是逆著水力與激流的。每一對這種柱腳連起時空出來的二羅尺空檔中，都插入一根長梁，在它們的外檔，還有兩根斜撐，一裡一外地從頂端把它們撐開。這樣，由於它們撐開著，而且又相反地夾緊，因此這些工程異常牢固，水流和衝激的力量愈大，柱腳相夾得就愈緊。這些長梁上面又都直交地鋪上木材，聯在一起，再加上長木條和編釘好的木柵。除此之外，橋梁面向下游的一方水中，還斜著插入了木樁，像一堵護牆似的緊湊地配合著整個工程，以抵抗水流的衝力。在橋梁上流不遠處，也安下了同樣的工程，因此，如果蠻族把樹幹或船隻投

①這頂橋大約在今天西德的安德納赫和科布倫茨之間。

橋架截面圖

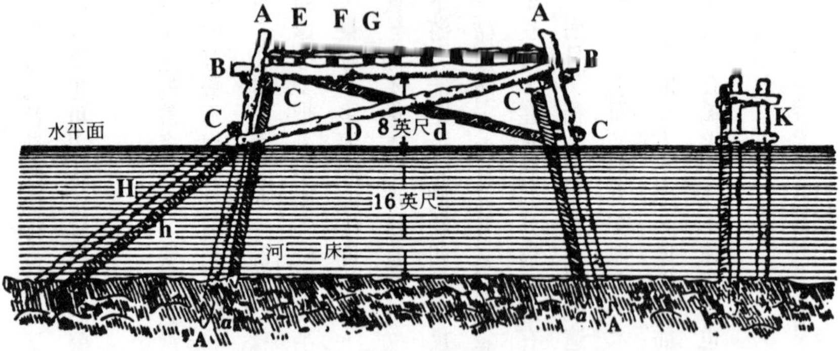
A
E
F
G
A
B
B
C
C
C
C
水平面
D
8英尺
d
16英尺
H
h
河
床
K
A
a
a
A

平面圖

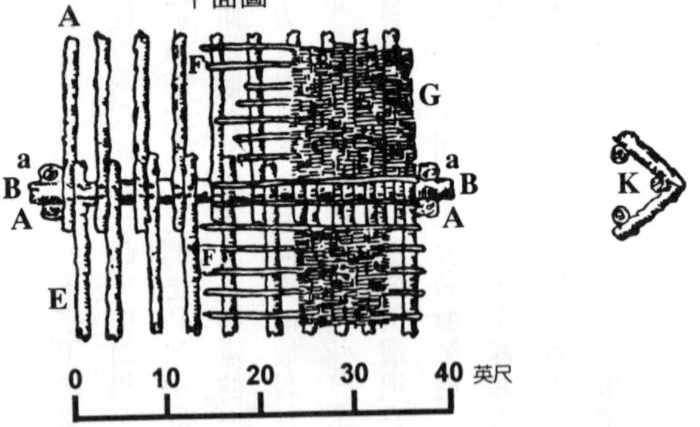
A
F
G
a
B
A
a
B
A
F
E
K
0
10
20
30
40
英尺

萊茵河上的橋梁設想圖
（見卷四，17節）

說　明

萊茵河在今日的科布倫茨，寬約400碼，深度從5英尺至25英尺不等。假定在架橋的地段平均深度爲16英尺，橋面上的通道爲36英尺。凱撒所說的每組柱脚之間的距離（A－A）40英尺，指的是水平面附近的距離，即露在水外可見的最低部分（ab lnferiore parte）的距離，而不是河底的距離。如果它指的是河底的距離，那隨著一組組柱脚離岸遠近不同、河床深淺不同時，傾斜的角度也就將不同，否則橋面必然有的地方闊，有的地方狹，這顯然是不可能的事。凱撒没告訴我們柱脚的傾斜角度，也没說明長梁距水面多少遠，以及每一具這種柱脚和長梁構成的橋架之間相隔多少距離，極爲可能的是，在建築這種軍用便橋時，爲了工程進行迅速，露出水面的那部分橋架，一定是排列得整整齊齊的。

凱撒在敘述中曾經提到過fibulae一字，不知他指的是什麼，有些人認爲他說的是斜撑(D. d)，這是橋梁要穩固必不可少的，可能「相反地撑開而又互相夾牢」（quibus disclusis atque in contrariam partem vevinctis）指的就是這種斜撑、柱脚橫檔和長梁三者形成的三角形。在外形上、功用上，它都像羅馬人扣長袍（toga）的扣針（fibula）。但也有人認爲這個字指的是一種鐵搭，形如，它是把每一根長梁的兩頭釘在柱脚上的。

A.a. 柱脚（兩根各一英尺半粗的木柱）。

B.B. 長梁（兩英尺粗的長梁）。

C.C. 橫檔（兩端釘牢在 Aa 上，有上下兩根）。

上述三者構成一具橋架。

D.d. 斜撑（每具橋架的兩側面，都有一根，兩端釘牢在柱脚上。）

E. 直交地鋪在長梁上的木材，作爲橋上的路基。

F. 橫木條。

G. 木柵，作爲橋面。

H.h. 支撑柱脚的斜木樁，可能即撑在聯結 A.a. 的橫檔 C.c. 上，離水面很近。

K. 在橋梁上游不遠處釘入河床的防柵。

注：本圖係根據洛布叢書本複製，說明略有增刪。下列比例尺是英尺，但英尺與羅尺相差很小（一英尺＝12 英寸，一羅尺＝11.6496 英寸）因此幾乎可以直接把它當做羅尺看待。

入上游水中，企圖讓它衝下來撞毀這些工程時，這些防柵可以減輕衝力，以免損壞橋梁。

18 全部工程，在木材開始採集以後的十天之內完成了，軍隊被帶了過去。凱撒在橋的兩端留下强有力的守衛之後，進入蘇剛布里人的境內。同時，好幾個國家的使者來到他這裡，他慷慨地答應了他們所要求的和平與友誼，命令他們交納人質。但蘇剛布里人卻在橋梁剛開始建造時，就受了他們中間的那些從登克德里人和烏西彼得斯人中逃出來的人的煽動，準備逃走。這時，他們已經撤出他們的領土，帶走他們的全部財物，躲藏到荒野和密林中去。

19 凱撒在他們的領土中略許停留了幾天，在燒掉全部村莊和房舍、割掉了穀物之後，才進入烏皮人境內，答應他們說：如果他們再受到蘇威皮人的欺凌，他就來幫助他們。他從他們那邊得知如下情況：當那些蘇威皮人從偵察人員那邊得知正在建造橋梁時，就依照他們的習慣，召集了會議，同時派使者到各方去，命令人們撤出自己的市鎮，把自己的孩子、婦女和所有財物，都安頓在森林中，所有能拿起武器的人，都集中到指定的地點，這地點正處在蘇威皮人所占有的那些地方的中心，他們決定就在那個地方等候羅馬人到來，決一死戰。當凱撒知道這些情況的時候，促使他決心帶兵渡過萊茵河的全部目的都已經達到——他已經威嚇了日耳曼人、向蘇剛布里人作了報復、把烏皮人從圍困中救了出來——在萊茵河對岸度過了十八天之後，他認爲他所完成的事業，無論就榮譽、或者就效果說，都已經足夠了。於是他仍舊退回高盧，拆毀了橋梁。

20 夏季還只留下很少日子，雖則因爲整個高盧都朝著北方，冬天來得特別早，但凱撒還是決意到不列顛去走一遭。因爲他發現差不多在所有的高盧戰爭中間，都有從那邊來給我們的敵人的支援。他認爲，即使這一年留下來的時間已經不夠從事征戰，但只要能夠登上那個島，觀察一下那邊的居民，了解一下他們的地區、口岸和登陸地點，對他也有莫大的用處，而這些卻是高盧人幾乎全不知道的。因爲除了商人之外，平常沒有人輕易到那邊去，即便是商人們，除了沿海和面對高盧的這一邊之外，其餘任何地方也都茫無所知。因此，他雖然把各地的商人都召來，但既不能探詢到島嶼的大小和住在那邊的是什麼樣的居民，有多少數目，也無法問到他們的作戰方式如何，習俗如何，以及有什麼港口適於停泊大量巨舶等等。

21 他認爲最適當的辦法是在他自己前去探險之前，先派該猶斯・沃盧森納斯帶一艘戰艦，去偵察一下。他囑咐他仔細地觀察一切，然後盡快地趕回來。凱撒自己帶了全部兵力前往莫里尼人境內，因爲從那邊出發到不列顛航程最短。他命令所有鄰近各地區的船隻、以及去年夏天爲要和文內幾人作戰而建造的艦隻，都到該地集中。當時，他的計畫已經被人家知道，而且由商人們報告了不列顛人，島上有很多邦的使者來到他跟前，答應願意交納人質，並服從羅馬人的號令。他傾聽了他們的申述，寬大地接受了他們的請求，鼓勵他們信守自己的諾言，然後打發他們回去，還派康繆斯陪他們一起去。這康繆斯是他在征服阿德來巴得斯人之後，安置在那邊做國王的，他賞識他的勇敢和智略，信任他對自己的忠心，而且他在那一帶很有威信①。凱撒命令他遍訪所有可能去的國家，勸他們向羅馬人民投降，同時宣布他本人也將很快到達。沃盧森納斯沒有敢輕易離開船隻，到蠻族中間去，只盡可能地對所有各地進行了觀察，第五天就回到凱撒這邊，把在那邊看到的情況報告了凱撒。

①指在不列顛島上。——譯者

22 當凱撒爲了準備船隻，停留在那地方時，莫里尼人中大部分都派代表到他這裡來，解釋他們前次所採取的行動，説是由於他們粗野、也不懂得我們的習慣，才冒失地攻擊羅馬人的，他們答應現在願意執行他的命令。凱撒認爲這個建議來得非常及時，因爲他既不希望留一個敵人在自己的後方，這一年餘下來的時間卻又不夠他再進行一場征戰，再説也不該先忙著這些小事情，反把不列顛的遠征擱下來。因此，便命令他們交出大批人質，在他們交來後，他接受了他們的投降。在徵召和集中了大約八十艘運輸艦，估計已經足夠運送兩個軍團之後，他把其餘所有的戰艦都分配給他的財務官、副將們和騎兵指揮官們。除了這些船隻之外，還有十八隻運輸艦，被風阻在八羅里之外，沒有能趕到集中的那個港口①，他把它們都分配給了騎兵們。其餘的軍隊，他全部交給副將奎因都斯・季度留斯・薩賓努斯和盧契烏斯・奥龍古來尤斯・考達，命他們帶著去征討門奈比人和莫里尼人中没派使者到他這裡來的各地區。他又命令他的副將布勃留斯・塞爾匹鳩斯・盧富斯帶著一支他認爲足夠的駐軍，留守那港口。

23 這些事情安排好之後，趁一個適於航行的晴朗天氣，大約在第三更，起錨出發，並命令騎兵趕到較遠的那個港口去②，在那邊上船，跟他一起啓航。他們的行動似乎太慢了一些，他自己和第一批艦隻，大約在白天第四刻時，就一起到達不列顛。在那邊，看到所有的山上，都布滿了

①大約就是今天的布洛涅（舊譯布倫）。——譯者

②大約就是今天的安布勒特斯。——譯者

武裝的敵人①。那地方的地形大致是這樣的：岸上屏列著羣山，離開海邊十分逼近，矛槍從高處擲下來，幾乎可以一直到達海邊。考慮到這地方完全不適於登陸，他就停泊在那邊，一直等到第九刻時，其餘的船隻全部到達。這時，他召集了副將們和軍團指揮官們，把沃盧森納斯所探知的一切和他自己希望做到的事情，告知他們，並警告他們說：由於戰略的需要，特別是由於倏忽無常、千變萬化的海上戰鬥的需要，一切事情他們都得在一聲號令之下立刻做好。遣走他們之後，正好風和潮水都已轉向順利的方向，信號一下便拔錨起航，趕到離那邊七羅里的地方，把他的艦隊停泊在一片空曠平坦的岸邊②。

24 蠻族已經看出羅馬人的打算，他們首先派出騎兵和戰車——這是他們在戰爭中通常使用的一種武器——其餘的軍隊，也在後面跟上來，企圖阻止我軍離艦。登陸是一件極爲艱難的事情，原因在於那些艦隻過於龐大，除深水的地方外，不能停泊。兵士們雖然不熟悉那個地方，雙手也不空，身上又壓著又大又笨的武裝，行動不能自如，但還是同時跳下船來，屹立在海浪中，迎擊敵人。敵人方面卻四肢可以自由運動，地形也十分熟悉，不是立在乾的地上，就是剛入水不多一點兒路，奮勇投擲他們的武器，或者驅著他們訓練有素的馬，往來衝刺。我們的士兵完全沒有經歷過這種戰爭，被這些行動嚇呆了，因而不能用平常陸上戰爭習有的那種敏捷和熱情去應戰。

25 當凱撒注意到這點時，他命令那些戰艦——它的外形，對土人說來比較陌生，必要時，行

① 大約在今天的多佛附近。——譯者
② 約在今天的畢爾茂和第爾之間。——譯者

動也比較自如——稍離開運輸艦一些，然後迅速地鼓槳划行，駛到敵人暴露著的側翼去，就在那邊用飛石、箭和機械，阻截和驅走敵人。這一著對我軍極爲有利，因爲那些蠻族看到我們艦隻的形狀、排槳的動作、以及機械的陌生式樣，大爲吃驚，便停下步來，而且稍稍後退了一些。當我軍士兵主要因爲海水太深，還在遲疑不前時，持第十軍團鷹幟①的旗手，在禱告了神靈，請求他們垂鑒他的行動，降福給他的軍團之後，叫道：「跳下來吧，戰士們，除非你們想讓你們的軍鷹落到敵人手中去，至於我，我是總得對我的國家和統率盡到責任的！」他大聲說完這番話後，從艦上跳下來，揹著鷹幟向敵人衝去。於是，我軍士兵們互相激勵著說：千萬不能讓這種丟臉的事真正發生。他們一下子全都從艦上跳下來。離他們最近的艦上的士兵看到之後，也同樣跟著跳下來，接近了敵人。

26 雙方戰鬥得都很激烈。但我軍士兵因爲不能保持陣列，站又站不穩，也無法緊跟著自己所屬的連隊，隨便那隻船上跳下來的人，都只能湊巧碰上哪一個連隊的標誌，便跟了上去，因此十分混亂。但敵人是熟知所有的暗灘的，他們在岸上一看到成羣兵士從戰艦上一個一個跳下來時，就驅馬迎上去，趁我軍還沒擺脫困難時加以攻擊，有的以多圍少，有的又用矢矛攻擊已集中了的

---

①鷹幟（aquila）——軍團的標誌，作用就像我們現在的軍旗，是一隻銅或銀鑄的鷹，張開雙翅站在一根長竿頂上，有專人負責揹著它並保管它，稱爲鷹幟手（aquilifer）。行軍時它走在軍團的最前列，駐營時它放在帥帳中的艸壇上。羅馬軍中對它尊崇備至，認爲它是軍團保護神的化身，如果在戰爭中丟失了它，必千方百計奪取回來才罷休，有時甚至會因爲丟失了鷹幟，整個軍團都被解散。——譯者

我軍暴露著的側翼。凱撒注意到這點，就命令戰艦上的舢板、同樣還有那些巡邏艇，都裝滿士兵，看到哪部分遇到困難，就派去支援他們。我軍一到完全站定在乾燥的地面上，所有同夥也都在身後跟上來時，就開始攻擊敵人，並擊潰了他們，但卻不能追得很遠，因爲騎兵没有能掌握航向，未能及時趕到該島。就缺了這一點，凱撒才没獲得慣常得到的全勝。

27 敵人在戰鬥中被擊潰，逃了一陣之後，很快就安定下來，立刻遣使者來向凱撒求和，答應交出人質，並執行他所命令的一切事情。陪那些代表一起來的還有前述由凱撒派到不列顛去的阿德來巴得斯人康繆斯。當他一登岸，以使者的身分把凱撒的指示傳達給不列顛人時，他們抓住了他，還給他加上了鐐銬，經過現在這場戰爭，才把他送回來。在懇求和平時，他們把過失全部推在羣衆頭上，要求看在他們的魯莽和無知份上，寬恕他們。凱撒責備他們：雖然他們自動派使者到大陸上去向他求和，現在卻又無緣無故地攻擊他。但他終究還是答應寬恕他們的無知，命他們交出人質。其中一部分，立刻就交了出來，還有一部分，他們説要略等幾天，到較遠的地方去召來之後再交給他。同時，他們又命令自己的部下各自回到田裡去，首領們則紛紛從各地趕來，把自己和自己的國家，奉獻給凱撒。

28 和平就這樣建立起來。在凱撒到達不列顛之後的第四天，前面提到過的載運騎兵的十八艘船，在微風中起錨，離開了那個稍處於上方的港口。當他們的船靠近不列顛，從我軍營中已經可以望到他們時，突然刮起一陣極爲猛烈的暴風，竟使他們中間没有一隻船再能掌握自己的航向，有些被迫仍返回到他們出發的那個港口，有些經歷萬分危險，被風直刮到島嶼的更下端，即更西部的地方去。雖然他們抛了錨，但在他們的船快被浪潮灌滿的時候，又不得不在這種極不方便的深夜裡，重行出海，摸回到大陸去。

29 恰好那一夜月亮十分圓滿，正是那大洋中照例海潮漲得最高的日子，但這卻是我們絲毫不知道的事情。因此海水一時灌滿了凱撒拖在岸上的用來運載軍隊的戰艦①。同時，風浪也碰壞了緊扣在錨上的運輸艦，我們竟没有任何辦法可以控制或挽救。許多船撞得粉碎，其餘的一些，由於失掉了纜繩、鐵錨和其他索具，也不能再用來航行。這當然免不了引起全軍極大的不安。不但因爲除此以外更無別的船隻可以運送他們回去，而且修理船隻所必需的一切東西也絲毫没有。再則，大家全知道軍隊是準備回到高盧去過冬的，這邊一點過冬的糧食都没有。

30 發現這些情况之後，那些戰後爲了執行凱撒的命令，而趕到這裡來的不列顛首領們私下議論起來，他們知道羅馬人没有騎兵，也没有船隻和糧食，他們又從營寨的面積狹小上，猜測到軍隊的數目不多——特別是由於凱撒帶過去的軍團都没有攜帶輜重，因而營寨顯得格外狹小——他們認爲最好的辦法是重新作戰，截斷我軍的糧食和給養，把戰爭拖延到冬天。因爲他們深信，如果擊敗了現在這支軍隊，或切斷了它的歸路，以後就不再有人敢渡到不列顛去跟他們作戰。爲此他們重新訂結了密約，三三兩兩地溜出營寨，偷偷地再次把自己的部下從田裡召集起來。

31 凱撒雖然還没有發現他們的計畫，但從船舶的遭遇上、從首領們的忽然停止交納人質上，已經開始預見到正在醞釀的事情，他就對任何可能發生的意外作下準備。他一面把穀物每天從田

①古代希臘人和羅馬人的習慣，人從船上登陸後，如短時期內不再開航，往往把船隻拖到岸上，而不是像現在那樣繫在岸邊。——譯者

裡運進營寨，一面利用損壞得最厲害的船隻上的木材和銅去修理其餘的，並下令把完成這項工作必需的材料從大陸上運來。兵士們以最大的熱忱進行這項工作，因而他雖然損失了十二艘船，但卻使其餘的船都適於航行了。

32 這些工作正在進行時，列作第七的那個軍團，照常被派出去收集穀物。直到這時候，有一部分人仍留在田裡，另外有一部分人甚至還在營寨裡進進出出，①絕沒有疑心會發生戰事。正在營寨門口站崗的人，忽然報告凱撒說：在我們軍團去的那個地區，發現了一股大於尋常的塵埃。凱撒馬上猜到發生了什麼事情——蠻族又在玩什麼新的陰謀了——隨即命令正在值班的那幾個營，跟他一起趕到出事的地方去，又命令另外兩個營去代替他們值班，其餘的部隊立刻武裝好跟上來。他剛剛走到離開營寨不遠的地方，就發現他的部下正在受到敵人的猛烈攻擊，幾乎站不住腳，士兵們擠在一起，矢矛從四面八方射向他們。原來當附近四周所有的穀物都割光之後，唯獨這一塊還留著未割，敵人料定我軍會到那邊去，因此乘夜趕去躲在森林中，當我軍分散開來，放下武器動手收割時，他們突然發動進攻。我軍有一些被殺死，其餘還沒來得及擺開陣列，十分慌亂，被騎兵和戰車同時包圍住。

33 他們使用戰車作戰的方式大致如下：首先第一步，他們駕了它到處馳突，發射武器，通常光只它那馬羣所引起的恐慌和車輪的嘈聲，就足以使敵人的陣伍陷入混亂。當他們突入騎兵的行

---

①此處，凱撒只含混地用了一個「人」字，不知是些什麼人，引起後來的注釋者許多猜測，但大部分人認爲指的是不列顛人。——譯者

列之後，便跳下戰車來進行步戰。同時駕車的人驅車退到離戰鬥不遠的地方，把它們安放在那邊，以便車上跳下來的戰士們因敵人人數衆多，陷入困境時，可以隨時退回到自己人這裡來。這樣，他們在戰鬥中便表現得跟騎兵一樣的靈活，步兵一樣的堅定。再由於日常的應用和演習，他們的技術變得十分純熟，即使從極陡的斜坡上衝下來，也可以把全速奔馳的馬突然控制住，使它在一瞬間停止或打轉。他們又能在車槓上奔跑，或直立在車軛上，甚至在車子飛奔時，也能從那邊一躍上車。

34 當我軍正被這種新奇的戰術弄得駭異不止，亂成一片時，凱撒恰在極端需要的時候帶去了救兵，他的到達使敵人停下步來，我軍也從驚恐中恢復過來。雖說如此，凱撒還是認爲在當時這種情況下不宜再向敵人進攻，挑起戰鬥，因而在那地方對峙不多一會之後，仍帶著軍團回轉營寨。當這些活動正在進行時，我軍全都忙碌不堪，那些留在田野中的人也都退走了。接著一連幾天都是狂風暴雨，使我軍只能留在營中，敵人也無法作戰。這時，蠻族派使者到四面八方去，報告他們說我軍的人數很少，宣稱這是給他們掠奪戰利品、永遠解放自己的大好機會，只要把羅馬人逐出他們的營寨就行。這樣一來，他們很快就聚集起一支很大的步兵和騎兵，向營寨開來。

35 儘管凱撒知道如果敵人被擊敗時，又會飛快奔跑，逃出危險，結果還將和昨天一樣，但他仍舊湊起了三十名騎兵，這是前述的那個阿德來巴得斯人康繆斯隨身帶過去的。他把軍團在營寨面前一線布列下來。戰鬥開始之後，敵人不能長久抵擋我們的攻擊，轉身飛奔，我軍在後面盡速度與體力的許可窮追猛趕，殺掉他們中間很多人，然後將所有遠近的建築物毀壞後，付之一炬，回轉營寨。

36 就在那一天，敵人派使者到凱撒這邊來求和。凱撒向他們索取了比上次數目多一倍的人質，並且命令把他們送到大陸上去，因為秋分就要到來，他不想以這種不夠堅牢的船隻，冒隆冬航行的風險。他自己趁一天天氣良好，在午夜後不久，起錨出發，所有艦隊都安全到達大陸，其中只有兩隻運輸艦，未能跟其他船隻一起到達那同一港口，飄流到略略偏向下方的海岸去。

37 當這兩隻船上的大約三百名士兵上了岸，急忙趕向大營時，在凱撒出發去不列顛時還跟我們和平相處的莫里尼人，這時貪圖戰利品，包圍了這些士兵。起初他們人數不很多，他們命令我軍說：如果不想被殺死，就放下武器。羅馬人形成了圓陣，進行自衛，呼嘯的聲音馬上引來了六千左右人，那時凱撒接到報告後，派全部騎兵出營去幫助他的軍隊。同時我軍也堅持抵禦敵人的攻擊，十分勇敢地戰鬥了四個時刻以上，只有極少數人受傷，卻殺死了很多敵人。我們的騎兵很快就出現了，敵人丟下武器，轉身飛逃，其中一大部分被殺死。

38 第二天凱撒差副將季度斯・拉頻努斯率領了從不列顛帶回的軍團，進擊重新背叛的莫里尼人。這一次敵人已經無路可退，因為去年賴以藏身的沼澤，這時都已乾涸。因此，幾乎所有的人都來向拉頻努斯乞求投降。至於率領軍隊到門奈比人中去的副將奎因都斯・季度留斯和盧契烏斯・考達，則因為敵人已經全部躲到密林中去，就在蹂躪了他們的全部田地、割掉了穀物、燒毀了建築物之後，才回到凱撒這邊來。於是，凱撒把所有軍團的冬令營都建在比爾及人境內。不列顛諸邦中，只有兩個邦向他這裡送來了人質，其他諸邦都不曾這樣做。元老院在接到凱撒的信後，為了這些功績，頒令舉行謝神祭二十天，以答神祐。

卷五

1 在盧契烏斯・多米久斯和阿庇烏斯・克勞底烏斯任執政官的一年①，凱撒也和往年一樣，離開冬令營進入義大利。他囑咐率領軍團的副將們留意在冬天大量建造艦隻，愈多愈好，舊的也都要加以修整，對這些艦隻的大小和形狀也都作了指示。爲了裝載迅速和便於拖上岸來，特別由於他知道那邊的海流經常改變方向，大的浪潮較少，應該把它們造得比通常在我們這邊海中使用的低一些；同時，爲要載運更多的重量和大批馬匹，也應該比在別的海裡使用的略爲闊一些。他命令把它們一律都造成既可張帆航行，又可划槳航行的快艇樣子，在這上面，船身的低矮給了他們很大的幫助。裝備船隻所必需的那些東西，他命令到西班牙去運來。他本人則在內高盧的巡回審判大會結束後，趕到伊里列古姆去，因爲他聽到行省跟庇魯斯坦人鄰接的那一部分，由於庇魯斯坦人的侵入，遭到了破壞。當他到那邊時，下令在一些邦中徵召軍隊，並命令他們在一個指定的地點集中。這消息傳過去後，庇魯斯坦人派使者來到他這邊，報告他說：這些事情都不是他們的國家授意做的，他們答應準備用一切辦法來補償這些損失。凱撒接受了他們的申請，命他們交

①即公元前五四年。——譯者

出人質，並限他們在一個指定的日期內交到。他告誡他們說：如不履行這些指示，他就要用戰爭來對付他們這個國家。人質終於按照指定的日期交來了。他又在這些國家中間指定一些仲裁人，由他們來評估損失和決定懲罰。

2 這些事情解決後，巡回審判大會也告結束，他仍舊回到內高盧，又從該處出發，趕至軍中。他到那邊時，周歷了全部冬令營，發現由於軍士們的幹勁衝天，雖然所有各種材料都異常缺乏，但依照前述形式造起的艦隻，已達到六百隻左右。另外還造起了二十八艘戰艦，它們都已達到不多幾天後就可以下水的程度。他在表揚了兵士們和監督這項工程的人員之後，又把自己的打算告訴了他們，並命令所有的艦隻都集中到依久烏斯港①去，他探知從那個港口到不列顛去最爲近便，與大陸相距大約只三十羅里左右。他留下大約足夠完成這項工程的一支軍隊以後，領了四個輕裝的軍團和八百騎兵，進入德來維里人領域，因爲他們既不來參加大會，也不聽從他的命令，據說還在煽動萊茵河對面的日耳曼人。

3 這個國家，就騎兵而論，在全高盧堪稱首屈一指，而且還有大量步兵，同時，正如上面所說，他們的領土一直鄰接到萊茵河。在這個國家中，目前正有兩個首領在互相競爭著，一個是英度鞠馬勒斯，一個是欽傑多列克斯。後者在一知道凱撒和軍團到達時，馬上趕到他這邊來，保證自己和他的那一黨人將保持忠順，絕不背棄羅馬人民的友誼，同時把在德來維里發生的事情向凱撒作了報告。英度鞠馬勒斯卻集中了騎兵和步兵，準備作戰，並把年齡不適於作戰的那些人都藏

①依久烏斯港——大約在今天的布洛涅附近。——譯者

進埃度恩那森林——這是一片巨大的森林，從萊茵河邊起，直穿過德來維里人的領域，伸到雷米人邊境。但這個國家中的許多領袖，一方面受欽傑多列克斯的友誼影響，另一方面我軍的到達也使他們心驚膽戰，都趕到凱撒這邊來，由於他們沒有左右整個國家大局的力量，都只能爲自己的私人利益向凱撒求情。英度鞠馬勒斯怕自己被大家拋棄，也派使者到凱撒這邊來。說：他之所以沒有離開本國人，沒有到凱撒這裡來，是因爲這樣做比較容易使國家保持忠順，免得在所有的貴族都離開之後，小民無知，輕舉妄動起來。還說：整個國家現在都在他的控制之下，如果凱撒允許，他自己也將到營裡來見凱撒，把自己的命運和國家的命運都獻奉給他。

4 凱撒雖然很了解他說這些話的動機，還知道什麼原因在阻碍他實現自己的計畫，不過，這時對不列顛作戰的一切東西都已準備就緒，爲了避免自己把夏天浪費在德來維里人中起見，便命令英度鞠馬勒斯帶二百名人質到他這裡來。當這些人質被帶來時（其中還包括凱撒指名索取的他的兒子和全部近親），他安慰了英度鞠馬勒斯，並且鼓勵他保持忠誠。雖則如此，他仍舊把德來維里人的領袖們都召到自己面前來，在他們和欽傑多列克斯之間，一一替他們作了拉攏和調解的工作。一方面他認爲欽傑多列克斯的爲人值得他這樣做，同時他也認爲像他這樣一片忠心、經自己親自考察過的人，盡可能地在人民中替他擴大威信，是一件極爲重要的事情。英度鞠馬勒斯對這事頗爲怏怏不樂，感到自己的勢力在人民中間遭到了削弱，本來他就對我們懷有敵意，這一重怨恨更像是給他火上加油。

5 這些事情解決後，凱撒帶著軍團趕到依久烏斯港。他在那邊了解到在麥爾底地區建造的六十艘船隻，因爲大風暴，没有能保持自己的航向，已經被暴風驅回原來出發的那個港口去了。他發現其餘的船隻都已經準備好出航，並配備好一切用具。要集中到同一地點的，還有全高盧的數達四千左右騎兵和所有各邦的首領。他決定把其中少數人留在高盧，這些人對他的忠誠都是他仔細鑒別過的，其餘的便都一起帶走，當做人質。因爲他怕在自己離開高盧時，會發生一場叛亂。

6 這些人中間，就有那個我們前面提到過的愛杜依人杜諾列克斯。凱撒特別下決心要把他帶在身邊，因爲他知道這個人喜歡鬧事，渴望權勢，並且精力充沛，在高盧人中有很大的影響。再加上杜諾列克斯還曾在愛杜依人的會議上說過，凱撒已經把處理國事的大權交給了他。愛杜依人聽到這些話，都悶悶不樂，但又不敢派使者到凱撒這裡來拒絕或要求收回成命。凱撒是從自己的賓客那裡得知這些情況的。杜諾列克斯最初用種種藉口懇求把他留在高盧，一會兒說他不習慣航行，害怕海，一會兒又說他有宗教上的禁忌，不宜航海。後來當他看到這些要求遭到堅決拒絕，一切希望都已落空時，便開始挑唆高盧的領袖們，把他們一個一個地分別拉到一邊去，鼓勵他們留在大陸上。他用一些恐嚇的話來打動他們，說：凱撒之所以把全部貴族一起帶走，是有緣故的：他這樣做，目的是要把不敢當著高盧人的面殺死的人，統統帶到不列顛去殺死。他向其他一些人作出保證，並且一起設下了盟誓，約定凡是他們認爲有利於高盧的事情，都應彼此商量好一起做。不少人把這些事情報告了凱撒。

7 得知這個情況後，凱撒由於自己一向非常重視愛杜依這個國家，所以認爲非得馬上用一切手段來約束和制止杜諾列克斯不可，同時考慮到杜諾列克斯的瘋狂舉動顯然會愈演愈烈，因此必須採取預防措施，避免他作出損害他自己和共和國的行動。因此，當他在那裡停留大約二十五天的時間中（他停留在那裡是由於當地一年四季大部分時間都刮著西北風，阻碍了航行），他竭力敦促杜諾列克斯保持忠誠，但同時也不放鬆偵察他的全部計畫。好天氣終於來了，他下令步兵和騎兵一起上船。正當大家全神貫注的時候，杜諾列克斯離開了營寨，帶著愛杜依的騎兵回家去了。凱撒當時不知道這個情況，他一接到報告，馬上停止起航，把一切事情都擱置下來，派大部分騎兵去趕他，命令把他帶回來。考慮到像杜諾列克斯這樣的人，即使他親自在場也未必聽從命令，何況在他背後，更不會像講理的人那樣跟著回來，便下令說，如果他動武，不肯聽從，就殺死他。果然，在叫他回來時，他就開始反抗，並且動手自衛，還呼籲那些追隨他的人爲他效力。他不住地喊著說：他是個自由的人，而且是個自由的國家裡的人。追去的那些人按照命令，包圍並且殺死了他。愛杜依的所有騎兵卻都回到了凱撒這邊。

8 這些事情處理後，他留拉頻努斯帶三個軍團和二千騎兵在大陸上守衛港口、籌措穀物、並且掌握高盧發生的情況，及時地就地採取對策。他自己帶了五個軍團和一支跟留在大陸上的數目相同的騎兵，於日落時起航。雖然有平穩的西南風送了一程，但風在午夜時分即停息下來，無法再繼續保持航向，只能聽憑潮水把船向前推進，結果走過了頭，天明時才發現不列顛島已經落在自己船舷左側很遠的地方。於是，隨著潮水的重新轉向，再度鼓槳前進，航行到去年發現的那個島上最好的登陸地點。在這件事上，士兵們的英勇是極堪讚揚的，由於他們不辭辛勞地片刻不停的划槳，使重載船和運輸艦的速度簡直跟戰艦一樣。所有艦隻都在正午時到達不列顛，但敵人卻一個都不見。凱撒後來才從俘虜口中得悉，雖然敵人在那邊集中了大批軍隊，但看到我軍來了這麼多艦隻——連去年原有的、以及私人爲了自己方便而造的在內，總數在八百艘以上——嚇得撤離海岸，躲到較高的地方去了。

9 凱撒卸下軍隊，選定一個方便的紮營地點。當他從俘虜口中得知敵軍駐在什麼地方時，便在海邊留下十個營的步兵和三百騎兵守衛艦隻，於第三更時急忙向敵人趕去。因爲那些艦隻都是拋錨在一片鬆軟而又開曠的海岸邊，所以他很放心，派奎因都斯·阿德里烏斯統率這些守衛艦隻的部隊。他自己連夜趕了大約十二羅里路，趕到看得見敵軍的所在。敵人把自己的戰車和騎兵從高地上趕到一條河邊來阻截我軍，挑起戰鬥。當他們被我軍騎兵擊退時，又躲入樹林中去。原來他們選好的藏身之處，是一處由天然地勢和人工建造得極好的要塞，看來大概是因爲自己人中間內戰，老早就準備好的，所有入口一律用大批砍倒的樹木封閉著。他們自己以少量兵力不時衝出樹林來侵擾、阻止我軍進入他們的防禦工事。第七軍團的士兵結成盾龜，在他們的工事之外，積土築起一道圍牆，攻下了這個地方，把他們都逐出樹林，自己只傷了很少人。凱撒禁止他的部下追擊逃敵時追得太遠，一則因爲他們地勢不熟悉，再則因爲那天的大部分時間已經過去，他希望留下時間來爲營寨構築防禦工事。

10 次日清晨，他把步兵和騎兵分成三路，出發作一次突擊，去追趕那些奔逃的人。當這些人走了很長的路，已經可以看到敵人的後部時，奎因都斯·阿德里烏斯派來的一些騎兵趕到凱撒身邊，報告說：昨晚發生了大風暴，差不多把所有的艦隻統統撞壞，沖上岸來，因爲無論錨還是繩索都經不住風暴的力量，水手和舵工也無計可施，因此艦隻的碰撞帶來了極大的損失。

11 知道了這事，凱撒下令召回軍團和騎兵，停止向前進，避免作戰。他自己回到了艦隊的所在。他在那邊親眼看到了從使者和信件中得知的情況。除了四十艘艦隻全毀外，其餘的看來即使可以修理，也須花費極大的勞動。因此，他們把工匠們從各軍團中抽調出來，還命令再到大陸上去召來一些。又寫信給拉頻弩斯，叫他督率留在他那邊的軍團，多多益善地建造船隻。他認爲如果所有的船隻都能拖上岸來，用一道防禦工事把它們跟營寨圍在一起，雖然極困難、極辛苦，但卻是極有利的事。在這件事上花掉了十天時間，軍士們的勞動就是夜間也不停息。艦隻被拖到岸上來，營寨極周密地築起了工事，仍舊布置前次守衛艦隊的那一支軍隊留下之後，他又出發到趕回來的地方去。他回到那裡時，發現不列顛人已經有一支比上次更大的軍隊，從四面八方趕來集中。領導和指揮戰爭的最高大權，他們公議交給了卡西維隆弩斯。這個人的國土被一條叫泰每昔斯的河流跟沿海國家隔開，距海約八十羅里。在早先的時候，他和其餘國家之間進行著連續不息的戰爭，但我軍的到來，頗使不列顛人驚惶，便把指揮整個戰事的職責交給了他。

12 住在不列顛內地的人，據他們自己歷代傳說，是島上土生土長的，住在沿海地區的人，則是爲了劫掠和戰爭，早先從比爾及遷移過去的，通常就用他們原來出生的那個國家的名字稱呼他們，打完仗之後，他們就在這裡居住下來，並且開始耕種田地。居民很多，簡直難於計數，他們的房舍建得很密集，大部分跟高盧的相像。牲畜的數量也極多。他們使用銅和金的貨幣、或者以秤好一定重量的鐵牌，作爲貨幣。錫生產在那邊的中部地區；鐵生產在沿海，但它的數量很少。他們使用的銅是輸入的。那邊也跟高盧一樣，有各種樹木，只缺山毛櫸和松樹。他們認爲兔、公雞和鵝不可食用，只飼養了作觀賞或娛樂之用。氣候比高盧較爲溫和，不冷得那樣刺骨。

13 這島的形狀呈三角形。它的一條邊面對高盧。這條邊的一隻角叫做肯幾姆，凡從高盧出發的船隻差不多都航行到這裡，是面向東方的；另外較爲下方的一隻角，朝著南方。這條邊大約伸長達五百羅里。另一條邊面向著西班牙，即西方①。這一條邊外面有一個伊比爾尼亞島②，其大小據估計約爲不列顛島的一半，但從該島航行到不列顛的航程卻和不列顛到高盧差不多。在航行途中有個島，叫做蒙那。據說附近還有幾個較小的島嶼。關於這些島嶼，有人記載說，冬至節時，接連有三十天昰黑夜。但當我們查詢此事時，卻問不出什麼，經過精確的滴漏校核③，我們發現那邊的夜間反較陸地上短了一些。按照土人的說法，這一邊的長度是七百羅里。第三邊面向北方，沒有什麼陸地面對著它，但這邊有一隻角卻差不多正對著日耳曼人。這一邊的長度據說爲八百羅里。因而這個島的全部周長約達二千羅里。

14 全不列顛中，最開化的居民是住在肯幾姆地區的，這是一片完全濱海的地區。他們的習俗與高盧人沒有多大差別。至於住在內陸地帶的人，則大多數都不種田，只靠乳和肉生活，用毛皮當做衣服。所有不列顛人都用菘藍染身，使人看來帶有天藍顏色，因此在戰鬥中顯得更爲可怖。他們還蓄著長髮，全身除了頭部和上唇之外，到處都剃光。妻子們是由每一羣十個或十二個男人共有的，特別是在兄弟們之間和父子們之間共有最爲普通，如果這些妻子們中間有孩子出生，則被認爲是當她在處女時第一個接近她的人的孩子。

15 敵人的騎兵和戰車跟進行中的我軍騎兵展開激烈的戰鬥，但我軍卻到處占優勢，將他們逐

---

①西班牙在不列顛之南，凱撒限於當時的地理知識水平，誤以爲在它的西面。——譯者

②即愛爾蘭島。——譯者

③滴漏（clepsydra）——古代希臘羅馬用的計時器，爲一銅製水槽，下有滴水管，能在一定的時間內漏出一定數量的水，軍隊中值崗和法庭上的辯護人發言，都用它計量時間。——譯者

進樹林和山丘，只是我軍追趕得太熱心了些，雖殺死了許多敵人，自己也損失了一些人。息了一會，我們正忙於給營寨構築工事，防備稍微鬆懈了一些，敵人突然又從樹林中衝出來，向布置在營寨前值崗的那些人攻擊，激烈搏鬥起來。雖然凱撒派出兩個營——都是兩個軍團的第一營——去支援他們，但由於那兩支部隊中間留有很小一段空隙，敵人便趁我軍因這種新的戰術而驚訝時，極勇敢地突破中間，安然撤出戰場。這天，有一位軍團指揮官奎因都斯・拉倍留斯・杜魯斯被殺。當又有幾個營派上去時，敵人被逐了回去。

16 戰鬥是在營寨前當著大家的面進行的，很顯然，在所有這些戰鬥中，我們的步兵由於披著沉重的盔甲，敵人撤退時既不能追趕，也不敢輕易離開連隊標誌，因此對用這種方法作戰的敵人，實在難於應付。同樣很顯然的是，我軍騎兵作戰起來也冒著很大的危險，因爲敵人常常故意退下去，當把我軍騎兵引得離開軍團步兵稍爲遠一些時，就跳下戰車步戰，向處於不利地位的我軍攻擊。他們的騎兵戰術使我軍無論撤退還是進追，都陷於同樣的危險。加以敵人從來不用密集的陣形作戰，只分成許多小股部隊戰鬥，彼此間隔著大段距離，另外又派出一些分遣部隊安置在一定的場所，以便各部分之間彼此掩護。作戰疲乏了的，有精力充沛的生力軍替換。

17 次日，敵人停駐在離開營寨一段距離之外的一座小山上，分成許多小股出現，向我軍騎兵進行攻擊，只來勢不及前一天那樣猛。但在正午，當凱撒派三個軍團和所有騎兵由副將該猶斯・德來朋紐斯率領著去搜索糧秣時，敵人突然從四面八方向這支徵糧部隊猛撲過來，甚至在軍團展開戰鬥時也不停止。我軍奮勇攻擊，把他們驅了回去，同時不停地追趕他們，騎兵們倚仗有軍團在背後支援，也大膽直追過去，逼得他們既不能集合、也無法停步、甚至連從戰車上跳下來的機會都沒有，直到殺掉他們一大批才止。經過這番挫敗之後，他們四處集合起來的援軍馬上各自散去，此後一直不再以他們的全部兵力跟我軍作戰。

18 凱撒知道了他們的打算，便領著他的軍隊進入卡西維隆努斯的疆域，直抵泰每西斯河。這條河只有一個地方可以涉水渡過去，而且很困難。當他到那邊時，他看到對面河岸上已經布列著敵人的龐大軍隊，河岸上並且有一排向外伸出的尖銳木樁防護著，河底也釘著同樣的木樁，隱藏在水面之下。凱撒從俘虜和逃亡者口中得知這些細節，便派騎兵一馬當先泅渡前進，軍團緊跟在後面。但部隊進行得如此之迅速，聲勢如此之猛，雖然他們只有頭部露在水面上，敵人就已經受不住軍團和騎兵的攻勢，只能放棄河岸，轉身逃走。

19 當卡西維隆努斯像前面所說的放棄全部作戰希望時，把他的大部分軍隊遣散，只留下大約四千輛戰車來監視我軍前進。他自己則撤到離開大路不遠的地方，躲進一處難於通行的叢林裡面，一知道我軍要到什麼地方去，就把那地方的全部牲畜和人都從田裡趕入森林。而且，每逢我軍騎兵趕出去搶掠和破壞，在原野裡稍許奔馳得自由一些的時候，他就派出戰車，從他們所熟悉的每一條大大小小的路上衝出來，使我軍的騎兵和他們作戰帶有很大的危險性，他便用這種方法阻止我們到更遠的地方去擄掠。留給凱撒的唯一辦法只有不讓任何部隊離開軍團的大隊過遠，只在能力和距離所能及的範圍之內，盡量蹂躪田地和縱火，給敵人造成損害。

20 同時，大約是那邊最强大的國家德里諾旁得斯，派代表來見凱撒，答應向他投降，並願執行他的命令。年輕的門杜布拉久斯就是從這個國家跑到大陸上去，乞求凱撒的保護的，他的父親英尼昂努維幾久斯曾經握有過這個國家的王權，被卡西維隆努斯殺死，他自己逃出了性命。這時，德里諾旁得斯人要求凱撒保護門杜布拉久斯，以免遭卡西維隆弩斯的毒手，他們還要求凱撒把門杜布拉久斯送回國內去領導他們，執掌大權。凱撒向他們索取了四十名人質和軍隊用的糧食，並把門杜布拉久斯遣送回國。他們很快就執行了他的命令，按照要求的數目交了人質和糧食。

21 當德里諾旁得斯得到凱撒的保護，並且不再遭到所有軍隊的破壞之後，欽尼馬依人、塞恭幾亞契人、安卡利得斯人、別布洛契人以及卡西人，都派代表來向凱撒投降。凱撒從這些人中得知卡西維隆弩斯的要塞就離開那邊不遠，由樹林和沼澤掩護著，並且有數量頗大的人和牲口集中在那邊——不列顛人把用壁壘和壕塹防護著的枝葉繁密、難於通行的森林地區稱爲要塞、通常集中在那邊躲避敵人的擄掠。凱撒這時就帶著軍團向那地方出發。他發現這地方由天然的地勢和人工設防絕妙地防衛著。雖然如此，他仍舊奮勇地從兩面對它發動了進攻。敵人略爲抵抗了一會，但卻經不住我軍的攻擊，只得從這個要塞的另一面逃了出去。在那裡發現了大批牲口，並且有許多敵人在奔逃中被俘和被殺死。

22 當這些事情在那邊發生時，卡西維隆弩斯派使者到肯幾姆去，正如我們上面所述，這是一個濱海的地區，由欽傑多列克斯、卡爾維留斯、塔克辛馬古勒斯和塞哥瓦克斯等四個國王統治著。卡西維隆弩斯派去的使者命他們集中所有兵力作一次突襲，攻取我軍的海軍大營。但當他們趕到大營時，我軍衝出來迎擊，殺死他們很多人，甚至還活捉到他們的一個顯貴的領袖魯哥托列克斯，我軍一人未傷，全軍而返。卡西維隆弩斯得到這次戰鬥的消息，再加上他已遭到巨大的損失，領土也被蹂躪殆遍，尤其使他擔心的是各屬邦將起來背叛他，他不得不派使者通過阿德來巴得斯人的康繆斯來向凱撒求和。凱撒鑒於高盧突然發生的叛亂，決定回大陸去過冬，而且他知道夏天留下的時間已不多，很容易漫無目的地虛度這段時間，因此他向他們索取人質，規定了不列顛每年須向羅馬人交納的貢賦，同時還直接命令卡西維隆努斯不准傷害門杜布拉久斯和德里諾旁得斯人。

23 一接到人質，他便率領軍隊回到海邊，發現船隻已經修好。在它們下水後，他因爲有了大批俘虜，並且被風暴損壞了一些船，決定把大軍分作兩次運送回去。說來湊巧，在那麼多船隻，那麼多航次中，無論今年還是去年，只要是裝載了軍隊的，就沒有一艘中途失事的，但在這些船隻中，凡是從大陸派回到他那邊去的空船，無論是已經把第一次運送的軍隊卸掉後再返回的，還是拉頻努斯監督著新造的那六十艘，卻只有極少數能到達目的地，餘下的差不多全被風吹回去。凱撒在白白地等了一段時間之後，因爲冬至已將到臨，深恐航行受到時令阻碍，不得不把軍隊更加壓縮一番之後，趁一個極風平浪靜的大晴天。在第二更之初，起錨出航，天明時抵達陸地，全部船隻安然駛進港口。

24 這些船隻拖上海灘後，在薩馬洛布里瓦召開了一個全高盧的會議。這一年因爲高盧旱災，穀物收成較差，凱撒在把軍隊安頓到冬令營去時，不得不採取和上幾年不同的方式，把軍團分散到更多的邦裡去。他把這些軍團之一交給副將該猶斯·費庇烏斯帶到莫里尼人境內去；另一個交給奎因都斯·西塞羅帶到納爾維人境內去；第三個交給盧契烏斯·洛司久斯帶到厄蘇比人境內去；第四個跟季度斯·拉頻努斯一起，到德來維里人境內的雷米人中間去過冬。又有三個軍團他安頓到比爾及人中間，命令財務官①馬古斯·克拉蘇斯和副將盧契烏斯·孟奈蘇斯·布朗克斯、該猶斯・德來朋紐斯統率。另一個軍團，即最近從柏度斯河以北徵集的那個，外加五個營，他派到在安皮奧列克斯和卡都瓦爾克斯統治下的厄勃隆尼斯人中去，這個邦的大部分地區處在莫塞河與萊茵河之間。他命令副將奎因都斯・季度留斯和盧契烏斯・奧龍古來猶斯・考達統率這支部隊。他認爲軍隊這樣分配後，無論穀物供應如何緊張，都能很容易地補救，而且所有這些冬令營，除交給盧契烏斯・洛司久斯的那支部隊是帶到最平靜無事的地區去的之外，其他都處在一個一百羅里的圈子之內②。他還決定自己留在高盧，等接到所有各軍團都已到達駐地、營寨也築好工事的報告之後才離開。

25 卡爾弩德斯邦中有一個家世極爲顯赫的塔司及久斯，他的祖上曾掌握過這個邦的王權，凱撒考慮到他的品德和他對自己的善意——因爲他在歷次戰爭中都很仰仗他的才能——便給他恢復了祖上的王位。他統治到第三年時，他的敵人們竟在國內許多人的公開贊同之下，將他殺死。這件事報告給了凱撒。因爲它牽涉到的人很多，他深恐這個邦受這些人煽動會叛亂起來，便命令盧契烏斯・布朗克斯帶著一個軍團，急忙從比爾及趕到卡爾弩德斯，就在那邊過冬，並且把他所有

---

①財務官（quaestor）——羅馬的一種常設職官，由公民大會選舉產生，蘇拉時代有二十名，除留在首都工作的以外，每個行省長官赴任、每個統帥出征，都有一人隨行。凱撒在高盧時，先後擔任過他的財務官的有馬古斯・安東尼和馬古斯・克拉蘇斯，他們除了處理軍隊中的一般財務工作外，有時還帶一個或幾個軍團獨立作戰，有時統帥外出又代理主持整個軍務，成爲事實上的副帥。——譯者

②凱撒這裡的記述顯有錯誤，單從厄勃隆尼斯到比爾及就有一八〇羅里左右。——譯者

了解到的那些主使殺害塔司及久斯的人捉拿送來。這時，他已接到所有交給他們軍團的副將們和財務官的報告，說他們已經到達冬令營，而且都已築起了防禦工事。

26 在他們進入冬令營後約十五日，突然從安皮奧列克斯和卡都瓦爾克斯那邊開始了騷動和叛亂。雖說他們曾經在他們王國的邊界上接待了薩賓努斯和考達，還把穀物送到營地來過，但他們卻受了德來維里人英度鞠馬勒斯送來的消息的引誘，把自己的人民煽動起來。在突然掩襲了我軍的一支伐木部隊之後，又以大批人馬來進攻我軍營寨。我軍迅速拿起武器，登上壁壘，並從一面派出去一支西班牙騎兵，在這一場騎兵交鋒中占了上風。敵人看到勝利已經無望，就把他們的人員撤出戰鬥，接著便按照自己的習俗，大聲喊話，叫我軍隨便去一個什麼人，進行談判，據稱他有一些有關雙方利害的事情要談，相信這樣做可以緩和彼此間的爭端。

27 奎因都斯·季度留斯的一個朋友、羅馬騎士該猶斯·阿品紐斯和一個曾奉凱撒的使命到安皮奧列克斯那邊去過的西班牙人奎因都斯·容尼烏斯，被派到他們那邊去，從事談判。安皮奧列克斯在他們面前這樣說：他承認，由於凱撒對他的一番厚愛，使他沾到很多光。全虧凱撒，他才得免除慣常付給鄰國阿杜亞都契的貢賦。也是由於凱撒，才能夠把他送到阿杜亞都契人那邊做人質、在那邊受奴役和拘禁的一個兒子和一個侄子交還給他。他宣稱，他之所以進攻營寨，既不是他自己決定的，也不是他所希望的，而是出於國人的壓力。他所握有的權力，是這樣的一種權力，即羣衆在他身上的權力和他在羣衆身上所有的權力是相等的。他們的國家之所以發動戰爭，純然是因爲他們無力抗拒全高盧突然採取的聯合行動。只要看他的力量是多麼微弱，就很容易證明他絕不會糊塗到妄以爲光憑他一個人，就可以征服羅馬人了。這是全高盧的共同決定，這一天被定作對凱撒的所有冬令營同時發起進攻的日子，免得這一個軍團可以趕去支援另一個軍團。高盧人要拒絕高盧人是很難的，特別當他們認爲自己參與的計畫跟大家的自由有關的時候。但他既然已經履行過對國家的責任，現在要轉過來對凱撒的恩惠略圖報答了。他告訴季度留斯說：他要以賓主之誼來要求他，多爲自己和士兵們的安全著想。已有大批日耳曼人受雇渡過萊茵河，兩天之內就要到達。羅馬人應當自己考慮，是不是趁鄰近各邦還不知道，帶著部隊離開營寨，趕到西塞羅或拉頻努斯那邊去——他們一處離此五十羅里，一處略許遠一些——比較好一點。他答應可以讓他們安全地穿過他的土地，而且可以設誓爲信。他這樣做了，一方面既對得起自己的國家，替它清除了羅馬的冬令營，另一方面也報答了凱撒的恩惠。說完這些話後，安皮奧列克斯離開了。

28 阿品紐斯和容尼烏斯把自己所聽到的話報告了兩位副將。他們聽到這突如其來的消息很爲吃驚，認爲這番話雖然出自敵人口中，卻也不能輕視，特別使他們焦急的是，要說像厄勃隆尼斯這樣一個默默無聞、微不足道的國家，居然敢單憑自己就來進攻羅馬人，確是令人難於置信的事。因此，這問題被提交給軍事會議，他們中間又引起一場很激烈的爭論。盧契烏斯·奧龍古來猶斯、幾個軍團指揮官和首列百夫長，認爲行動不必太匆忙，如果沒有凱撒的命令，絕不應該離開冬令營。他們還指出：即使日耳曼人來，不論他們有多少人，有築了工事的營寨，總可以抵擋得住。他們已經英勇地抵禦過敵人的第一次攻勢，而且傷了他們許多人，便是一個證明。糧食對他們也没有多大壓力，而援軍卻可能從就近的冬令營或者凱撒那邊趕來。再說，還有什麼事情比在緊要關頭採納敵人的勸告更冒失、更丟臉呢？

29 季度留斯反對這個，宣稱說：如果等到敵人糾集了更大的兵力、並加上日耳曼人之後，或者等到自己鄰近的冬令營遭到了災難之後，再採取行動，就未免太遲了。他說，他們已經只有很短的一段時間可以考慮問題。他相信凱撒已經到義大利去，否則卡爾努德斯人不會起殺害塔司及久斯的念頭。要說凱撒還在，厄勃隆尼斯人也絕不會這樣不把我們放在眼裡，敢來進攻營寨。他所考慮的不是敵人的建議而是事實。萊茵河就在附近，日耳曼人正因爲阿里奧維司都斯的死亡和我軍前幾次的勝利而感到十分悲憤，高盧人也因爲在羅馬人統治後受到的種種屈辱、以及喪失了原先英勇善戰的聲名而怨恨不已。再說，誰能自己安慰自己說，安皮奧列克斯之所以採取這樣一著，沒有可靠的理由呢？他自己的主張是無論進退都很安全的，一方面，如果不發生十分險惡的事情，他們可以平安無事地趕到鄰近的一個軍團去；另一方面，如果高盧人已經和日耳曼人勾結起來，那麼，唯一的安全出路就在於迅速行動。至於考達和那些不同意他的人的主張，會落到什麼樣的下場呢？即令它沒有目前的危險，但在一番長期圍困之後，飢餓就是一個很大的威脅。

30 雙方作了這樣的一番爭論之後，考達和首列百夫長們激烈地反對薩賓努斯。薩賓努斯爲了使士兵們都可以聽見，用一種比平常更響亮的聲音叫著說：「算你有理，悉聽尊便吧！我卻不是像你們這種在死亡前面嚇昏了頭的人。士兵們會了解的，如果真的發生什麼嚴重的事情，他們自會向你們算帳。因爲如果你們允許，後天他們就可以跟附近的一個冬令營聯合起來，跟別人一起應付這次戰爭，不致於遠遠地離開別人孤立著，在刀劍之下或飢餓之中喪生了。」

31 散會後，大家拉住這兩個人，要求他們不要因爲自己的爭吵和堅持己見，使形勢變得更危險，只要他們大家想到一起，同心同德，無論是留下還是動身，什麼都不難辦，否則，在爭吵中是找不到安全的出路的。一直爭論到半夜，考達最後終於動搖並且屈服，薩賓弩斯的意見占了上風，宣布軍隊天明時出發。這一夜餘下的時間，大家全不曾合眼，每個士兵都檢點自己的財務，看看哪些東西可以隨身帶走，冬令營的用具中，哪些不得不被迫丟下。他們想出各種各樣理由來說明留在那邊的危險，以及這些危險又將如何因爲軍士們的疲勞和長期守夜而日甚一日。天明時，他們開始走出營寨，隊伍伸得老長，輜重帶了一大批，他們的的確確像是已經被說服了相信替他們出謀獻策的安皮奧列克斯不是敵人，而是最最親密的朋友了。

32 敵人從他們夜間的喧鬧不眠上面，得知他們開拔的打算，就在約兩羅里外的樹林裡有一處隱蔽得很好的地方，埋伏下兩支軍隊，等候羅馬人到來。當我軍的大部分行列走到一個大峽谷時，他們突然從那峽谷的兩側出現，進逼我軍的後隊，阻撓我軍的前隊向山上前去，就在我軍處在最不利的地位時跟我軍戰鬥。

33 季度留斯事前絲毫沒有預料到這一點，驚慌失措起來，趕緊東奔西走地一營一營布置任務，就在做這些事情的時候，他也是心慌意亂的，好像已經完全智窮力竭了，這也正是一個人在形勢逼來，被迫不得不拿出主意來的時候常有的情況。考達卻事先就已料到進軍途中可能發生這樣的事情，正是因爲這樣，他才反對開拔的，因而也沒有疏忽任何有關大家安全的措施。在號召和激勵士卒方面，他盡了司令官的職責，在戰鬥方面，也盡了一個戰士的責任。後來因隊伍拉得太長，兩位副將感到不易親自掌握一切情況，也不能及時了解到每一個地方該做些什麼事情，便下令往下傳話，叫大家放棄行李，結成一個圓陣。在這種緊要關頭，採取這一措施，自然不能說是錯的，但卻產生了不幸的後果。因爲它使人感到，不是由於極度的恐怖和絕望，絕不會這樣做，因而削弱了我軍的鬥志，又使敵人更加發奮作戰。另外還產生了一個不可避免的惡果，即一羣羣兵士紛紛離開自己的隊伍，趕到輜重車上去尋找他們認爲最寶貴的東西，到處吵吵嚷嚷、哭哭啼啼。

34 但蠻族卻不之智謀。他們的領袖向各行各列傳下命令說：任何人不得離開隊伍，戰利品反正總是他們的，羅馬人剩下來的任何東西都會替他們保留著，他們只要考慮到一切都有待自己的勝利就行了。在勇敢方面和鬥志方面，雙方不相上下。我軍的士卒雖然被自己的領袖和命運所共棄，卻仍把自己平安的希望寄託在勇敢上，每當一個營奮勇衝殺時，所到之處，總有大批敵人喪生。安皮奧列克斯注意到這點，傳令叫他們的士兵不要逼得太近，只在遠處投射矢石，羅馬人向哪裡衝擊，就退讓開，因爲羅馬人的裝備輕便，訓練有素，絕傷害不到他們，但當他們回到自己的行列中去的時候，仍舊轉過身來追他們。

35 這命令被細心地執行著。任何一個營離開圓陣作衝擊時，敵人就以極快的速度退走，同時，當那支隊伍不可避免地暴露在外面時，它那袒露的側翼便受到一陣陣矢石的攻擊。當他們設法退回到原來出發的地點去時，那些退下去的和那些站在離他們最近的地方的敵人，就趕上來包圍他們。即令他們願意堅持在自己的位置上，他們也沒有機會可以表現他們的英勇，人擠得那麼緊，密密層層的敵人投來的矢矛，要躲也無法躲。儘管受到這許多不利條件的限制，還有許多人受了傷，他們仍然抵擋住了敵人攻擊，雖說這天的大部分時間都在戰鬥中度過——他們從天亮一直戰到第八刻時——他們卻沒有做任何一件丟臉的事。這時，一年前擔任過首席百夫長、極有威信而又勇敢的季度斯·巴爾文久斯，兩腿都被矛戳穿。同一列的奎因都斯·盧坎紐斯，也戰鬥得十分勇猛，不幸在他去救援自己的被圍困的兒子時，遭到殺害。副將盧契烏斯・考達正在鼓勵所有各個營和百夫長們時，被一塊投石端端正正擊中面部。

36 被這些情況嚇慌了的奎因都斯・季度留斯，一看到安皮奧列克斯在遠處鼓勵他的部下，便派他的譯員克耐猶斯・龐培去要求他饒了他自己和他的兵士。安皮奧列克斯對這番請求回答說：如果季度留斯願意和他談話，只管前去，他希望能夠說服他的軍隊，保全羅馬兵士們的性命，至於季度留斯本人，則絕不致於受到傷害，這件事他可以擔保。季度留斯便和受了傷的考達商量，是否可以退出戰鬥，一同去和安皮奧列克斯談判。他說：他希望能夠說服安皮奧列克斯，使自己和兵士們獲得安全。考達不願跑到正在交戰的敵人面前去，堅決反對。

37 薩賓努斯命令在他身邊的那些軍團指揮官和首列百夫長都跟隨著他，當他走到離安皮奧列克斯不遠處時，有命令叫他們拋掉武器，他聽從了這命令，還叫自己這邊的人都照這樣做。當他們兩人在一起討論時，安皮奧列克斯故意作了一番並不需要那麼長的講話，季度留斯卻逐漸被包圍起來，隨即遇害。於是，他們按照高盧人的習慣，齊聲喊勝了，在一陣陣大聲呼嘯之下，向我軍衝擊，使我軍的行列陷入混亂。盧契烏斯・考達在戰鬥中和大部分士兵一起被殺，其餘的仍舊退回到出發來的營寨裡去。他們中有一個掮鷹幟的旗手盧契烏斯・彼特洛希第烏斯，受到大批敵人的沉重壓迫，便把自己的鷹幟投入壁壘，在營寨前跟敵人奮勇搏鬥，終於遇害。其餘的人艱苦抵抗，一直到天黑。在夜間，感到逃生已經無望，他們互相假手對方殺死自己，只極少數人從戰鬥中脫身逃出來，在叢林中極陰暗難認的小路上摸索了一番後，才逃到拉頻努斯的冬令營，報告了這些情形。

38這場勝利鼓舞了安皮奧列克斯，他立刻帶著騎兵，出發到與他自己的王國相鄰的阿杜亞都契人中去。他日夜不停地趕路，命令步兵在後面跟上。在向阿杜亞都契人報告了這消息、並煽起了他們之後，他又在第二天進入納爾維人的領域，鼓勵他們莫錯過爭取永久自由、報復迫害他們的羅馬人的機會。他說他已經殺死兩個副將，並且消滅了一支軍隊的絕大部分，如果再突然掩襲由西塞羅所率領著止在息冬的這個軍團，一舉將其殲滅，絕非難事。他答應在做這件事時，自己可以給予幫助。他很容易地用這番話鼓動了納爾維人。

39因而，納爾維人的使者馬上被派到受他們管轄的秋得隆內斯人、格魯地人、勒凡契人、普留穆克西人和該伊杜姆尼人那邊去，盡量地徵集起大批兵力，突然撲向西塞羅的冬令營。那時西塞羅還沒有接到有關季度留斯死難的消息，因而在他這裡也不可避免地發生了同樣的情況，一些兵士們到樹林中去採集築構工事用的木材，突然遭到敵人騎兵阻截。當他們落在敵人的包圍中時，厄勃隆尼斯人、納爾維人、以及阿杜亞都契人和他們的同盟、屬邦，同時開始以大隊人馬進攻軍團。我軍迅速搶起武器，登上壁壘。這天的抵抗真是困難萬分，因爲敵人把他們的全部希望都寄託在速戰速決上面，認爲只要贏得這一戰，就將無往而不勝。

40西塞羅馬上派人送信到凱撒那邊去，並答應重重酬賞送信的人，只要他們能把信送到。但所有的路都已被切斷，派出去的人也都被截住。夜間，他們利用收集來準備修築工事的木材，以難於置信的速度建造了二百二十座木塔，並且把所有工事上顯然有缺陷的地方，統統作了補救工作。次日，敵人糾集了更加巨大的兵力來進攻營寨，填沒壕塹。我軍仍和前一天一樣作了抵抗。以後的許多天裡，所做的事情大致相仿，就是夜間也沒片刻停手的時候，連生病的和受傷的也沒機會給他們休息。所有對付次日進攻所需要的武器，都得在夜間作好準備，許多木樁的尖頭都得熏過，城牆上戰鬥用的長槍得預備好，木塔得架設起來，堆堞和胸牆也得用樹柴編搭起來。西塞羅本人雖然身體很衰弱，但即使夜裡也不讓自己有片刻休息的時間，直到最後，被成羣趕來懇求他休息的士兵們逼著才住手。

41 於是，納爾維人中跟西塞羅有過一些交往、可以藉口友誼接近他的那些領袖和頭目說，希望能跟他談判。當他們得到這樣的機會時，他們也把安皮奧列克斯對季度留斯說的那番話，細說了一遍。他們說：全高盧都已經武裝起來，日耳曼人也已經渡過萊茵河、凱撒和其他人的冬令營都在受著攻擊。他們還報告了季度留斯死亡的消息，爲使人相信起見，他們又把安皮奧列克斯指出來給他們看。他們說：如果你們指望那些自己都正在一籌莫展的人來救你們，就大錯了。雖說如此，我們對西塞羅和羅馬人的情誼，是一切都可以通融的，但冬令營是例外，我們不願意讓這種制度長此存在下去，成爲定例。有我們納爾維人在，你們完全可以安然離開冬令營，高興到那裡去就到那裡去，絲毫不用害怕。西塞羅對這番話只給一個回答：羅馬人向來不接受武裝著的敵人的任何條件。如果他們願意放下武器，他們盡可利用他作爲中介，派使者到凱撒那裡去，由於凱撒的公正無私，他相信，他們所提的要求是可能實現的。

42 這希望落空後，納爾維人就用一道九羅尺高的城牆和十五羅尺寬的壕塹，圍住冬令營。這些軍事工程是過去幾年中他們跟我軍交往時學到的。同時他們還得到從我軍捉去的一些俘虜的指教。但他們沒有適於幹這些工作的鐵器，不得不用劍來刨草皮，用手和外套來搬運泥土。正因如此，我們可以從這裡對敵人的數目之大作出一個約略的估計：他們竟在不到三個時刻的時間之內，完成了一道周長達三羅里的壕塹。隨後幾天，在前述的俘虜指導之下，他們又開始準備跟我軍壁壘一樣高的木塔、撓鉤和盾車等。

43 在圍攻的第七天，刮起了極强烈的風。他們開始用射石器向我軍按高盧式樣造起的用草覆蓋屋頂的茅舍，投射燒得熾熱的黏土球和燃燒著的矛。這些茅舍很快著了火，在大風中，火又散布到營寨的每一個角落裡去。敵人好像勝利不但已經到手、而且已經牢牢掌握住了似的，一聲大喊便開始把他們的木塔和盾車推動向前，用雲梯攀登壁壘。但士兵們的鬥志是如此之昂揚，心神是如此之專注，雖然火焰到處燻灼他們，大量的矢矛在騷擾他們，而且知道自己的行李和一切財物都著了火，不僅没一個人離開壁壘退出戰鬥，甚至連回頭看一下的人都没有。人人都以最奮發的熱情和勇氣戰鬥著。對我軍來說，這一天可以算是最最艱難的一天，其結果是，大批敵人受傷或死亡，比其他任何一天爲多，特別由於他們都緊緊的擠在壁壘之下，最後面的人使得前面的人完全没有後退的餘地。火勢稍稍減少了一些的時候，有一個地方，有一架移動的木塔靠近了壁壘，第三營的百夫長們退出自己的位置，並叫他們的所有部下也都讓開，用手勢和語言招呼敵人，請他們只管進來，但他們中没有一個人敢前進。他們隨即被四面投擲來的石塊擊退，木塔也被縱起火燒掉。

44 這軍團裡有兩個極勇敢的人，一個叫季度斯・普爾洛，另一個叫盧契烏斯・瓦倫納斯，都是即將升到首列的百夫長。他們中間不斷爭論究竟誰該比另一個領先。爲著爭取這個位置，每年都極激烈地展開競賽。當工事前的戰鬥進行得十分緊張時，這兩個人中的普爾洛說：「瓦倫納斯，你還遲疑什麼？難道你還要等什麼更好的機會來表現你的勇氣嗎？今天就應該決定我們的爭論了。」說完這話，他跨出壕塹，向敵人最密集的部分衝去。瓦倫納斯怕人家說他膽怯，也不肯再停留在壁壘上，便也緊緊跟上來。在和敵人距離不遠的地方，普爾洛把他的矛擲向敵人，一下就戳穿了向著他奔來的一個敵人。當這人受傷昏過去時，敵人用盾掩蓋住他，一邊把他們的矛四面向普爾洛投來，使他沒有退身之地。他的盾被戳穿了，還有一支矛釘在他的腰帶上，同時把他的劍鞘弄得斜到了另一邊，他伸手拔劍時卻左拔右拔抽不出來，正當他的手在摸索時，敵人圍上了他。他的對手瓦倫納斯趕向他那邊，在他危險時給了他幫助。所有的敵人都認爲普爾洛已被矛刺死，馬上放開他，轉過身來攻擊瓦倫納斯。瓦倫納斯用劍跟他們短兵接戰，殺掉一個人之後，其餘的都被驅回去一段路，不料他正追得起勁時，一個筋斗跌進地上的窪坑裡。這一下他又被敵人包圍起來，普爾洛也趕來幫助了他。雖然兩個人殺掉好幾個敵人，卻都一點也沒受傷，在熱烈的喝采聲中退回壕塹。在這番競爭和比賽中，命運之神好像先後輪流光顧了這兩個對手，使一個成爲另一個的助手和救星，以致要判別兩個人中究竟哪一個比較勇敢些也不可能。

45 防禦工作一天比一天更繁重、更艱苦，特別由於大部分士兵受了傷，防衛工作便都落在少數人身上。派到凱撒那邊去的使者和書信也更加頻繁。使者中有一些人被捉住後，就當著我軍的面殘酷折磨至死。營中有個出身顯貴的納爾維人，名叫維爾幾哥的，圍攻一開始就逃到西塞羅這邊來，表現了自己對西塞羅的非常忠誠。他用給予自由的諾言和極重的酬賞，說服一個奴隸，叫他送信到凱撒那邊去。這個人把這封信縛在矛上帶走，由於他是高盧人，在高盧人中奔走，沒有引起懷疑，終於到達凱撒的所在。西塞羅和他那軍團的危險處境，正是因這個人的報告才被得知的。

46 凱撒大約在這天的第十一刻時接到信，立刻派使者到俾洛瓦契邦中去見財務官馬古斯・克拉蘇斯——他的冬令營離凱撒這裡約二十五羅里——吩咐他的這個軍團在半夜出發，迅速趕到自己這邊來。克拉蘇斯一接到信，立刻便起身趕來。另外一個使者派到副將該猶斯・費庇烏斯那邊，囑咐他帶著軍團進入阿德來巴得斯人的地區，凱撒預料自己在行軍途中要經過那邊。他又寫信通知拉頻努斯，如果他那邊形勢許可的話，希望他帶著軍團進抵納爾維人邊境。至於其餘的軍團，距離太遠了些，他認爲不必等候他們，只從最近的幾個冬令營中集中了大約四百名騎兵。

47 大約在第三時刻，前鋒報告他說：克拉蘇斯已經來到。這一天，他前進了二十羅里。他命令克拉蘇斯留守薩馬洛布里瓦城，交給他一個軍團，因爲他想把軍隊的輜重、各邦的人質、各項公文、以及他帶到那邊去準備過冬的全部糧食，都存放在那邊。費庇烏斯和他的軍團，也按照他的命令，没耽擱多久就在他的前進途中遇上。拉頻努斯已聽到薩賓努斯遇害和軍隊覆没的消息，但由於德來維里人正以全部兵力趕來攻擊他，深恐自己一離開冬令營，就像是在逃走，會擋不住敵人的一陣猛攻，特別他知道他們正因爲剛剛獲得的勝利而在氣焰囂張的時候。因此，他送一封信回來給凱撒，說明如果他帶著軍隊離開營寨將是多大危險的事，還大略報導了一下厄勃隆斯人境中發生的事情，並告訴凱撒，所有德來維里的騎兵和步兵都已駐紮在離開他自己營寨只有三羅里路的地方。

48 雖然凱撒贊同他的主張，但他本來是想湊起三個軍團的，這一下減爲兩個，不免失望，不過他仍然把大家的安全寄託在行動迅速上面，因而以急行軍的速度，進入納爾維人境内。他在那邊從俘虜口中得知西塞羅處發生的情況，以及危急到什麼樣的程度。於是，他以極大的酬報説服了一個高盧騎兵，送一封信去給西塞羅。送去的信是用希臘文寫的，免得它被敵人截住後，得知我軍的計畫①。送信的人得到指示說：如果無法走近營寨，可以把信縛在一支矛的皮帶上，投入營寨的壁壘。他在信中寫著說，他已帶著軍團出發，很快就可以到達他那裡，並且鼓勵西塞羅保持向來的勇敢。那高盧人害怕危險，就按照得到的指示，把那矛擲進營去。説也湊巧，它恰恰擲中，並釘在一座木塔上，一連兩天沒被發現，第三天才被一個士兵看到，取下來交給西塞羅。他從頭到尾一口氣讀完，然後又在一個軍隊的集會上朗讀給大家聽，它給大家帶來了極大的喜悅。遠處的煙頭，很快就被看到，它驅走了軍團會不會來的一切疑慮。

49 高盧人也由他們的偵察部隊報告了這事，便放棄圍攻，以全軍來迎擊凱撒。他們大約有六萬人。西塞羅一有機會，又向上述的那個維爾幾哥再要一個高盧人，送一封信去給凱撒。他警告那人要十分謹慎小心。他在信中寫著說：敵人已離開他那邊，全部大軍都轉身來迎擊凱撒了。這信大約在半夜到達。凱撒因此告知了他的部隊，並且激勵他們的鬥志。次日天明，他移營前進，趕了大約四羅里路，望到大隊敵軍正在一個巨大的山谷和一道小河對面。他認爲以他這樣微弱的兵力在這種不利的地形和敵人作戰，是件極危險的事情，同時他還知道，反正西塞羅那邊已經解

①言下之意，似乎高盧人不懂希臘文，即令書信被截去，也不會洩漏自己的計畫。但在本書卷一、二五節中曾說到在厄爾維幾人營中發現用希臘文寫的統計數字，後面卷六、一四節，又説高盧人無論公私文件都用希臘文書寫，似乎有矛盾。也許上面兩節指的是高盧人用希臘字母書寫的自己的語言，這一節所説是真正的希臘文。——譯者

圍，大可以從從容容，放慢速度，因而就在那邊停了下來，並在盡可能找到的有利地形，給營寨築起工事。他勉强只有七千人，而且沒有行李，營寨本來就已經很狹小，他再用縮小營裡過道的辦法，把它壓縮到最小限度，以此來引起敵人的極度輕視。同時他還向四面八方派出偵察人員，去找尋一條通過那條峽谷的近便的路。

50 那天，騎兵在河邊發生了小接觸，雙方的大軍仍留駐在原地。高盧人爲的是要等候還沒能趕來參加他們的大股軍隊，凱撒則試圖以假裝膽怯，把敵人引到自己這一邊來，好在峽谷這一面的營寨前方作戰。即使這一點做不到，他想在探出一條路來之後，也許可以在比較安全的情況下穿過那個峽谷和小河。天明時，敵人的騎兵趕到營寨前來跟我軍騎兵作戰。凱撒命令騎兵故意敗退回營。同時，他又下令在營寨的四周都用較高的壁壘防護起來，營門也用障碍物堵住，在進行這些工作時，愈混亂、愈裝得害怕的樣子愈好。

51 受了這些情況的誘惑，敵人真的把軍隊帶過來了，在一個地形不利的地方列下陣來。當我軍甚至連壁壘上的人也都撤下來時，他們又走得更近一些，從四面八方向壕塹裡發射矢石。同時向四周派出傳令員，命他們喊話說：「如果任何人、不問高盧人還是羅馬人，願意投誠到他們那邊去，在第三刻時以前，盡可以這樣做，保無危險，過了這個時候，就不再給這種機會了。」他們對我軍已經輕視到這樣一種程度：因爲我們營寨門口有了一列用草泥裝模做樣地堆起的短垣擋住，認爲從這裡衝進來不容易，他們中有些人便開始用手去拆那壁壘，其餘有些人又動手填壕塹。於是，凱撒下令從各個門突然一起向外猛衝，並派出了騎兵，很快就使敵人飛奔逃走，沒有一個人停下來抵抗。我軍殺掉其中的一大批人，把全部武器都收來。

52 因爲路上有樹林和沼澤，凱撒不敢追得過遠，他還看到，在那邊，連再給敵人造成極小一點損失的機會都沒有了，便在當天帶著他那完整無缺的軍隊，趕到西塞羅軍中。他看到了敵人豎立的木塔、胸牆和其他防禦工事，感到驚異。軍團列隊出來時，他發現沒有負傷的兵士不到十分之一。從所有這些證據上，他可以判斷出這場戰鬥是在怎樣的危險之下，以什麼樣的勇敢進行的。西塞羅和軍團都當之無愧地得到了他的熱烈讚揚。在西塞羅的證明之下，他還跟一些被認爲勇敢出衆的百夫長和軍團指揮官作了個別談話。有關薩賓努斯和考達的災難，他也從俘虜口中得到了更加確切的報導。次日，他召集了一次集會，解說了發生的事故，安慰並鼓勵了士兵。他勸告他們要沉著地接受因爲一個副將的錯誤和魯莽而招來的這些損失，由於不朽的神靈的恩惠以及他們自己的英勇，災難已經彌補過來，敵人既沒能夠歡樂得多久，他們自己也不會再長此悲痛下去。

53 同時，凱撒勝利的消息被雷米人以快得難以想像的速度報告給了拉頻努斯。雖然拉頻努斯離開西塞羅的冬令營有六十羅里，凱撒也直到這一天的第九刻時以後才到西塞羅那邊，但在半夜以前，雷米人就已經在拉頻努斯營寨門前發出一陣陣呼噪聲，用來表示得勝和向拉頻努斯的祝賀。當同一消息傳到德來維里人那邊時，本來已經決定在次日進攻拉頻努斯營寨的英度鞠馬勒斯連夜逃走，把他所有的軍隊都撤回德來維里邦中。凱撒派費庇烏斯帶著軍團回到他的冬令營去，自己則決定帶著三個軍團分爲三處，環繞著馬洛布里瓦過冬。由於高盧發生了這麼大的動亂，他決定自己整個冬天一直留在那邊，跟軍隊一起過冬。因爲薩賓努斯死難的消息在他們中傳布出去時，差不多全高盧各邦都在籌劃作戰，使者們和代表們被派到每一個地方，探詢別人在做些什麼，戰爭將從什麼地方開始，夜間還在偏僻的地方偷偷開會。差不多整個冬天，凱撒的心情沒有一刻不是在焦慮中度過的，也沒有一刻不接到有些關於高盧人聚會和騷動的消息。這些消息之中，有由他任命統率第十三軍團的財務官盧契烏斯·洛司久斯的報告，說：有一大批從被稱為阿莫列克諸邦來的高盧人，已經集合起來進攻他，並且在距他的營地不到八羅里的地方駐紮下來，但在接到凱撒勝利的消息後，卻像潰逃似的退走了。

54 凱撒把各個國家的領袖都召到自己跟前來，有的加以恐嚇，說他已經知道了他們所幹的勾當；有的他又加以鼓勵；終於使高盧的大部分地區都保持忠順。不過，在高盧人中特別強盛和威望很高的森農內斯人，卻在公開策劃著要殺害卡伐林納斯——這是凱撒在他們中所立的國王，在凱撒初至高盧時，他的兄長馬利塔司古斯在擔任他們祖先所擔任過的王位——卡伐林納斯發現他們的計謀後逃走，他們一直追趕他甚至追到邊界上，把他逐出王位和家鄉，然後派使者來向凱撒解釋。當凱撒吩咐叫他們的全部長老來見他時，他們卻又不服從命令。這時居然有人敢出來首先發難，發動戰爭，在蠻族中起了非同小可的影響，對大家的情緒起了極大的變化，除了凱撒始終特別給與面子的愛杜依人和雷米人——前者是因為他們對羅馬人的古老而且始終不渝的友誼，後者是因為他們新近在高盧戰爭中的貢獻——之外，差不多沒有一個國家，不引起我們的懷疑。我始終認為這種情況是不足為奇的，在其他許多理由之外，特別因為這些國家曾一度在作戰勇敢方面壓倒過其他國家，但現在這種好聲譽卻因為屈服於羅馬人的統治而消失，未免令他們極度痛心。

55 為此德來維里人和英度鞠馬勒斯整個冬天一刻都沒安靜過，他們不斷派使者到萊茵河對面去邀請那些國家，答應給他們錢，宣稱我軍的大部已被消滅，留下來的只是很小一部分了。但仍舊沒有一個日耳曼國家被説服渡過萊茵河來。這些國家説：他們已經在阿里奧維司都斯之役和登克德里人遷徙時試過兩次，不想再來碰運氣。英度鞠馬勒斯的希望落空之後，還是積極招聚軍隊，加以訓練，並到鄰國去收買馬匹，以極大的酬報把全高盧的亡命之徒和罪犯都吸引到他這裡來。依靠這種方法，他確實替自己在高盧樹起很大的聲勢，使得四面八路都有代表趕到這裡來，爲他們的國家或自己本人乞求恩寵和友誼。

56 他看到他們都是出於自願來到他這裡的——一方面，森農内斯人和卡爾努德斯人是由於自覺有罪，内心不安；另一方面，納爾維人和阿杜亞都契人自己也正要準備對羅馬人作戰；因而他認爲，如果他一旦從自己的領域裡出兵，絕不用擔心沒有別國的軍隊自願前來參加。於是，他宣布召集一個武裝會議，根據公認的法律，所有成年男子都應該趕去參加，去得最遲的人，就在全體與會者面前，加以種種折磨之後處死。在這會上，英度鞠馬勒斯宣布欽傑多列克斯爲敵人，沒收了他的財產。欽傑多列克斯是他的女婿，並且是另一黨的領袖，如前所説，他已經投身乞求凱撒的保護，至今沒叛離他。這些事情做完後，他在會上宣稱：他受到森農内斯人、卡爾努德斯人和另外幾個高盧國家的邀請，考慮穿過雷米人的領域，到他們那邊去，並且一路走，一路破壞雷米人的田地，但在這樣做之前，先要攻下拉頻努斯的營寨。接著，他把自己要他們做的事情囑咐他們。

57 拉頻努斯守在一座天然地勢和人工設防都極好的營寨裡，完全不用害怕會有什麼危險落到自己頭上來，他卻也不願意讓任何可以取勝的機會錯過去。因此，從欽傑多列克斯和他的親屬處得知了英度鞠馬勒斯在會上的講話後，就派使者到鄰近諸邦去，到處徵集騎兵，指定一天作爲他們集合的日子。同時，英度鞠馬勒斯差不多每天都帶著騎兵巡遊到他的營寨近旁來，有時是爲了了解營寨的地勢，有時則是企圖來談判或恐嚇，通常這些騎兵還向壕塹內發射矢石。拉頻努斯把他的士兵關在防禦工事裡面，同時還用一切方法給敵人加强印象，使他們以爲自己在害怕。

58 英度鞠馬勒斯帶著與日俱增的輕視心，繼續到我軍營寨前來。直到有一天夜裡，拉頻努斯把他從所有鄰近各邦設法調來的騎兵都接了進來，同時還設置了守衛，他極細心地把全部士兵都關閉在營寨裡面，絕不讓這件事情洩漏出去，或者被報告給德來維里人。次日，英度鞠馬勒斯卻仍舊照每天的習慣到我軍的營寨前來，把一天中的大部分時間花費在這裡。他的士兵發射矢矛，並且用極傲慢的語言叫我軍出去作戰。到傍晚時刻，由於聽不到我軍一句答話，他們認爲已經鬧夠了，便三三兩兩零散著退走。拉頻努斯派他的全部騎兵突然從兩個門衝出去，他給士兵們這樣的指示和禁令：當敵人受驚，四散逃走時（他預先就料到將會發生這樣的事，而且正如他所料），他們應當一起奔向英度鞠馬勒斯，在没看到他被殺以前，任何人不准先忙著殺傷別人。因爲拉頻努斯不願意讓他在大家忙著追趕別人時，趁機逃脫，所以給能夠殺死他的人設下了重重的賞格，還派出幾個營去支援騎兵。事實證實了他的計畫，因爲所有的兵力都集中去追逐一個人，他們終於在渡河的地方捉住英度鞠馬勒斯，並殺死了他，把他的頭帶回營來。在他們回營途中，騎兵們放手追逐，殺死盡可能追到的全部敵人。得知這個消息後，厄勃隆尼斯人和納爾維人已集中了的全部軍隊都退走了。這件事以後，凱撒感到高盧安靜了不少。

卷六

1 根據許多理由，凱撒預料高盧將發生一場更加嚴重的動亂，決定由他的副將馬古斯・悉朗納斯、該猶斯・安幾司久斯・雷琴納斯和季度斯・塞克司久斯著手徵兵。同時，凱撒還向當時以代行執政官的頭銜留在首都附近的克耐猶斯・龐培提出要求，既然他為了國家的利益繼續掌握著軍事大權，希望他能夠命令在他任執政官時在山內高盧徵召入伍的士兵①，報到編隊後開到凱撒這邊來。凱撒認為有必要今後在高盧人心目中造成一種印象，使他們覺得義大利的力量極為强

①公元前五五年，龐培任執政官時，元老院通過一道決議，命令他在退任後，以代行執政官頭銜，出任西班牙的行省長官，並授權他可以在國家的任何地方徵集軍隊。龐培當時就在內高盧徵集了一個軍團。公元前五四年，他本應赴西班牙就任，但他為了要進一步控制羅馬，不願離開義大利，就違反了一向的慣例，派自己的兩個副將到西班牙去擔任代理人。一面嗾使自己的同黨在人民會議上建議授權自己一項監督羅馬糧食供應的特別任務，使自己繼續留在義大利合法化。但依照羅馬的法律，持有兵權的人是不可以進入羅馬城的，因此他只能逗留在羅馬城附近。凱撒此時和他還沒完全破裂，所以向他借用去年在內高盧下令徵集，但還沒報到編組的這個軍團。——譯者

大，即使在戰爭中遭到一些損失，不但能在短期內很快補上，而且還有更大的兵力來加以擴充。當龐培爲了國家的利益和友誼答應了時，凱撒也很快由他的副將們完成了徵兵工作，在冬天過去之前，組成三個軍團，帶來他這邊，跟季度留斯一起損失的那幾個營，現已加倍補足，在速度上，力量上顯示了羅馬人無論從制度來說還是從資源來說，是何等不可輕侮。

2 如我們所說，英度鞠馬勒斯已經被殺，領導權由德來維里人轉授給了他的親屬，他們仍舊不停地煽惑鄰居的日耳曼人，答應給他們錢。在鄰近的人勾引不動時，又到更遠的人身上去打主意。當他們尋到一些甘願效力的國家時，他們彼此之間訂下了共同遵守的盟誓，並且交換了人質，作爲今後付錢的保證。他們還用結盟和締約的辦法，把安皮奧列克斯也吸引到他們的這一邊來。凱撒得知了這些事情，還看到各處都在準備作戰：納爾維人、阿杜亞都契人、門奈比人，正跟萊茵河這邊的所有日耳曼人聯合著進行武裝；森農內斯人也沒聽從命令到他這邊來，卻在跟卡爾努德斯人和鄰近的國家陰謀勾結；日耳曼人也在受德來維里人不斷派去的使者誘惑。他認爲自己應當比往常更早一些開始作戰。

3 因此，在冬季還沒結束以前，他集中了最近的四個軍團出乎意料地迅速進入納爾維人境內，在他們還沒來得及集中或逃走以前，俘獲了大批牲畜和人口，把這些戰利品分給了士兵，又蹂躪了他們的田地，逼得他們不得不前來向他投降，交納人質。這些事情很快辦妥後，他帶著他的軍隊仍回進冬令營。春初，按照他的慣例，宣布召集一次全高盧大會。除森農內斯人、卡爾努德斯人和德來維里人以外，其他各族的使者都到齊了，他肯定他們的缺席就是武裝叛亂的開始，爲了讓大家相信他把除戰爭以外的其他一切事情都放在次要地位起見，會議移到巴里西人的一個市鎮盧德幾亞去開。這些巴里西人是森農內斯人的近鄰，祖上曾經跟他們合成一個國家，但一般都認爲他們没有參加目前的這些陰謀。這個決定在壇上宣布後①，當天他便帶軍團出發去討伐森農內斯人，以急行軍到達他們那邊。

4 得知他到達後，發起這個陰謀的阿克果命令他們的人都集中到自己的城堡裡去。但這事剛只著手，還没有完成時，就接到羅馬人已經到來的消息。他們出於無奈，放棄了自己的計畫，派使者來向凱撒懇求寬恕，由愛杜依人從中代爲求情——因爲他們的國家從古以來就是愛杜依人的保護國。凱撒看在愛杜依人面上，欣然寬恕了他們，接受了他們申述的理由，因爲他認爲夏天是解決目前戰事的季節，而不是追查情由的季節。他向他們索取一百名人質，並把這些人質交給愛杜依人監守。卡爾努德斯人也派使者和人質到他營裡來，通過雷米人——他們是卡爾努德斯人的保護者——向他懇請，也得到了同樣的答覆。凱撒結束了會議，向這些國家徵集騎兵。

5 於是，高盧的這一帶地區便被平定下來，凱撒自己也可以專心對德來維里人和安皮奧列克斯作戰了。他命令卡伐林納斯帶著森農內斯人的騎兵跟他一起出動，以免他們的國家因爲這個人的急躁性情，或者他在那邊引起的仇恨而發生騷亂。這些事情安排好以後，因爲他相信安皮奧列克斯絕不會出來決一勝負，便進一步猜測他還有什麼別的出路。在全部高盧人中，只有鄰接厄勃隆尼斯人的門奈比人，因爲有連綿不斷的沼澤和森林作掩護，始終没派使者到凱撒這裡來求和。

---

①壇（suggestus）——羅馬軍營中廣場上以石砌成或土堆成的高台，主帥對士兵們作報告時即站在上面。——譯者

凱撒知道安皮奧列克斯和他們之間有交情，同時也發現他還通過德來維里人，和日耳曼人結上了友誼。他認爲在跟安皮奧列克斯作戰以前，先得把他的這些支援除去，否則他會在走投無路時，躲到門奈比人中去，或者被迫跟萊茵河那邊的部落勾結起來。一經決定採取這個步驟，他就把全軍的輜重都送到德來維里境內的拉頻努斯那邊，又命令兩個軍團也出發到他那邊去。凱撒自己帶著五個軍團，輕裝奔向門奈比人那邊。他們沒有召集軍隊，只倚恃自己的地形，一起逃向森林和沼澤，把自己的財物也都搬了進去。

6 凱撒把他的軍隊分給了副將該猶斯・費比烏斯和財務官馬古斯・克拉蘇斯，在很快築好一些橋梁以後，三路前進，焚燒他們的房舍和村莊，並捕獲大量的牲畜和人口。這些行動迫使門奈比人派使者到他這邊來求和。他接受了他們的人質，而且口氣堅定地警告他們：如果他們接納安皮奧列克斯本人或他的使者進入境內，他就把他們當做敵人看待。這些事情妥善地解決後，凱撒命令阿德來巴得斯人康繆斯帶著騎兵留在門奈比人境內作爲留守部隊，他自己則出發到德來維里人那邊去。

7 當凱撒正在這樣做時，德來維里人已經集合起一支巨大的步兵和騎兵，準備攻擊拉頻努斯和在他們境內過冬的那個軍團。當他們距他不到兩天路程時，忽然聽到凱撒派來的兩個軍團已經到達，他們也就在十五羅里以外紮下自己的營寨，決定在那邊等候他們的日耳曼族援軍。拉頻努斯得知敵人的計畫，希望能利用敵人的輕率，獲得一次戰鬥的機會。他給輜重留下五個營作爲守衛，自己帶著二十五個營和一大批騎兵，迎著敵人趕上去，在距敵人一羅里的地方構築了營寨。在拉頻努斯和敵人之間隔有一條兩岸十分峭拔、難於渡過的河流。他自己不想渡過這條河去，估計敵人也不致於會渡過來，但他們會來援軍的希望卻一天一天在增加。拉頻努斯在一個軍事會議上公開宣稱：由於據說日耳曼人即將來臨，他不願意把自己和軍隊的命運孤注一擲，決定就在明天清晨，拔營離去。這些話很快就被帶給了敵人。因爲在這麼大的一支高盧人組成的騎兵中，自然免不了會有一些人出於天性，偏袒高盧人一方。晚上，拉頻努斯召集了軍團指揮官和首列百夫長，說明了他的計畫，還說：爲了使敵人更容易相信他在害怕起見，他命令在移營動身時，應當顯得比羅馬人向來的習慣更嘈雜、更混亂些。這樣一來，他弄得他的撤走真正像是在逃走。因爲離開敵營很近，這種情況，天明以前就由敵人的偵察部隊報告給了敵人。

8 後隊還剛剛離開工事，高盧人就互相鼓勵：不要讓盼望已久的戰利品從自己手裡滑走。他們說：正當羅馬人在驚惶失措的時候，自己卻長時期坐在這裡等日耳曼人來幫助，空放著這麼大的兵力，不敢去攻擊這麼一小撮敵人，對他們的榮譽來說，真是件難堪的事情，特別當敵人正在撤退，行李累贅，狼狽不堪的時候。他們毫不遲疑就渡過河來，在一個地形不利的地方開始戰鬥。拉頻努斯本已估計到要發生這樣的事，爲要把他們全部引到河流的這一邊來，他仍跟原來一樣假裝前進，安靜地趕路。他把輜重送到前面不遠的地方，安頓在一處高地上，然後說：「士兵們，你們有了你們要找的機會了！你們已經把身負重荷、並且處在不利地形的敵人截住，就在我們的指揮下，把你們一向表現給統帥看的那種勇氣，再表現一番給我們看，就只當統帥親自在看著吧！」同時，他命令士兵們轉過身來，面對著敵人，布下陣來。除了派少數幾小隊騎兵去擔任輜重的守衛外，他把其餘的騎兵都安置在兩翼。我軍迅速發出一片喊聲，把他們的輕矛擲向敵人。當敵人出乎意料地看到他們認爲已在退走的人，張著進攻的陣形向他們殺來時，擋不住這種攻勢，一接上手就紛紛潰散，奔向最近的森林。拉頻努斯用騎兵追逐他們，殺死一大批，還捉到大量俘虜，幾天以後就接受了這個國家的投降，至於趕來幫助他們的日耳曼人，一知道德來維里人投降時，自動退了回去。英度鞠馬勒斯的親屬們，即倡導這次叛亂的那些人，也跟他們一起離開這個國家。領導的職位和統治的權力就轉入欽傑多列克斯手中，正如前文所說，他是自始就保持著忠順的。

9 凱撒在通過門奈比人的領土，進入德來維里人的領土後，爲了兩個原因，他決定渡過萊茵河去：第一，是因爲日耳曼人曾派軍隊來幫助德來維里人對他作戰；第二，是因爲要防止安皮奧列克斯有退到他們那邊去的可能。一經這樣決定後，就在比上次帶軍隊渡河的所在略許上流一些的地方，建造一座橋梁。計畫一經通知大家，確定下來之後，在軍士們的熱情工作之下，幾天就完成了。凱撒在德來維里這一邊的橋頭留下强有力的守衛，以防他們中間突然發生什麼騷動，然後率領其餘的軍隊和騎兵一起過了河。以前交過人質，投降過的烏皮人，這時爲要洗清自己，派使者來見他，告訴他說：他們國内既没派軍隊支援德來維里人，也没背棄過誓約。他們請求他放過他們，免得在日耳曼人受到普遍痛恨的情況下，清白無辜的人也代犯罪的人受了處罰。如果他需要再加人質，他們也答應可以聽命。凱撒聽了他們的申述，而且確定援軍是從蘇威皮人中派出去的，他接受了烏皮人的申請，向他們探問到蘇威皮人領域去的途徑和路線。

10 停了不過幾天，烏皮人報告凱撒說：蘇威皮人已經把所有的兵力集中到一起，並且下令服屬他們的各族都派步兵和騎兵去支援。接到這報告，他準備好軍糧，選定一個適當的地方紮下營寨，又命令烏皮人把他們的牲畜都帶走，把田野裡的東西也都搬進要塞，希望缺乏糧食會逼得這些素無經驗的蠻族在不利的條件下應戰。他命他們不斷派偵察人員到蘇威皮人領域內去，探明他們的行動。烏皮人執行了他的命令，幾天後即來回報。他們說：蘇威皮人在接到羅馬軍隊到達的確切消息後，帶著所有他們自己的、以及從同盟那邊集合起來的軍隊，退到他們領域的最僻遠的地區去了，那邊有一片無邊無際的大森林，叫做巴欽尼斯森林。它連亙不斷地一直伸入內地，像一堵天然的城牆，擋住了蘇威皮人向乞盧斯契人這一邊入侵和劫掠，同樣也擋住了乞盧斯契人向蘇威皮人這樣做。蘇威皮人就決定在這片森林的邊緣上等羅馬人來。

11 寫至此處，我來敍述一下高盧和日耳曼的習俗，並說明這兩族彼此間的不同所在，想也不能算是節外生枝。在高盧，不僅每一個國家、每一個部落、每一個地區，並且幾乎每一個家族，都分成黨派，擔任這些黨派領袖的，照他們的看法，是一些具有極高權力、一切事情和措施都得根據他們的意見和判斷才能決定的人。這似乎是根據這樣的理由，才從古代傳下來的，即普通平民都要有一個人作依靠，藉以抵抗比他强有力的人。而這些被人當作依靠的人也絕不肯聽任自己的人受壓迫和欺淩，如果他做不到這一點，在他們中間就不會有威信。同樣的道理也通行於全部高盧，因此整個高盧的所有國家也分成兩派。

12 凱撒到高盧時，一派的領袖是愛杜依人，另一派的領袖是塞廣尼人。後者的力量趕不上愛杜依人，因爲最高的權威從古以來就屬於愛杜依人，他們的屬邦也極多。塞廣尼人因此跟阿里奧維司都斯和日耳曼人聯結起來，以極大的犧牲和諾言把他們拉到自己一邊。在打了幾次勝仗，把愛杜依人的貴族殺光以後，他們樹立了極大勢力，竟把愛杜依人的大部分屬邦都吸引到自己這邊，並接受他們的領袖們的孩子爲人質，還强迫他們用國家的名義宣誓不加入任何反對塞廣尼人

的陰謀，一面又用武力强占鄰國的一部分土地，掌握了全高盧的領導權。正是這種情況，迫使狄維契阿古斯動身到羅馬去向元老院乞援，但卻空手而返。凱撒的到來使形勢發生了變化，人質還給了愛杜依人，不但他們原有的屬邦重新恢復，而且因爲凱撒的關係，還增加了新的屬邦。那些跟他們建立了友誼、接上關係的國家，都發現自己受到的待遇比較好，統治得比較公平，因而愛杜依人的勢力和地位，各方面都得到了加强。塞廣尼人從此失去霸權，雷米人起來代替了他們的地位。由於大家看到雷米人在凱撒面前和愛杜依人有同樣的地位，那些跟愛杜依人有舊怨、不能和他們聯合的國家，便都投奔雷米人，雷米人也小心謹慎地保護著它們，由此他們獲得一種新的、突然興起的勢力。因而，當時的局面是：愛杜依人被認爲是占絕對優勢的領導國家，而雷米人的地位則居於第二。

13 全高盧中，凡是有一些地位和身分的人，都分屬於兩個階層。至於普通平民，處境簡直跟奴隸差不多，自己既不敢有所作爲，也從來不和他們商議什麼事情。他們大多數不是受債務或沉重的租賦壓迫，就是被勢力較大的人欺凌，只能投靠貴族們，貴族對他們，實際上就有主人對奴隸一樣的權力。在前述的兩個階層中間，一個是祭司階層，另一個是騎士階層。前者專管有關神靈方面的事情，主持公私祀典，以及解釋教儀上的問題。有大批年輕人，爲了向他們學習，集中在他們周圍，他們在這圈子中很受尊重。幾乎一切公私糾紛都交給他們裁判。如果犯了什麼罪行，或者出了人命案，以至繼承、疆界等等有了爭論，也由他們裁決，判定賞罰。假使有任何人，不問是個人還是公家，不遵從他們的判決，他們就排斥他不准參加祭祀，這是他們最嚴厲的懲罰，受到這種處分的人，被認爲是得罪神明、十惡不赦，大家都迴避他，拒絕跟他交往和談

話，以免在接近他時沾上罪惡，遇到他向法律請求保護時，也置之不理，什麼榮譽都沒有他的分。祭司中間有一個是首領，在他們之中掌握最高的權力。他死後，由餘下來的地位最高的那個人繼任，如果有好幾個人地位相仿，就由祭司們選舉決定，有時甚至用武力爭奪。這些祭司們每年有一個固定的日子，集中在卡爾努德斯——一般都認爲它的領域是全高盧的中心——的一處聖地，舉行會議。一切有爭執的人，都從各地趕來，聽候他們的決定和裁判。據傳他們這套制度，原來起源於不列顛，以後才從那邊傳到高盧來的，直到今天，那些希望更進一步通曉它的人，還常常趕到那邊去學習。

14 祭司們向來不參加戰爭，也不跟其他人一樣繳納賦稅，他們免除了兵役和一切義務。由於有這麼大的好處，因此吸引了很多人去學習，有的是自動去的，有的是由他們的父母或親屬送去的。據說，他們要在那邊學習背誦許多詩篇，有人竟因此留在那邊學習達二十年之久。雖然他們在別的一切公私事務上都使用希臘文字，但他們卻認爲不應該把這些詩篇寫下來。我認爲他們採取這種措施有兩種用意，一則他們不希望這些教材讓大家都知道，再則也防止那些學習的人從此依賴寫本，不再重視背誦的工夫。事實上，很多人往往因爲有了文字的幫助，就把孜孜矻矻的鑽研和記誦放鬆了。他們第一要反覆論證的信條是靈魂不滅，人的死亡不過是靈魂從一個身軀轉入另一個而已。他們認爲這一條信條能擺脫人們的畏死之心，大大增加他們的勇氣。此外，他們還有許多別的理論，探索星象和它們的運行、宇宙和大地的形體、事物的本質、不朽之神的能力和權力等等，把它們傳授給青年們。

15 另一個階層是騎士，每當逢上機會，發生什麼戰爭時——這在凱撒到來以前，幾乎是年年發生的，不是他們去攻擊別人，就是反擊別人對他們的進攻——他們就全部參加戰爭。他們中間，出身最高貴、最富有的，身邊跟隨的僕從和門客也就最多，也只有這種威望和力量，才是他們知道敬畏的。

16 所有高盧各族都異常熱心於宗教儀式，因此，凡染上較爲嚴重的疾病，或是要去參加戰爭、冒歷危險的，不是當時把人作爲犧牲，向神獻祭，就是許下誓願，答應將來這樣做，這種祀典都請祭司們主持。他們認爲，要贖取一個人的生命，只有獻上另一個人的生命，不朽的神靈才能俯允所請。有關國家的公務，也用同一方法獻祭。另有一些人製成碩大無朋的人像，四肢用柳條編就，其中裝進一些活人，放到火中去，讓那些人被火焰包身，活活燒死。他們認爲如能夠用在偷竊、搶劫、或犯別的罪行時被捉住的人作爲犧牲供獻，格外能討好不朽之神，但如果這種人無法提供，便用無辜的人來充數。

17 神靈之中，他們最崇敬的是麥邱利①，他的造像極多，他們尊他爲一切技藝的創造者、一切道路和旅程的嚮導人。他們認爲他在各種牟利的行業和買賣上，也有極大的法力。除他之外，他們還崇祀阿波羅、戰神馬斯、宙斯、明納伐。他們對這些神靈的看法，大約跟別的民族差不多，阿波羅驅除疾疫，明納伐倡導技術和工藝，宙斯掌握天堂的大權，馬斯主持戰爭。當他們決定進行決戰時，通常都對馬斯神許下誓願，答應把將在戰爭中掠得的東西獻給他。勝利之後，他

---

①麥邱利、阿波維、宙斯等都是希臘、羅馬奉祀的神，還沒被羅馬人同化的高盧人當然不可能崇祀他們，凱撒不過是因爲這些神的職能和高盧某些神的相似，就借他們的名字稱呼高盧的神而已。——譯者

們就將所有獲得的有生之物作爲犧牲向他獻祭，其他東西也都聚在一起。許多邦中，都可以看到這樣一堆一堆的東西，積在他們的聖地上，從來很少發現有人敢於蔑視這種宗教禁律，隨便把一件掠來的戰利品私藏在家中，或者從堆上偷走一件東西，他們規定用最嚴酷的刑罰來處理這種罪行。

18 所有高盧人，一致承認自己是狄斯神①的後裔，據説這種傳説是由祭司們傳下來的。因此，他們計算起時間長短來，不是數幾天幾天，而是數幾夜幾夜的。而且在他們中間，不論是提到生日、提到年月的起點，都是把白天放在黑夜後面的。在其他的日常生活習慣中，他們主要不同於其他民族的還有一點：即自己的兒子，不到長大成人，可以在戰爭中服役時，不讓他們公開接近自己，他們認爲未成年的兒子，如果當著羣衆的面在父親身邊公開出現，是一種丟臉的事。

19 丈夫們不管從妻子那邊接到多少作爲嫁妝的錢財，計算過以後，也在自己的財產中取出相等的一份，放在一起，所有這筆款子的出入，全都記在一本公帳上，連利息也都積存在一起。兩個人中誰死得遲，這筆雙方共有的錢，連帶一向積起來的利息，就都歸他。丈夫對妻子們也像對他們的孩子一樣，有生殺大權。當一位出身顯貴的家長死了之後，他的親屬們都聚集攏來，如果他的死狀有可疑的地方，就對妻子進行詢問，像審訊奴隸一樣，一旦有所發現，即用火刑和別的一切酷刑，把她們處死。他們的葬儀，按高盧的生活方式來説，可以算作鋪張靡費的了。他們把他們認爲死者生前喜愛的一切東西都投進火裡，連活的牲畜在內。距今不久以前，甚至連奴隸和

①狄斯——羅馬的地獄和黑暗之神。凱撒也是借用羅馬現成的神名來稱呼高盧的神。——譯者

僕從，只要認爲是他的主人心愛的，在正式的葬儀完畢時，也跟它們一起燒掉。

20 那些國家，據云爲了管理公務方便起見，以法令規定：凡從鄰人那裡聽到有關國家大事的任何消息或謠言時，必須把它報告給官吏，不得洩漏給任何其他人，因爲通常性急、没經驗的人，常常會受謠言驚嚇，被迫犯罪，或者經率地對重要的事情作出決定。官吏們把他們認爲不應公開的事情隱瞞起來，可以告訴羣衆的則加以公布。至於發表有關國家的言論，則除了在會議上以外，一般都是禁止的。

21 日耳曼人的習俗，與這有很大的差異。他們没有祭司替他們主持宗教儀式，對祭祀也不熱心。他們視作神靈的，只有那些他們能直接看到的，或者能夠明明白白從它們的職能取得幫助的，即：日神、火神、月神等等，至於其餘的，他們全不知道，甚至連名字都没聽到過。他們的全部生活只有狩獵和追逐戰爭。從孩子時代起，他們就習於勤勞和艱苦。保持童身最久的人，在親友中能得到極大的讚揚，有人認爲這樣可以使人體格魁梧，又有人認爲這樣可以增强體力和筋骨。一個人二十歲以前就有關於女性的知識，被認爲是極可恥的事情之一。這一類事情，在他們中間，本來没有什麼祕密可言，因爲男男女女同樣都在河中洗澡，身上掩蔽的同樣只是一片獸革或一塊鹿皮遮布，身體的大部分都聽其裸露在外面。

22 他們對農耕不怎樣熱心，他們的食物中間，絕大部分是乳、酪和肉類，也没有一個人私人擁有數量明確、疆界分明的土地，官員和首領們每年都把他們認爲大小適當、地點合宜的田地，分配給集居一起的氏族和親屬，一年之後，又强逼他們遷到別處去。對於這種做法，他們列舉了許多理由：怕他們養成習慣，從而作戰的熱情轉移到務農上去；怕他們從此孜孜追求大片田地，勢力大的會把弱小的逐出自己的田地；怕他們從此爲了避寒避暑，熱心地大興土木；還怕他們從此引起愛財之心，因而結黨營私，紛爭起來。他們的目的是要使普通人看到自己所有的，跟最有勢力的人所有的完全相等，感到心滿意足。

23 他們的各邦，認爲能蹂躪自己的邊境，使本國外圍有一圈愈大愈好的荒地包圍著，是一件最最光榮的事情。他們以爲鄰人被逐出自己的土地，再也沒人敢靠近他們居住，是勇敢的表示。同時，他們也相信，這樣他們便從此高枕無憂，再沒有遭到突然襲擊的可能。一個國家遇到戰爭時，不管是別人對他們進犯，還是他們把戰爭加諸別人，總是選出握有生殺大權的首領來指揮戰爭，和平時期，他們就沒有這種掌握全面的領袖，只有各地區和部落的頭頭，在他們中間主持公道、解決糾紛。搶劫事件如果是在各國自己的疆界以外做的，就不以爲恥。他們辯解說：這樣做是爲了訓練青年們，使他們免於懶惰。當任何一個領袖在公衆會議上宣布他願意做首領，願意去的人趕快聲明時，那些贊成這件壯舉或欽佩他這個人的，都站起來表示願意效力，這樣就可博得羣衆的讚揚，任何一個答應了沒跟去的人，都被指謫爲逃避和出賣，以後什麼事情都不再信任他。他們認爲傷害賓客是傷天害理的事情，不問爲什麼原因，只要是逃到他們那邊去求庇的人，他們都給以保護，把這些人當做是神聖不可侵犯的人，不讓受任何傷害。對於這些逃亡者，所有的門都是開著的，還供給他們各種生活所需。

24 過去有過一個時期，高盧人的英勇超過了日耳曼人，到他們那邊進行侵略，而且還因爲高盧人多，土地少，派人移殖到萊茵河對岸去。於是，日耳曼的環繞著厄爾辛尼亞森林一帶最肥沃的土地（我看，它是由於厄拉多司梯尼斯①和別的希臘人的報導，才被人知道的，他們稱之爲奧欽尼安森林），就被伏爾卡族的戴克多薩其斯人②所占領，並在那邊定居下來。這一族人在那邊的居住地一直保持到現在，並享有公正和英勇的聲譽。正因爲他們處在和日耳曼人同樣的貧乏、窮困和艱苦環境之中，就也採取同樣的食物和衣著。但在高盧人方面，因爲既鄰接著我們的行省，又很熟悉海外的貨品，無論奢侈品還是日用品都供應很充裕，就逐漸把失敗視爲常事，經過多次戰爭中一再被擊敗後，連把自己跟日耳曼人在勇敢方面相提並論的想法都没有了。

25 前述的厄爾辛尼亞森林，寬度大約爲一個空手没負擔的人奔走九天的路程，此外他們再没別的辦法可以估量，也不懂得別的計算路程的單位。它從厄爾維幾人、内美德斯人和勞拉契人的邊境開始，順著多瑙河的走向，一直伸到達契人和安乃得斯人境上，就在那邊開始跟該河分手拐向左邊。由於它的蒼茫浩瀚，一望無際，接觸到許多國家的境界。據我們所知，在日耳曼人中，没有一個人敢說他曾經到過這森林的起端——雖然他趕過六十天路——或者聽說過它在什麼地方起始。一般人都相信那邊生長著許多種別的地方没見過的野獸，其中，下列的幾種尤其不同尋

①厄拉多司梯尼斯（公元前二七六——一九四）——博學的希臘作家，曾被埃及國王托勒密三世（行善者）任命爲亞歷山大里亞的圖書館負責人，著有天文、地理、哲學、幾何、語法、詩等作品多種，但只有極少數殘缺不全的片斷留傳到現在。——譯者

②伏爾卡族的戴克多薩其斯人——伏爾卡人是住在高盧西南部的一個強大部落，他們分爲兩支，一支是阿雷科米奇人住在行省的東部，首府是尼模塞斯，另一支是戴克多薩其斯人，本住在行省西部，首府是奈波，後來有一部分遷入厄爾欽尼安森林。——譯者

常，值得記述。

26 有一種像鹿的牛，它的前額正中，即兩隻耳朵之間，長著一隻獨角。比起我們所知道的別的動物的角，要高大一些，挺直一些。從它的頂端，又分出許多伸得很長的杈枝，恰像一隻伸開的手掌。雌的跟雄的形體相同，角的式樣和大小也一樣。

27 還有一種動物稱做麋，它的形狀和斑斑點點的外皮，頗像山羊，但軀體較大一些，並且長著很鈍的角。它們的腿沒有關節或接骱，睡覺也不躺下來。如有什麼意外使它們跌倒，就不能再直立或爬起來。對它們來說，樹就是它的床，它們稍許傾斜一些，倚著它，就算休息。當獵人們根據它們的腳跡，認出了它們常常去休息的地方時，他們不是把那地方的樹木統統連根挖掉，就是把它們鋸得只剩下一點兒皮相連，僅在外表上看來還挺然立著。當麋按照它們的習慣向它倚靠上去時，它的體重壓倒了那一觸即倒的樹，自己也跟著一同倒下去。

28 其中第三種是一種稱做烏里的動物①，軀體稍稍比象小一些，外形、顏色和大小卻和牛相仿。它的氣力很大，奔馳速度也極快，無論是人還是野獸，一被它們看到，就不肯放過。日耳曼人很熱衷於利用陷阱捕殺它們。青年人也藉此練習吃苦耐勞，通過這種狩獵鍛煉自己。殺死它們最多的人，把它們的角帶到公共場所去作爲證明，博取極大的讚揚。但這種野獸即使在很小的時候就被捉住，也無法使它習於跟人相處，或者馴化它。它們的角，其大小、形狀和外表，都跟我們公牛的角大不相同，他們很熱心於收集它們，用銀子沿著它們的邊包鑲起來，在最盛大的宴會

---

①烏里（uri）——一種古代野牛（bos primigenius），現已絕種。——譯者

上用作酒杯。

29 當凱撒通過烏皮人的偵察人員發現蘇威皮人已經退入森林後，他決定不再深入，因爲所有日耳曼人都不重視農耕，已在前面說過，他深恐會有缺糧的可能。同時，爲了不讓蠻族消除他可能重來的顧慮，並且拖住他們的救兵起見，他在撤回自己的軍隊後，只把橋的一頭，即接到烏皮人領土的一端，拆去約二百羅尺長的一段。他還在橋頭造了一座四層高的木塔，派一支由十二個營組成的守衛隊保護那座橋梁，並且用非常堅固的工事加强了這個據點。他派年輕的該猶斯·沃爾卡久斯·都勒斯負責這個據點和這支守衛部隊，他自己則趁穀物開始成熟的時候，趕去跟安皮奧列克斯作戰。他取道穿過了埃度恩那森林，這是全高盧最大的森林，從萊茵河岸和德來維里人的領域一直伸展到納爾維人領土，長達五百羅里以上。他派盧契烏斯·明努久斯·巴希勒斯帶著全部騎兵走在前面，讓他去試一下進軍的神速和有利的時機，是否能帶來一些好處。他告誡他不要在營中舉火，免得讓敵人老遠就知道他到來，並告訴他說，自己也接著就跟來。

30 巴希勒斯按照他的命令行事，迅速完成進軍，快得甚至超出了大家的預料，在田裡捉住許多不曾防到他來的人。根據這些人的報告，他直接向安皮奧列克斯本人所在的地方奔去，據說他正和少數騎兵停留在那邊。命運的力量畢竟極大，不但在每一件事情上都是如此，在戰爭上更爲特出。事情十分湊巧，他居然能在安皮奧列克斯本人毫無防衛、毫無準備的時候撞上了他，而且他的到來也在任何人能夠通風報訊之前。但同樣也由於命運撥弄，雖然安皮奧列克斯經常帶在身邊的一切作戰器械都被繳獲，他的車輛和馬匹也都被俘，但他自己卻仍舊逃出了性命。在這上面起作用的還有他那四周都有樹木圍繞的房子，這些房子跟所有高盧人的房子一樣，爲了躲避暑氣，大多隱蔽在森林和河流旁邊。他的衛士和家屬們在這個狹隘的地方，對我軍騎兵的攻擊抵抗了片刻，正當在戰鬥時，他們中的一個人把他安頓在一匹馬上，讓他在密林掩蔽下飛奔逃去。就這樣，在他遇險和脫險上，命運都起了很大作用。

31 安皮奧列克斯之所以不召集他的軍隊，究竟是經過考慮後認爲不應該跟我軍作戰，還是因爲我軍的騎兵來得太突然，並且還怕其餘的軍隊也緊跟在後面，所以沒時間召集軍隊，是件難於揣測的事情。可以確定的是，他派使者們到處奔走傳告，叫大家各尋生路，以防萬一。他們一部分逃入埃度恩那森林、一部分逃入連亙不斷的沼澤，距大洋最近的則躲入通常由潮汐形成的島嶼上，還有很多人離鄉背井，把自己的性命財產完全託付給根本陌生的人。管轄半個厄勃隆尼斯的國王卡都瓦爾克斯，是一個年齡已經很大的人，原來也參與過安皮奧列克斯的計畫，這時無論作戰還是逃跑，都非他的精力所能堪當，在把這個陰謀的首倡者安皮奧列克斯當著所有的神靈詛咒了一頓之後，服柚樹汁自殺。這種樹在高盧和日爾曼極多。

32 住在厄勃隆尼斯和德來維里人之間的塞葉尼人和孔特魯西人，跟日耳曼人同出一源，通常也被認作是日耳曼人，他們派使者來見凱撒，要求他不要把他們當做敵人，也不要認爲住在萊茵河這邊的日耳曼人，彼此全是通同一氣的，他們根本不曾起過作戰的念頭，也沒派軍隊援助過安皮奧列克斯。凱撒經過審訊俘虜，證實了這種情況，便命令他們：如果有任何厄勃隆尼斯人在逃亡中投奔到他們那邊去時，應該送回來交給他。他保證說，如果他們這樣做了，他就不再侵犯他們的領域。於是，他把他的兵力分成三支後，把輜重全都集中到阿杜亞都卡去①，這是一個要塞的名字，大約居於厄勃隆尼斯的全境中心，原來季度留斯和奧龍古來猶斯就是駐紮在那邊準備過冬的。但凱撒之所以選中這地方，除了它具有其他一般優點外，還因爲這裡去年留下的工事，都完整無缺地保存著，故而可以減輕軍隊的勞動。他留下第十四軍團守衛輜重，這是他最近從義大利帶來的新徵集的三個軍團之一。他派奎因都斯·圖里烏斯·西塞羅統率這個軍團和營寨，並配備給他二百名騎兵。

33 他把軍隊分開後，便命令季度斯·拉頻努斯帶三個軍團向瀕臨大洋和門奈比人毗連的地區開去，該猶斯·德來朋紐斯帶著同樣的兵力去蹂躪鄰接阿杜亞都契人的地方，他自己則決定帶著其餘的三個軍團，到流入莫塞河的斯卡爾狄河邊去，進入埃度恩那森林最僻遠的部分，他聽說安皮奧列克斯已帶了少數騎兵逃到那邊。他在出發時，考慮到第七天該是給留守在那邊的這個軍團發口糧的日子，他肯定地說，他此去將在第七天以前回來。他鼓勵拉頻努斯和德來朋紐斯，如果對公務没有妨礙，就也在同一天回來，以便大家可以再次商討軍略、探索敵人的意圖，另行開始一次戰事。

34 正如我們上文所說，當地已經没有一支成形的軍隊、没有一個城堡或一個據點可以用武力自衛，人們都散處在四面八方。不問是一個隱蔽的山谷也好、茂密的林藪或者險阻的沼澤也好，只要有人認爲可以提供一線保障或逃生的希望，就去躲藏在那邊。對住在就近的人來說，這些地方都是他們熟悉的，但對我們說來，事情就需要特別留神，倒不是整個部隊須要兢兢業業提防，

---

①阿杜亞都卡（Aduatuca）——厄勃隆尼斯族的一個要塞，也許在今日法國北部的通格雷（Tongers），跟下文比爾及人中的阿杜亞都契人（Aduatuci）完全是兩回事。——譯者

驚駭四散的人從來不會危害到集中在一起的大軍，該注意的是個別的士兵，當然就某種程度來說，也會牽涉到大軍的安全。因爲劫掠的慾望會把許多人吸引到老遠去，而密林中隱蔽的難於辨識的道路也不允許集中著的大隊人馬進去。因此，如果凱撒希望這次戰爭得以結束，這個萬惡的族類得以殲滅乾淨，就必須把人馬分散，一批批派向四面八方去搜捕。如果他按照羅馬軍隊向來的規矩和習慣，仍舊要士兵們保持著嚴密的隊形行動，那地形本身就會成爲蠻族的保障。同時他們中個別的人，也不乏勇氣打些祕密埋伏，對我軍分散的隊伍來一個突然圍攻。鑒於這些特殊困難，凡是出於謹愼，應該考慮到的一切都周密地考慮到了，雖然大家心中都燃燒著一股復仇的怒火，但凱撒還是放過了許多可以給敵人造成損害的機會，以免敵人反給我軍一些傷害。他派使者去通知鄰近各族，以劫掠的希望打動他們，要他們一起來參加擄掠厄勃隆尼斯人，這樣，他可以讓高盧人而不是軍團士兵到森林中去冒生命之險，同時又可以利用大隊人馬的圍殲來一舉把這個罪惡滔天的族連人帶名字消滅掉。大批人馬很迅速地從各方來到。

35 這工作在厄勃隆尼斯境內到處進行著。第七天靠近了，凱撒原來就決定在這天回到他的輜重和那個軍團那邊去。命運在戰爭中的力量有多大，它所製造的事故是多麼難於捉摸，在這裡便可以看出。敵人驚駭四散，已如前述，當時已沒有任何部隊足以稍稍引起一些恐慌。但厄勃隆尼斯人在被洗劫的消息已經傳過萊茵河去，帶給了日耳曼人，還說：不問是誰，都在邀請參加劫掠之列。住在離開萊茵河最近的蘇剛布里人——就是我們前面說過接納逃亡的登克德里和烏西彼得斯人的——便聚起二千騎兵，利用船隻和木排，在離開凱撒築橋並留置守衛部隊的地方約三十羅里的下游，渡過萊茵河。他們先進入厄勃隆尼斯人的境內，捉住許多四散奔逃的人，並捕獲大批牲口，這正是蠻族十分貪圖的東西。劫掠的慾望把他們愈引愈遠，沼澤也好，森林也好，全擋不住這些在戰爭和擄掠生活中成長的人。他們向俘虜探詢凱撒的所在，知道凱撒已經出發到很遠的地方去，而且軍隊也已全都離開。這時，他們的一個俘虜說：你們正逢上紅運當頭的時候，爲什麼只管追逐這些可憐而又微不足道的戰利品呢？只要三個刻時，你們就可以趕到阿杜亞都卡，羅馬軍隊把他們的所有財富都集中在那邊，駐防部隊少得光守城都不夠，更沒一個人敢跑到壕塹外面來了。日耳曼人被這種慾望煽動起來之後，把他們搶到的戰利品藏在一個隱蔽的地方，就讓那個報告消息給他們的人當嚮導，趕向阿杜亞都卡來。

36 在所有前些日子中，西塞羅都遵照凱撒的命令，小心翼翼地把軍隊關閉在營中，甚至連軍奴也一個不許越出壕塹。在第七日，由於他聽到凱撒已經前進得更遠，而且接不到他要回來的消息，他便不大相信凱撒真的能夠按照與自己約定的日期回來。同時又受到了一些人冷言冷語的影響，這些人把他的耐心閉守說成是受圍困。他認爲，雖說不准任何一個人出門，但在現在的情況下——當時有九個軍團和大批騎兵在對付那些業已潰散、而且幾乎已全部就殲的敵人——派五個營到跟營寨只隔一個小丘、相距不過三羅里的田裡去收集穀物，總不致於會出什麼意外、遇到攻擊的。各軍團都有一些因病留下來的人，經過這幾天，他們中有些人已經痊癒，約有三百人，也被編在一起，一同前去。此外還有許多軍奴獲得允許，帶同大批留在營裡的牲口，跟隨前去。

37 日耳曼騎兵湊巧就在這個時候趕到當地，隨即以趕來時同樣快的速度，試圖從正門突進營寨。恰好這一面有一片樹林遮住，直到他們接近營寨時才被發現，迅速得連那些在堡壘下搭著篷帳的商人，也沒有機會可以撤進來。我軍士卒出於意外，馬上被這突如其來的事情弄得手足無

措。正在值崗的那個營，幾乎擋不住他們的第一次衝擊。敵人散向營寨的四周，去找尋可以衝進來的地方。我軍苦苦支撐守住大門，其他所有可以進來的入口，都受到那地方的地形本身和壕塹的保障。營中一片混亂，各人互相探詢吵吵嚷嚷的原因是什麼，再沒一個人關心隊伍應該布置到那裡，各人應該集中到那裡。有人宣稱說：營寨已經被占領，另外又有人堅持認爲蠻族是殲滅了大軍和統帥之後乘勝而來的。大部分人都由於所在的這個地方引起了奇怪的迷信，他們在自己眼前描繪出一幅考達和季度留斯遭到慘禍的景象，因爲這兩個人就是在這個要塞遇害的。正是由於這種恐懼而引起的慌亂，使敵人的信心更爲堅定，以爲真的像他們的俘虜所講的那樣，這裡面沒有守衛部隊。他們努力想衝進來，還彼此鼓勵不要白白讓這樣好的運氣溜過去。

38 跟這支守衛部隊一起留在這裡的，有一個傷病員，名叫布勃留斯·塞克司久斯·巴古勒斯，他曾經在凱撒手下擔任過首席百夫長，我們已在前述的戰鬥中提到過他。他已經五天沒有進食，這時他擔心自己和大家的安全，就赤手空拳從營帳中跑出來；他看到敵人已逼到跟前，形勢已是千鈞一髮，隨即從就近的人手中搶過武器，自己首當其衝地把住大門。正在值崗的那個營的百夫長們都跟著他。在很短一段時間中，一同擋住了進攻。塞克司久斯在受了幾處重傷之後昏暈過去，費了很多手腳才把他救出來，一個傳一個地送到安全地帶。就在這爭取來的片刻喘息時間裡，其他人才鼓起勇氣，壯著膽子趕到壁壘上各自的位置，擺出防守者的姿態。

39 同時，在收完穀物後，我軍士卒聽到了呼喊聲，騎兵衝向前面，了解到了當時的危急情況，但這裡沒有工事可以容納嚇慌了的兵士，那些新近徵集來的毫無作戰經驗的人，只能一起轉過身來望著軍團指揮官和百夫長們，看他們發出什麼命令來。沒有一個人在這種意料不到的形勢下能夠勇敢地鎮靜如常。另一方面，蠻族們在一看到老遠的連隊標誌時，最初停止了攻擊，誤以爲這就是他們的俘虜所說的遠去的軍團，現在回來了。後來看到這支人馬數目很少，又輕視他們起來，四面八方向他們進攻。

40 軍奴們奔到最近的一個高地，但很快就從那邊被逐回來，又沒頭沒腦地插入連隊的行列，使本來就已驚駭不定的士兵們更加慌亂。他們中間有些人建議組成一個楔形的隊形，迅速突圍出去，離大營如此之近，他們相信或許有一部分人被包圍殲滅，其餘一定能夠脫身。又有人建議堅持在一處高地上，大家生死相共，一起拚到底。這辦法遭到老兵們的反對，我們前面已經說過，他們是混合編在這個隊裡一起去的。於是，他們互相鼓勵著，在一個派去做指揮的羅馬騎士該猶斯·德來朋紐斯的率領下，從敵人包圍中衝出來，一人未傷地回到營寨。軍奴們和騎兵們在這次突圍中緊緊跟著他們，依靠這些兵士的勇敢，也一起安全脫險。唯獨堅持在高地上的那一羣人，絲毫沒有作戰經驗，既沒能堅持自己原來贊同的主張、在高地上進行自衛，又不能學習剛剛已經看到的、而且別人已經從中得到好處的勇氣和速度，卻在下了高地試探著向大營退去時，陷入一處地形不利的所在。百夫長中間有一些原來在別的軍團裡擔任較低職位、因爲勇敢才被提升到這個軍團來擔任較高的職位，這時恐怕失掉過去獲得的英勇善戰的聲譽，相繼在奮勇搏鬥中犧牲了。一部分軍隊趁敵人被百夫長們奮勇衝開的時候，也出乎意料地安全到達大營，一部分被敵人包圍殲滅。

41 日耳曼人看到我軍已經把守在工事上，感到襲取營寨已經無望，因而帶著隱藏在森林中的戰利品，退過萊因河去。但當時營中驚慌得十分厲害，以致就在敵人離開之後的那天晚上，奉命帶著騎兵前去的沃盧森納斯到達營寨時，還是沒有辦法使士兵們相信凱撒已經帶著安全無恙的軍隊即將到達。恐慌差不多占據了大家的心，簡直達到令人瘋狂的地步。他們一口咬定說：一定是全軍覆沒之後，單只是騎兵逃了出來，如果全軍依然存在，日耳曼人絕不會來攻營。這種恐慌等凱撒到達之後才消除。

42 當他回來後，了解了戰事的一切情況，他只怪西塞羅一件事情，就是他派幾營人離開值崗和守衛的工作到外面去，他指出：哪怕是最小的意外，也不應該讓它有發生的機會。命運已經以敵人的突然來臨證明了它的力量，又再把差不多已經要跑進營寨工事和大門的蠻族驅走，進一步顯示了它的神蹟。但所有這些意外中最最出奇的卻是：存心想要破壞安皮奧列克斯的領土，因而渡過萊茵河來的日耳曼人，卻被引到羅馬的大營，給安皮奧列克斯幫了極大的忙。

43 凱撒重新出發去騷擾敵人，他從四鄰各國家徵集了大批人馬，把他們派到各個方向去。每一個村莊、每一座房屋，只要能看到的，就給縱火燒掉。牲口都給殺掉、戰利品從各地帶走，穀物不僅由於大批牲口和人員在消耗，而且因爲時令和陰雨，倒伏下來。因而，即使有人能夠躲過這一時，但在軍隊退走之後，仍然要因爲什麼東西都沒有而死去。儘管有很大一支騎兵分散在四面八方，但還經常發生這樣的事情：有些俘虜在被捕獲時，眼睛還在凝視剛剛逃走的安皮奧列克斯，甚至他們還堅持說，還可以依稀看到他的背影。捕獲這個逃亡者的企圖促使他們作了莫大的努力，特別因爲他們都希望藉此取得凱撒的最大好感，因而更激發起超乎人性的熱忱。但他們似乎老是離開最後的成功只差一點兒，他總是依靠隱蔽的地方、森林、幽谷，逃出了性命，連夜再找別的地方去躲避。他攜帶著的只是四個騎兵組成的衛隊，他們是他唯一敢託付性命的人。

44 當這個地區經過了這樣一番破壞之後，凱撒把損失了兩個營的軍團仍舊帶回，到雷米人的一個城鎮杜洛科多勒姆去。在那邊召集了一個全高盧的會議之後，他決定對森農內斯人和卡爾努德斯人的叛亂事件，進行了一次審訊，給那個陰謀的主犯阿克果一個比向來更加嚴厲的懲罰，以我們的傳統方式將其明正典刑①。有些人怕審判而逃走的，宣布他們爲被剝奪了法律保護的人。於是，他把兩個軍團駐在鄰接德來維里人的冬令營中，兩個軍團駐在林恭內斯人中，其餘六個駐在森農內斯領域內的阿及定古姆，並且替這些軍隊安排好了糧食供應，然後按照決定，到義大利去主持巡回審判大會。

---

①指由代行執政官的校尉（lictor）用棒斧（fascis）砍頭。——譯者

卷七

1 當高盧平靜下來後，凱撒仍按照決定，出發到義大利去主持巡回審判大會。他在那邊接到克羅底烏斯遇害和元老院命令所有適齡青年都舉行入伍宣誓的消息之後①，就決定在全行省實行徵兵②。這些事情很快被傳到山外高盧去，高盧人又自己根據當時形勢，在這上面添枝加葉地增加上一些謠言。他們認爲凱撒已經給羅馬的騷動牽制住，在發生這麼嚴重的紛爭的時候，不會再回到軍隊中來。這個機會也鼓舞了那些本來就因爲屈服在羅馬的統治之下而感到氣憤的人。他們

①克羅底烏斯（Clodius）——共和末年的著名煽動家，以放蕩馳名，公元前五八年任保民官。最初凱撒把他當做自己的工具，竭力扶植他，用他作爲自己留在羅馬的代理人。他用許多新的立法——像取消發給城市貧民口糧時收取的低微代價、廢除禁止街會活動的法律等——獲得城市遊民的擁護，成爲羅馬城內的風雲人物，擁有大批打手和武裝奴隸，自此不但跟留在羅馬的龐培發生公開的衝突，而且逐步脫離凱撒的控制。公元前五六年，龐培、凱撒、克拉蘇斯三人重新訂盟後，他開始被凱撒摒棄，龐培並培養另一個煽動家米羅跟他對抗。他在一次械鬥中被米羅一幫人殺死，這在羅馬引起了軒然大波，憤激的城市遊民到處報復，甚至縱火燒掉了元老院。凱撒此處所說的混亂指此。——譯者

②羅馬這時已普遍實行募兵制，但在必要時還偶然徵兵，青年從十六歲起開始入伍。——譯者

開始更自由、更大膽地策劃戰爭。高盧的領袖們彼此在密林中的偏僻地方舉行商談，他們對阿克果的死頗爲憤憤不平，指出來說：這種命運遲早也會落到自己頭上來。他們對高盧的共同命運感到痛心，不惜用各式各樣的諾言和報酬徵求有人站出來，帶頭發動戰爭，爲了高盧的自由，就冒生命危險也在所不惜。他們說：最重要的事情是必須在他們的祕密計畫傳出去以前，設法先把凱撒到軍中來的路截斷。他們認爲這是一件輕而易舉的工作，因爲統帥不在，軍團就不敢隨便離開營地；統帥沒有强有力的警衛，也不能趕到軍團這邊來。他們最後宣稱說：喪生在戰鬥中，無論如何要比不能恢復舊日能征善戰的聲譽和繼承歷祖相傳的自由好。

2 當這些事情在議論紛紛時，卡爾努德斯人聲稱：爲了大家的安全，他們不惜冒任何危險，願意第一個出面發動戰爭。只是，在當時情況下，不可能互相交換人質，作爲保證，因爲怕事情會被洩漏出去，他們要求大家按照傳統的最最莊嚴的會盟形式，在集合著的軍旗面前，用宣誓和榮譽來保證在他們開始戰爭之後，大家不袖手旁觀，丟開他們不管。這時所有在場的人都異口同聲地讚揚他們，並且宣了誓。在決定了一個起事的日期後才分手。

3 當那一天到來時，卡爾努德斯人在兩個不顧死活的人古德魯亞都斯和孔肯耐托杜納斯領導下，一起湧向欽那布姆，一聲暗號便把因爲貿易定居在那邊的羅馬公民，全都殺死，而且搶劫了他們的財物，其中就有受凱撒委託、在那邊主辦糧食的卓越的羅馬騎士該猶斯·富非烏斯·契坦。消息被很快傳到高盧各邦。因爲每當有一件比較重要或比較突出的事情發生，他們就利用喊話，把這消息傳播到各地方各區域去，別人接到後，也照式照樣再傳送到鄰地，就跟在這次發生的一樣。欽那布姆日出時發生的事件，在第一更結束之前，便可以傳到相距一百六十羅里之外的阿浮爾尼人境內。

4 一個勢力極大的阿浮爾尼青年維欽及托列克斯①——他的父親契爾季洛斯曾經掌握過全高盧的領導權，因爲圖謀王位，被他國內的人處死——也以同樣方式召集起自己的部屬，很容易地把他們煽動起來。他的打算一經傳開去，大家都爭著武裝自己。他的叔父戈彭尼幾阿和其他一些認爲不該冒這種大風險的首領們，設法攔阻他，把他逐出及爾哥維亞鎮。但他並不因此改變初衷，就在鄉間徵集貧民和亡命者，聚集起一大批這樣的人之後，他又把自己的想法傳播給國內所有跟他接觸的人，勸他們爲了全體的自由，拿起武器來。當他集合起一支很大的武裝力量時，就把不久以前驅逐自己的仇人趕出國家，並被他的同夥們奉爲國王。他派使者們到各處去，籲請他們效忠他，很快就把森農內斯人、巴里西人、庇克東內斯人、卡杜爾契人、都龍耐斯人、奧來爾契人、雷穆維契斯人、安德斯人、以及所有其他鄰接大洋的各族，都拉到自己一邊。在一致同意下，領導大權授給了他。他得到了這種權力，便向所有這些邦索取人質，還命令他們必須要交給他多少數目軍隊。他又規定每個邦必須在國內製造多少武器，何時完成。他尤其重視的是騎兵。對犯有他處處極端的謹慎小心，再加上極端嚴格執行命令，還用最厲害的刑罰來壓制動搖的人。對犯有嚴重罪行的人，他用烈火和其他一切酷刑把他處死，如犯的罪較輕，他便把犯者雙耳割去或挖掉

---

①維欽及托列克斯這個名字不知是不是這位高盧英雄的真正名字，它是從高盧語「Ver–cim–cedo–righ」轉來的，原來只是大首領的意思。據狄奧・卡休斯說，他本來跟凱撒熟識，凱撒還曾經考慮過用他擔任阿浮爾尼人的國王，大約跟愛杜依族的杜諾列克斯是一流人物，杜諾列克斯也在凱撒軍中服務過。——譯者

一隻眼睛之後送回家去，給其他人做鑒戒，使別人對他的嚴刑峻罰有所畏懼。

5 他仗著這種刑罰，很快就徵集起一支軍隊。他一面派一個極勇悍的卡杜爾契人名叫路克戴留斯的，帶著這支軍隊的一部分，進入盧登尼人境內，一面自己出發去和別都里及斯人作戰。當他到達那邊時，別都里及斯人派使者到他們的保護人愛杜依人處請求救兵，以便更好地抵抗敵人。愛杜依人根據凱撒派去和軍隊一起留在那邊的副將們的勸告，派騎兵和步兵去支援他們。這支軍隊趕到別都里及斯和愛杜依人分界的里傑爾河時，在那邊停留了幾天，沒敢渡河就回轉本國，報告我們的副將說：他們因為害怕別都里及斯人的陰謀，故而退了回來，聽說別都里及斯人已經計畫好等愛杜依人一過河時，他們就自己在這一邊，由阿浮爾尼人在那一邊將其包圍。他們這樣做，究竟真的是因為他們告訴副將們的這個原因，還是出於欺騙，我們沒有確切的證據，不宜下結論。可是，別都里及斯人卻在他們一轉背時，馬上跟阿浮爾尼人聯合起來。

6 這些事情被報告給在義大利的凱撒時，他已經得知由於克耐猶斯·龐培的努力，羅馬已經進入比較平靜的狀態，於是就向外高盧出發。一到那邊，他發現當前最困難的問題是如何才能趕到軍中去。他知道，如果把這些軍團召到行省來，它們勢必要在行軍途中，自己不在場的時候，進行戰鬥；另一方面，如果自己竭力設法趕到軍中去，那麼，在他看來，即令有些族目前看來還屬平靜，但若把自己的安全託付給他們，也仍然是件欠妥的事情。

7 同時，被派到盧登尼人中去的卡杜爾契人路克戴留斯，已經替阿浮爾尼人把這個邦拉攏過去。然後他又趕到尼幾阿布列及斯人和迦巴里人中，接受了這兩族的人質，並在徵集了大量兵力後，很快朝奈波方面趕來，想衝進行省。凱撒接到這報告，認為應該先擱下其他別的計畫，趕到奈波再說。他一到那邊，鼓勵了驚惶失措的人，並在屬於行省的盧登尼人境內①、沃爾卡族的阿雷科米契人境內、托洛薩得斯人境內，以及奈波四周等鄰接敵人的地區，設置下駐防軍。他又命令行省的部分軍隊和他從義大利徵集了帶來的補充兵員，集中到和阿浮爾尼人疆界相接的厄爾維人境內。

8 這些措施使路克戴留斯的進展受到阻礙，他認識到插進我軍的一系列據點是十分危險的，因而又退了回去。凱撒得以進入厄爾維人境內。這時，把阿浮爾尼和厄爾維分隔開來的啓本那山，雖然在這非常凜冽的季節中，有極深的積雪阻礙著行軍，但他卻在軍士們積極努力下，清除了六羅尺深的積雪，打開通道，到達阿浮爾尼邊境。他們毫沒防備，大爲吃驚，因爲他們認爲啓本那山像一堵城牆似的保護著自己，在這樣的季節，就連一個單身的旅客也從來沒闖出路來過。凱撒命令騎兵把活動圈子拉得愈開愈好，給敵人造成的恐慌愈大愈好。因此謠言和報導，很快便傳到維欽及托列克斯那邊，所有的阿浮爾尼人都驚駭萬分地包圍著他，求他照顧他們的財產，別讓它們遭到敵人搶掠，特別現在可以看到，整個戰爭都在對著他們進行了。他被他們的懇求打動了心，就把自己的大營從別都里及斯邦移到阿浮爾尼去。

9 凱撒本來就已經料到維欽及托列克斯勢必這樣做，在那邊逗留了兩天之後，就藉口召集新徵來的補充兵員和騎兵，離開了軍隊。他任命年輕的布魯圖斯統率這支軍隊，吩咐他要讓騎兵四

---

①盧登尼人被羅馬人一劃爲兩，一部分劃進行省，凱撒稱他們爲「行省中的盧登尼人」，一部分留在行省外面，凱撒稱他們爲「阿奎丹尼的盧登尼人」。——譯者

出活動，範圍愈廣愈好，還說：他要盡力設法在三天以內趕回來。把這些事情安排妥當後，他以急行軍趕到維恩那，迅速得連他自己的軍隊都沒事先料到。他在那邊帶起了自己多天以前派到那裡的騎兵生力軍，接著又日夜不停地趕路，通過愛杜依人領域，進入有兩個軍團在那邊過冬的林恭內斯人境內，快得即使愛杜依人想在他的安全問題上玩花樣也來不及。在他到達那邊時，他派人通知其餘別的軍團，命令他們在他到達的消息尚未傳到阿浮爾尼人那邊去之前，集中到一起來。當維欽及托列克斯聽到報告後，他領著自己的軍隊，重新又回到別都里及斯人境內，決定從那邊出發去進攻波依人的一個叫戈爾哥賓那的要塞，這些波依人是在厄爾維幾人的那次戰役中被擊敗後，凱撒把他們安置在那邊，作爲愛杜依人的附庸的。

10 維欽及托列克斯的這一著，使凱撒在確定作戰方案上遇到很大困難。如果他在冬天餘下來的這段時間中，讓軍隊集中著守在一起，恐怕愛杜依人的附庸淪陷，會被人認爲凱撒不能作爲友邦的保障，接著引來一場全高盧的叛亂；反之，如果把軍團過早地領出冬令營，又怕運輸上的麻煩會帶來糧食困難。但是儘管要遇到各式各樣困難，看來總比忍受極大的恥辱、喪失所有附庸的同情爲妙。因此，他叮囑愛杜依人擔負起運輸糧食的任務，並派人先到波依人那邊去，把自己的來臨通知他們，叮囑他們保持忠誠，竭力抵禦敵人的進攻。於是，他把兩個軍團和全軍的輜重留在阿及定古姆之後，向波依出發。

11 次日，他到達森農內斯人的一個名叫維隆諾鄧納姆的市鎮。爲了不讓自己背後留下任何敵人，妨礙糧食接濟，他決定進攻這個市鎮。他在兩天之中築起圍牆，第三天，鎮中派出代表來請求投降。凱撒命令他們收集武器、提供牲口、並交納六百名人質。他爲了盡快完成進軍，留下副將該猶斯・德來朋紐斯監督執行這些命令，自己又向卡爾弩德斯人的一個市鎮欽那布姆出發。當時，圍攻維隆諾鄧納姆的消息，已經傳到卡爾弩德斯人那裡，他們認爲這件工作將拖延很長一段時間，因此正在準備一支守衛部隊，想派到欽那布姆去從事守禦。凱撒在兩天內到達那邊，在市鎮前面紮下營寨，由於這天餘下來的時間已經不多，不能再進一步行動，他便把圍攻的工作擱到第二天去。他命令士兵們準備好一切圍攻需要的東西，同時因爲里傑爾河上有橋梁跟欽那布姆相連，他命令兩個軍團去露宿在那邊，通宵戒備著，免得居民們夜裡從鎮上逃出去。半夜前不久，欽那布姆人悄悄從鎮上溜出來，開始過河。這事被偵察部隊報告了凱撒，他把城門放起火來之後，派出早已受命作好準備的軍團，占據了那市鎮。由於橋梁和道路狹隘，阻礙了敵人大批逃走，因而在他們全體之中，只極少數人逃了出去，没全部被俘。他搜掠並且焚毀了那個市鎮，把戰利品分給了士兵，然後領著軍隊渡過里傑爾河，趕到別都里及斯人邊界。

12 維欽及托列克斯一知道凱撒到來，馬上停止圍攻，迎頭向他趕來。凱撒卻已經決定襲取在他進軍路上的一個別都里及斯人的要塞諾維奧洞納姆。當這個鎮的使者趕出來懇求他饒恕他們，不要傷他們的性命時，他爲了可以把餘下來的事情像已經大部完成的事情一樣迅速了結起見，命令他們把武器都收集起來，馬匹也交出來，並且交出人質。在一部分人質已經交來，其餘的各項要求也在執行的時候，有幾個百夫長和少數兵士被派去收集武器和牲口，這時，作爲維欽及托列克斯前鋒的敵人騎兵，已經遠遠可以望到，市鎮裡的人一看到他們，以爲有了得救的希望，一聲發喊便搶起武器，閉上城門，上城把守起來。正在城中的百夫長們一看到高盧人的這副樣子，知道發生了新的變化，就拔出他們的劍，搶著守住城門，讓全體人員都安全退了出來。

13 凱撒下令把騎兵帶出營寨，跟敵人的騎兵戰鬥。當他的部下感到支持不住時，他又派四百名日耳曼騎兵去支撐他們，這些日耳曼人是他一起始就決定留在自己身邊的。高盧人經不住他們的衝擊，被驅散逃走，損失了許多人之後退回大隊。在他們被擊潰的時候，鎮中人又一次驚慌起來，捉住了那些被他們認爲是煽動羣衆的人，把他們交給凱撒，自己也同時投降。這些事情辦妥後，凱撒向阿凡歷古姆鎮趕去。這是別都里及斯境內最大、防禦最好的市鎮，坐落在一片極爲肥沃的土地上。凱撒深信在重新占有這個市鎮之後，就可以再次把整個別都里及斯族都拉回到自己這邊來。

14 維欽及托列克斯在維隆諾鄧納姆、欽那布姆和諾維奧洞納姆接連遭到幾次失利之後，召集他的部下舉行一次會議。他指出今後的戰事，應該用跟過去完全不同的方式來進行。他們必須用盡一切手段來阻止羅馬人得到草料和給養。這是件很容易的任務，因爲高盧人有足夠的騎兵，而且得到季節的幫助。一旦草料割不到，敵人便不得不分散開來，到一家家房子裡去找，這些零零星星的部隊，就可以用騎兵來一天天加以消滅。再則，爲了共同的安全，私人的利益就不得不犧牲一些，從大路起，四面八方的村莊和房屋，只要敵人有可能闖去尋找草秣的，都應該燒掉。這些必需品，高盧人自己是有充分供應的，戰事在哪一個族的境內進行，他們就會支援他們。但羅馬人卻經不起饑荒，不得不冒更大的危險，跑到離開大營更遠的地方去找。對高盧人來說，無論殺死羅馬人也好，奪取他們的輜重也好，反正都是一樣，因爲羅馬人失掉輜重，也就没法再戰。此外，任何市鎮，如果防禦工事和自然條件不足以保障它，使它不用擔心一切危險的，都應該燒掉。一方面使它們不致於成爲逃避兵役的高盧人的避難所，另一方面，也不致因給養和戰利品堆得太多，招惹羅馬人來劫掠。這些措施看來很殘酷、很痛心，但他們應當考慮到，作爲被征服者必然的下場，他們的妻子兒女會被拖去奴役、他們自己會被殺死，要比這更慘痛得多。

15 這個主張得到一致贊同。別都里及斯有二十個以上市鎮被縱火燒起來，別的邦也都這樣做，四面八方都可以看到一片火光。這雖然使所有的人都感到很大的痛苦，但他們都安慰自己說，他們的勝利已經萬無一失，自己的損失很快就可以得到補償。他們在一次全體大會上考慮阿凡歷古姆這個市鎮應該燒掉還是守住時，別都里及斯人爬在全體高盧人腳下懇求這些人，千萬不要強迫他們親手燒掉這個差不多是全高盧最美麗的城市、他們國家的安全保障和掌上明珠。他們聲稱：他們可以很方便地利用它本身的地形來保衛自己，因爲它差不多四面都由河流和沼澤包圍著，只有唯一的一條狹窄的小路可以通向它。他們的要求得到了允許。雖然維欽及托列克斯最初反對，但後來也被他們國人的懇求和羣衆的同情說服了，給這個市鎮挑選了適當的守衛者。

16 維欽及托列克斯抄近路緊跟著凱撒，選定一個離阿凡歷古姆十六羅里，由沼澤和森林障蔽著的地點，作爲自己的營地。由於一天之內的每個刻時都有排定的探報人員，他能夠隨時知道阿凡歷古姆發生的事情，並且把所要做的工作布置下去。他做到了使我軍的採牧部隊和收集穀物部隊的一舉一動，都處在他的監視之下。這時我軍因出於無奈，不得不愈跑愈遠，他就趁他們分散開來的時候進攻他們，使他們遭到很大的損失，儘管我們在這方面也採取盡可能事先沒想到的一切措施，作好預防，像行動的時間不固定、走不同的路等等。

17 凱撒把自己的營寨紮在那市鎮沒有被河流和沼澤圍攏起來的這一面，正如前面所說，有一條狹路可以通到鎮上。他著手準備壁壘、建造盾車、架起兩座木塔，但限於當地的地形，無法築起長圍來。他不住地催促波依人和愛杜依人解決糧食供應問題。愛杜依人對這件工作缺乏熱情，幫助不大，波依人則苦於沒有較大的積儲，因爲他們的國家又小又弱，很快就把他們所有的全耗光了。由於波依人的貧乏、愛杜依人的冷淡、再加上房舍的被焚毀等等，使我軍的糧食遭到很大困難。軍士們竟多天沒有糧食，不得不用遠處村莊驅來的家畜，應付極度的飢餓。但從他們的口中，絕對聽不到任何一句跟羅馬人的尊嚴不相稱、跟他們過去的勝利不相稱的話。相反，當凱撒分別對正在工作的各個軍團談話，宣稱如果缺乏糧食的情況真使他們無法忍受，他可以停止圍攻時，大家異口同聲要求他別這樣做。他們說，他們在他的統率下已經服役了多少年，從沒受過恥辱，也從沒幹過一件事半途而廢；他們認爲把已經開始的圍攻中途息手，是一件可恥的事。隨便吃什麼樣的苦，總比不給被高盧人玩弄陰謀殺死在欽那布姆的羅馬公民報仇好。他們把這種意見告訴了百夫長和軍團指揮官們，通過他們轉告凱撒。

18 那時，木塔已經靠近城牆。凱撒從俘虜口中知道，維欽及托列克斯已經耗光了牧草並且把他的營寨移到稍稍靠近阿凡歷古姆的地方來，現在他已親身帶著騎兵和習於夾在騎兵中作戰的輕裝步兵，到一個地方去埋伏，他相信我軍明天一定要到那邊去放牧。得知這消息後，凱撒在半夜中悄悄進軍，早晨時到達敵軍的營寨。他們很快就從偵察人員口中得知凱撒的來臨，在將車輛和輜重藏於森林中比較隱蔽的地方後，又把全部軍隊在一個高高的、空曠的地方列下陣來。接到這消息後，凱撒下令迅速把行囊集中堆在一起，準備好武器。

19 那邊有一座從山腳平緩地上升的小山，差不多每一面都圍有極危險、極難於通行的沼澤，其闊不超過五十羅尺。高盧人很信賴這處地形，拆掉橋梁之後，把人馬按國別分開，布列在這山上，還分別用可靠的守衛把守住那沼澤的每一個渡口和小徑，決定如果羅馬人企圖突過沼澤，就趁他們涉渡時行動艱難，從高處衝下來壓倒他們。因此，人們一看到雙方相距那麼近，都會以爲高盧人已準備在勢均力敵的形勢下決戰；但任何人只要一注意到雙方所處的地勢不相同，就都會知道他們只是在裝模做樣，虛張聲勢。士兵們看到敵人居然敢在離自己這樣近的地方不動聲色地面對著我們，都非常憤慨，要求發出戰鬥的信號。但凱撒向他們指出：這場勝利必然要以極大的損失、極多勇士的性命去換得來。他說：他已經看到，爲了他的聲譽，他們已經下定決心，不避任何危險，但在這種情況之下，如果他也不把他們的性命當一回事，不把他們看得比自己的安全更可貴，那就該被認爲是毫無心肝的人了。在這樣撫慰過士卒之後，他在當天把他們領回營寨，開始把圍攻那市鎮需要的其餘東西都安排妥當。

20 當維欽及托列克斯回到他的同夥那邊時，被他們指控爲叛徒，因爲他不但把營寨移近了羅馬人，而且帶走全部騎兵，走的時候又沒指定一個統帥，讓這麼大的一支軍隊留在那邊沒人統率；特別因爲在他一離開之後，羅馬人就利用這個極好的機會迅速地進逼過他們。他們相信，所有這些事情，都不會是沒有事先布置，偶然發生的。他們說他寧願由凱撒賞給他高盧的王位，卻不願意通過他們的愛戴取得它。他對這些指控，用下列的話作了回答：他的移動營寨，是因爲缺乏草料，就連他們自己也曾勸説過他；他所以移近羅馬人，是因爲那地方的地形給他的啓發，這是一處可以利用本身的有利條件來保衛自己的地方。再則，在沼澤地帶，騎兵不再十分需要，而在他趕去的那地方卻很有用。他離開的時候沒把最高指揮權交託給別人，也是有用意的，爲的是怕那個代表他的人經不起大家的熱情催促，冒然作戰——他知道，由於大家意志不堅，再也忍受不住艱苦，所以都在盼望作戰。如果羅馬人在這地方的出現純是出於偶然，高盧人就應該感謝幸運之神，即使羅馬人是某些人故意召來的，高盧人也該謝謝這些人，因爲他們使高盧人能夠踞高臨下地觀察一下羅馬人，看看他們的數目是如何少得可憐，他們的勇氣也是何等可鄙，臨陣不敢一戰，卻可恥地退回營寨去。他不想用背叛祖國的辦法到凱撒手裡去取得首領的地位，他可以憑藉一場自己和全高盧的勝利來取得它，反正這是已經拿穩了的。他說：但是，如果你們給我這個稱號，爲的是想給我錦上添花，增加些虛榮，而不是要依靠我獲得安全，我寧可把它還給你們。你們試聽聽這些羅馬兵士的話吧，你們就可以相信我的這些話是出於一番真誠了。他領來幾個奴隸，他們是幾天以前在打草時被截獲的，已經飽受飢餓和鐐索之苦。他們事先就被教過一番，如果人家問時，該怎麼回答。他們說：他們是軍團中的官兵，迫於飢餓和困乏，偷偷跑出營，到四野中瞧瞧能不能找到穀物或者牲口的。全軍人員都在遭受同樣的飢荒，再沒有人剩下一點精力，也再没人能負擔體力勞動，因此統帥決定，如果攻拔那市鎮的工作仍不能取得進展，三天內就把軍隊撤回去。維欽及托列克斯說：這些就是你們沾我的光，而你們卻在控告我背叛。由於我的努力，你們看到這樣强大、這樣戰無不勝的軍隊，没有要你們流一滴血，就被飢餓摧毀了，在這支軍隊從這地方可恥地逃出去時，也已由我作了安排，將没有一個國家肯接受它到自己的領土裡去。

21 全體人員齊聲叫喊，同時還像平常他們同意人們發言時那樣，敲擊他們的武器。他們叫著說：維欽及托列克斯是最最偉大的領袖，他的忠誠絕對没有可以懷疑的地方，戰事也不可能有更英明的策略。他們決定應該在全軍中挑選出一萬人來，送進市鎮裡去，免得把大家的共同安全單

單交給別都里及斯人負責。因爲他們認爲整個戰爭的勝利與否，全決定在能否保牢這個城市上面。

22 我軍無可比擬的勇敢，卻遇上高盧人層出不窮的詭計，因爲他們原是一個極機靈的民族，最善於模仿和製作別人傳去的任何事物。這時，他們用套索拉開我們的撓鉤，一旦它們被撈住，就用絞盤把它們硬拖進去。他們還通過坑道來挖斷壁壘，特別因爲他們國家有極大量鐵礦，懂得並且採用過各種坑道，所以在這方面有專長。再則，他們還在城牆上四周都築起了木塔，上面覆蓋著毛皮。在他們日夜經常突圍出擊的時候，他們不是試圖縱火焚燒我軍的木塔，就是攻擊正在忙於工作的士兵。不管我軍的木塔由於壁壘在每天增高而抬高了多少，他們總也是在自己的木塔上支起新的木架，使它跟我們的一樣高。他們同時還開掘反坑道來挖通我軍的坑道，用燻硬並削尖的木材、熾熱的樹脂和極重的石塊來阻止它向前伸進和接近城牆。

23 所有高盧的城牆，大致都用這樣的方式建成：沿著城牆所需要的長度，把直的木材各個隔開二羅尺，平行著橫置在地上，它們靠裡的一端，互相接牢，上面覆蓋大量泥土，前述的兩羅尺間隔，用巨石堵塞住它的前端。把這些木材放好並且連牢以後，上面再加上第二排，木材與木材之間仍跟上述的一排一樣，也留有兩羅尺間隙，但上下兩排之間的木材互相錯開著，避免彼此相遇。彼此間既都有相等的間隔分開，每一間隔中又各有石塊牢牢地嵌緊，整個結構就這樣接成一氣，一層接一層，直到城牆所要達到的高度爲止。這工程由於木柱和石塊一直排一直排都很整齊，在外形上並不單調難看，而且它在實際保衛市鎮上有明顯的效用，它的石塊可以防止火攻，木柱可以防止撞錘，由於它的內部通常有四十羅尺長的一列列木材連牢，因此它既打不穿，也拉不倒。

24 這些情況妨礙了圍攻，部隊雖然整個時間內都受到嚴寒和連續不斷的陣雨阻礙，但由於不斷的努力，他們仍舊能夠克服所有這些困難，在二十五天中，造起一座寬三百三十羅尺、高八十羅尺的壁壘，這差不多一直接到了敵人的城牆。凱撒仍照他的習慣，爲監視著那工程而露宿，督促士兵們一刻不停地工作。但在快近三更的時候，忽然看到壁壘冒起煙來。原來敵人已通過一個反坑道把它縱起了火。同時，沿著城牆到處發出一片喊聲，敵人突然在羅馬木塔兩面的城門中突圍出來，另外一些人又在城牆上面距離很遠的地方將火把、乾柴擲到壁壘上來，並且把各式各樣樹脂和能引火的東西倒下來，因而一時簡直無法考慮軍隊究竟應該先趕到哪一邊、或者先去幫助哪一部分才是。幸虧由於凱撒事先指令兩個軍團不分晝夜地在營寨前執行著警戒，他們中間正有很多人輪班守在工事上，馬上就布置一些兵士去抵禦那些突圍出擊的敵人，另外一些人去把木塔拖回來，並把壁壘的一部分挖斷。全軍都從營中衝來撲滅火焰。

25 當這一夜的其餘時間都已度過時，戰鬥還在各處進行著。敵人因爲看到木塔前的行障已經燒掉，沒有掩護，我軍難於趕上去支援，他們這面卻不斷有生力軍來替換疲乏了的人，因而他們可能獲勝的希望又重新恢復了，同時他們還深信，全高盧的安危都繫在這一瞬之間。於是，就在我們親眼目睹之下，發生一件我們認爲頗值得一敍、不應該略去的事情。有一個立在市鎮城門前的高盧人，把別人遞給他的樹脂和油膏，一團團的投擲到正在焚燒的一座木塔的火焰中去，當他被一架弩機射過去的矛洞穿右脅，倒地死去時，這批人中站在他後面的另一個人，跨過他的屍體，繼續這一工作，當這第二個人又被弩機以同樣的方式射死時，又有第三個人接了上去，接第三個人的是第四個人，那地方防守的人始終沒中斷過。直到那壁壘上的火被撲滅，四面的敵人都被逐走，戰鬥告結束時才止。

26 高盧人試盡各種方法，仍一事無成，他們就決定按照維欽及托列克斯的勸告和命令，於次日逃出市鎮。他們準備在半夜靜寂的時候行動，希望能避免自己的人大量損失，因爲維欽及托列克斯的營寨離開這個鎮不遠，而且在他們跟羅馬人之間到處有連亙不斷的沼澤隔開著，可以阻礙羅馬人追逐。當黑夜到來，他們已經準備好這樣做時，婦女們突然衝出門來，啼哭著爬在她們男人們的腳下，用各種哀求的話求他們不要讓她們、以及他們共有的孩子——這些因爲性別和體力無法逃走的人——落到敵人手裡去吃苦。通常在極端危險時，恐懼總是不容有憐憫之心的。當她們看到男子們堅持自己的主張時，她們便開始齊聲喊叫，把他們要逃走的打算洩漏給羅馬人。於是高盧人驚慌起來，害怕被羅馬騎兵趕在他們前面把路截住，便放棄了這計畫。

27 次日，當木塔已移向前方，凱撒決定建築的工事也完成時，忽然來了一場很大的暴風雨，他看到這時安置在城牆上的守衛注意力已經稍許鬆懈了一些，認爲這場暴風雨對於執行自己的計畫是有利的，便命令他的部下在工事裡故意懶洋洋地逛蕩著，同時把他希望做的事情告訴他們。軍團士兵們在行障後面祕密作好行動的準備。他鼓勵他們說：現在他們辛勤勞動換來的勝利果實終於要收穫了。他又對首先登上城牆的人許下酬獎，然後向士兵們發出號令。他們突然從各方衝出來，城牆上很快就到處是人。

28 敵人被這突然的行動嚇慌了，從城牆上和木塔上潰退下去，在市場上和別的比較開曠的地方排成楔形陣勢，他們想，不管敵人從哪一方面來攻擊，他們就用已經擺好的陣勢迎擊。但當他們看到敵人没有一個人跑下平地來，卻在沿著城牆四面散開去時，恐怕逃走的希望被斷絕，就拋掉自己的武器，一路橫衝直撞，向市鎮最偏僻的地方逃去。其中一部分在城門狹隘的出口處擁擠成一團時，被我軍步兵殺死，一部分已經走出了城門的，也被騎兵殲滅。這時誰都不忙於獲取戰利品，欽那布姆的屠殺和長期圍攻的辛苦，使士兵激怒得不顧一切，無論是年邁的老人、婦女還是兒童，概不饒過。最後，在數達四萬的居民中，只勉强剩下了最初一聽到喊聲就跑出市鎮的八百人，安全到達維欽及托列克斯處。這時已經是深夜，他悄悄接待了這些逃到他這邊來的人，免得因爲他們一大羣人湧入營寨，再加上兵士們的憐憫之心被激發起來後會引出一場變亂來，在把他的熟人和這些邦的首領們安排到路比較遠的地方之後，又設法把他們分開，帶到原先按族分配營地時就分給他們自己人的那一部分去。

29 維欽及托列克斯在次日召集了一個會議，安慰和鼓勵他的兵士，叫他們不要意志消沉，也不要爲了失敗而煩惱。羅馬人的所以取得勝利，既不是依靠勇氣，也不是在堂堂正正的戰鬥中獲得的，只是全憑謀略和攻城的技巧，這些卻正是他們高盧人不懂的東西。如果他們希望在戰鬥中能夠到處一帆風順，自然不可能。他本人就從來没同意過要保衛阿凡歷古姆，這件事，他們自己可以做他的證人。只是由於別都里及斯人的輕率和其餘人的隨聲附和，才引來這樣一場慘禍。雖則如此，他很快就會用更大的成就來補償它，他會憑仗自己的努力，把和高盧其他各國不合作的那些國家都拉到自己這邊來，產生一個全高盧統一的行動計畫。全高盧一聯合，全世界都將無法阻擋，這一點，他幾乎就要將其實現了。同時，爲了共同的利益，他們應當聽從他的要求，動手給營寨築上防禦工事，以便更有效地抵禦敵人的突然攻擊，這才是合理的做法。

30 對高盧人來說，這番話是相當動聽的。首先因爲他本人沒有由於他們遭到慘敗而垂頭喪氣，也沒有躲起來，跟大家避而不見。他被大家認爲是比別人更有遠見和卓識的人，在事情的成敗還未定局時，他就是第一個倡議把阿凡歷古姆燒掉、後來又主張把它放棄的人。因此，在別的指揮官身上，厄運往往會削弱他們的威信，但他的威信卻相反地因爲遭到失敗而一天比一天更加提高。這時，因有他的保證，高盧人都相信會把其餘諸邦也一起拉到自己這邊來，於是，他們破天荒第一次動起手來爲自己的營寨建築防禦工事。雖然他們不習慣勞動，但這時在惴惴畏懼的心情之中，卻認爲無論什麼樣的命令都得執行和忍受了。

31 維欽及托列克斯果然說到那裡就做到那裡，竭盡力量爭取其它各邦，用禮物和諾言拉攏它們的一些領袖。他並且爲這個目的遴選了合適的人員，他們都是一些能用巧妙的辭令和私人友誼輕輕易易把每一個首領拉攏過來的人。在阿凡歷古姆淪陷時逃出來的那些人，他也設法發給了武器和衣服。同時，爲要補充減少了的軍隊，他分別向各邦索取一定數目的兵員，規定了他所需要的數目，以及送他們來營的日子。他又命令把所有的弓弩手——在高盧有很多這種弓弩手——都送到他這裡來。通過這些方法，阿凡歷古姆遭到的損失很快就彌補過來。同時奧洛維果的兒子、尼幾阿布羅及斯的國王都托馬得斯——他的父親曾由羅馬元老院給予「友人」的稱號——也帶了大批騎兵、來到他這裡，這些騎兵有的是他自己的，有的是他從阿奎丹尼人中間雇來的。

32 凱撒在阿凡歷古姆停駐了幾天，在那邊發現數量極大的穀物和其他給養，使他的軍隊在疲勞和匱乏之後，得到恢復的機會。這時冬天幾乎已經過去，大好季節正在招喚他把戰事進行下去。他決定向敵人進軍，試一下是不是能把敵人從沼澤和森林中引出來，或者用圍困的方法把他們壓垮。正當這時，愛杜依族的一些領袖負了一個使命來見他，要求他在他們國家萬分危急的時候，援助他們。他們說：事情真是千鈞一髮，危險到極點，因爲按照他們自古以來的習慣，總是選出一年一任的一個首領來掌握國王一般的權力，但現在卻有兩個人在行使這個職權，各人都自稱是合法選出來的。其中一個是孔維克多列塔維斯，是個富裕、卓越的青年，另一個是科德斯，出身於一個極古老的家族，本人有很大的勢力，親屬戚黨也都很顯赫，他的兄長瓦雷幾阿克斯在前一年已經擔任過這一個職務。全國都處於備戰狀態，元老院分裂了，人民也分裂了，他們各人都有自己的一批追隨者，如果再拖延下去，國家的一部分必然要和另一部分自相殘殺起來。只有依靠凱撒的力量和權威，才能阻止這種事情。

33 雖然凱撒知道擱下這邊的戰事和敵人而到別處去，是一件很有害的事，但他也很了解這種爭執通常會引起多大的麻煩來。因而，爲要防止跟羅馬關係這樣密切的一個大國——而且也是他自己愛護備至、用盡方法獎飾和推崇的一個國家——動起武來自相殘殺、甚或自覺力量不敵的一方，向維欽及托列克斯求救起來，不得不事先採取一些預防的措施。因爲愛杜依人的法律不准掌握最高領導權的人離開國家，他爲了免得被人們當成是輕蔑他們的制度和法律，決定親身趕到愛杜依人境內，並召集他們的全體長老和爭執的雙方，到特定乞幾亞來會見他。差不多全國都集合到那邊。他接到報告說，這兩個爭王位的人，其中一人是在一個只有少數人參加、而且時間和地點都不合法的祕密會議上，由他的兄弟宣布他當選的，而他們國家的法律卻不但禁止一個家族中同時活著兩個曾經擔任首領的人，甚至還不許一個家族中有兩個人同時作爲長老院的成員。因此，他强迫科德斯辭去最高統治權，並命令那個由祭司們按照國家首領缺位時的慣例選出來的孔維克多列塔維斯接掌大權。

34 在他們中間作出這個裁決之後，他叮囑愛杜依人忘掉糾紛和嫌怨，停止一切爭執，全心全意投入目前的這場戰爭，只要等他征服了高盧，就會把他們那份應有的酬報給他們。他吩咐他們迅速把所有的騎兵和一萬名步兵派到他那邊去，以便把他們分派在各個據點上保護糧運。他於是把軍隊分成兩部分，四個軍團交給拉頻努斯帶去討伐森農內斯人和巴里西人；六個軍團他親自率領著，沿厄拉味爾河，直抵阿浮爾尼人境內的及爾哥維亞鎮。他把騎兵的一部分分給拉頻努斯，一部分留給自己。維欽及托列克斯一聽到這個，馬上把那條河上的全部橋梁都拆掉，開始在河流的對岸沿著河前進。

35 兩軍互相看得到對方，而且差不多面對面安下了營。敵人爲要防止羅馬人築起橋來，領著軍隊過河，到處都布置了哨崗。因此凱撒遭到很大的困難，看來他有大部分夏天都要被阻止在河這邊的危險，因爲厄拉味爾河通常在秋天以前是不能涉渡的。爲要避免這一點，他把營寨築在一片林中，正對著維欽及托列克斯命令拆去的一座橋。次日，在命令兩個軍團隱藏好以後，他讓其餘的軍隊按照習慣，帶著全部輜重前進，他把幾個營故意拉得很開，使軍團的數目看來仍舊像往常一樣。這支軍隊奉命走得愈遠愈好。當他根據天色，估計到他們已經安全進入營地後，便開始在原來的橋基上——它的下部仍舊完好——重新建築橋梁。這工程很快就告完成，軍團被帶過河去，選定一個適當的地點紮營後，他又把其餘的軍團重新召回來。維欽及托列克斯接到這件事情的報告後，就將他的軍隊以急行軍的速度帶到前面去，避免違反自己的意願被迫接受戰鬥。

36 凱撒從那地方出發，經過五天行軍，趕到及爾哥維亞。就在這天，騎兵發生了小規模的接觸。該鎮的地形也已經探明，它建立在一座非常高峻的山上，所有上山的道路都很陡急。他估量到絕不可能用突擊的方式攻下它，在自己的糧食供應没安排妥當之前，也不可能圍困它。維欽及托列克斯卻傍著市鎮，在山上安下營寨，把軍隊按照國別，各自相距一段適當的路程，環繞著自己布開，將可以俯瞰羅馬營寨的山頭都占據了，顯示出一副聲勢浩大的樣子。他命令那些選出來供自己諮詢軍務的各國首領們，在每天天明的時候到他這裡來，以便討論或者布置什麼事情。差不多没有一天他不用夾雜著一些弓弩手的騎兵來作些小接觸，藉此考驗他的每一個部下的意志和勇氣。山腳下面，正對著城市的地方，有一座小丘陵，形勢非常險要，四面也都很陡，假使我軍能把它占領下來，看來就可以把敵人的大部分水源切斷，並且阻止他們自由放牧。但這地方卻有他們的一支不很强大的駐軍守衛著。凱撒在深夜中悄悄出營，在鎮上還來不及趕來援助以前，趕走了駐軍，占有這個地點。他派兩個軍團駐紮在那邊，又挖了一條雙重平行的防護溝，各寬十二羅尺，從大營直達這個小營，因此，即使一個單身的兵士，也可以安全地來來去去，不怕敵人的突然攻擊。

37 戰事正在及爾哥維亞附近進行時，愛杜依族的那個孔維克多列塔維斯——即我們上面所說，凱撒把首領的職位判定給他的那個人——受了阿浮爾尼人的金錢賄賂，跟一些年輕人在一起商談，這些人中最主要的，是出身於一個極顯赫的家族的李坦維克古斯和他的兄弟。他把賄賂分給他們，還鼓勵他們不要忘記自己生來就是自由的，而且是統治別人的人。愛杜依邦是阻礙高盧獲得必然勝利的唯一一個國家，其他各邦都在愛杜依的勢力控制之下，一旦把它爭取到手，羅馬人在高盧就將無立足的餘地。他自己雖然在凱撒手中得到過一些好處，但凱撒判給他的，本來就是他有最正當的理由得到的東西，而他對全國的自由，卻負有更大的責任。爲什麼愛杜依人要凱撒來決定有關他們本身權利和法律的事情，羅馬人的事情卻不由愛杜依人來決定呢？這些年輕人很快就被首領的這番話和賄賂勾引過去了，答應說，他們要做這個計畫的帶頭人。但他們不敢相信他們國裡的人馬上就能夠被冒然牽到戰爭中去，便開始探索一個實現這計畫的方法，決定把李坦維克古斯派做遣送到凱撒那邊去助戰的一萬軍隊的司令，由他率領著前去，他的兄弟提前一步先到凱撒那邊去。這計畫的其他部分該怎樣做，也擬定了辦法。

38 李坦維克古斯接過了軍隊，當他距離及爾哥維亞大約三十羅里時，他突然召集部下，哭著對他們說：「兵士們，我們在趕到哪裡去呢？所有我們的騎兵、所有我們的貴族，全都已經遇害了，我們國家的領袖厄樸理陶列克斯和維理度馬勒斯，也被羅馬人指控爲叛逆，沒有經過審問就處死了。你們可以從逃出這一場屠殺的人口中了解這件事情的真相。至於我，我的兄弟和所有的親戚都已經被殺，悲痛已經哽得我沒法再對大家訴說發生的事情了。」經他教導過應該怎麼說的那些人被領了出來，把李坦維克古斯已經講過的話，對大家又講了一遍，說愛杜依的許多騎兵，因爲被控跟阿浮爾尼人有往來，被處了死刑，他們自己全靠躲在大夥兵士中，才能從屠殺中逃出了性命。愛杜依人異口同聲嚷著要求李坦維克古斯爲大家的安全著想，出出主意。他叫著說：「難道事情就只要出出主意嗎？難道沒有極端的必要讓我們迅速趕到及爾哥維亞，去參加阿浮爾尼人一夥嗎？我們還相信羅馬人在犯下這樣的滔天罪行之後，不會正在趕來屠殺我們嗎？因此，假使我們還有三分志氣的話，就應該給那些死得最最冤枉的人報仇，殺死這些强盜！」一面說，他把那些因爲信賴他們的保護，跟著他們一起走的羅馬公民指給他們看，他搶劫了大量穀物和糧食，用慘酷的刑罰殺死了這些羅馬人。他派使者周歷愛杜依全境，用騎兵和領袖們遭到屠殺的謠言來煽動他們，嗾使他們也照他已經做的那樣來給自己報仇。

39 跟騎兵一起來的人中間，有由凱撒指名召喚來的那個叫厄樸理陶列克斯的愛杜依人，這是一個家世極顯貴、在他們國內勢力也極大的青年人，跟他一起來的還有那個維理度馬勒斯，年齡和勢力都和他相仿，就只家世比較差些，是經過狄維契阿古斯推薦，由凱撒把他從微賤中提拔到顯要的位置上去的。因爲爭奪領導地位，他們兩個人之間存在著爭執，在新近爲了選舉首領而發生的糾紛中，他們一個竭力支持孔維克多列塔維斯，一個竭力支持科得斯。這兩個人中的厄樸理陶列克斯，一聽到李坦維克古斯的計畫後，就在半夜裡把這事情報告給凱撒。他懇求凱撒千萬不要讓這個國家跟羅馬的友誼，被這些年輕人的陰謀葬送掉，但他預料到這種情況可能是會發生的，只要那成萬兵士一加入敵軍，他們的親戚免不了要關心他們的安全，國家便也不會當它無足輕重了。

40 由於凱撒往常對愛杜依人總是特別關懷，因此，這報告引起他極大的憂慮。他毫不猶豫地立刻把四個輕裝的軍團和全部騎兵，都從營寨裡領出來。這時，成敗關鍵全在於行動迅速，因而他連把營寨相應地縮小一些的時間都没有。他把副將該猶斯·費庇烏斯和兩個軍團留下來，作爲營寨的守衛，一面命令把李坦維克古斯的兄弟拘留起來，但發現他已在不久前逃到敵人那邊去了。他鼓勵士兵們說，這種行軍是迫於時機，萬不得已的，千萬不要因爲疲勞，感到苦惱。於是，在全軍極大的熱情之下，一口氣趕了二十五羅里路，到達看得見愛杜依軍隊的地方。他派騎兵迎上前去擋住敵軍，阻止他們前進，同時又禁止大家殺傷任何一個人。他還命令被對方認爲已經遇害的厄樸理陶列克斯和維理度馬勒斯在騎兵隊伍裡往來走動，並招呼他們自己國裡的人。當他們被認出來以後，李坦維克古斯的謊話馬上被拆穿，愛杜依人開始伸手作出投降的姿勢，並擲下自己的武器，請求饒恕。李坦維克古斯帶著自己的部屬逃到及爾哥維亞去了（高盧的習俗把部屬拋棄自己的主子視作罪惡，即使在完全絕望的時候也是如此）。

41 凱撒派使者到愛杜依邦去報告說：他本來可以根據戰時的權利把他們都殺死，由於他開恩，都已經保全了性命。然後，在夜裡給軍隊休息了三個刻時後，拔營向及爾哥維亞趕去。大約走到半路，費庇烏斯派來的一些騎兵，向他報告說：他們的處境非常危險。營寨正受到一支極其强大的敵軍圍攻，而且有源源而來的生力軍替換疲乏了的人，我軍士兵卻因爲不斷勞碌，困頓不堪。由於營寨的面積太大，士兵們不得不一刻不離開壁壘。他們說：許多人都被大量的箭和各式各樣投擲武器射傷，幸虧弩機在抵抗上面起了很大的作用。在敵人退走後，費庇烏斯除了留下兩個門外，已把其他的門都堵塞住，壁壘上也加上了胸牆，爲明天再發生同樣的事情作了準備。凱撒接到這報告後，便在軍士們極大的努力下，於日出前趕到營寨。

42 正當及爾哥維亞發生這些戰鬥時，愛杜依人接到李坦維克古斯派去的第一批使者的報告。他們簡直沒讓自己有查明真相的時間，有些人是受貪心的誘惑，又有些人是被憤怒和他們這個族所特有的輕率脾氣所激動，毫無根據的傳說也被當成事實。他們搶劫羅馬公民的商品，有些人遭到殺害，其餘的被拉去當了奴隸。孔維克多列塔維斯趁勢推波助瀾，煽動平民的怒氣，他認爲只要大家犯下罪，便會自己羞於回到清醒的道路上來。他們甚至以保證給予安全的諾言，欺騙一個正在趕回自己軍團途中的軍團指揮官馬古斯·阿里司幾烏斯，讓他離開卡皮隆弩姆鎮，同樣他們也逼著因經商而住在那邊的人這樣做，然後在路上不斷的攻擊他們，奪取了他們的全部行李，當他們動手自衛時，又對他們進行了一晝夜的圍攻。雙方都死了許多人之後，他們招來更大一批武裝部隊。

43 正在這時，消息傳來說：他們的全部軍隊，都已成爲凱撒手中的俘虜。他們馬上都趕到阿里司季烏斯跟前，向他保證說，這些計畫和行動都不是他們的國家授意做的。他們命令追查被劫去的財物，沒收了李坦維克古斯和他兄弟的財產，並派使者到凱撒那邊去爲自己洗刷罪名。他們這樣做，爲的是想把自己的親人弄回去。但是，罪惡已經沾污他們，從搶劫貨物中得到的好處——這事牽涉到很多人——也使他們迷了心，再加他們還怕受到懲罰，心中惴惴不安。於是他們開始偷偷地策劃戰爭，並派使者們到別的國家去煽動。雖然凱撒完全了解這一點，他仍然對他們的使者盡可能表示和藹，對他們說：老百姓的無知輕率，並沒使他對這個國家產生什麼看法，也沒有減少他本人對愛杜依邦的好感。他自己預料高盧即將發生一場比較嚴重的變亂，爲了不讓自己受到所有的國家包圍，他正在計畫怎樣才可以從及爾哥維亞退出去，重新集合全部軍隊，但又不致於讓這次因擔心叛亂而作出的撤退，被敵人當做是逃跑。

44 當他正在考慮這些事情時，一個一舉成功的機會似乎自己送上門來。他到那小營去視察工事時，注意到敵人所占領的一處山丘，前些日子還到處擁滿人，幾乎把它遮得無法觀察清楚，這時已經沒人守衛。他在驚奇之下，向逃亡來的人詢問原因——每天都有大批人逃亡前來——他們回答得完全一樣，和凱撒從自己的偵察人員那裡得到的報導也完全相符。他們說：那座山後面的山坡，差不多完全是平坦的，只是有很多樹木，又很狹隘，那邊有一條路可通到市鎮的另一邊。

他們說：高盧人十分擔心那地方，他們不怕別的，就只怕羅馬人已經占有這座山，如果再失掉那一座，他們就將陷入包圍，所有出路和採牧都被切斷，爲此，維欽及托列克斯把所有的人都召到那邊去築工事了。

45 聽到這報告時，凱撒就在剛過半夜時，派幾隊騎兵到那邊去，他命令他們到各處去馳驅奔走，故意比平時更加大聲地喧鬧。天明時，他又命令把大批運輸輜重的騾子從營裡趕出來，叫騾夫們去掉騾子身上的馱子，戴上頭盔，裝扮成騎兵的樣子，騎著它們故意很招搖地滿山遍野兜圈子。他還派少數騎兵混在他們一起，更廣泛地到處馳突，故意張大聲勢，讓別人看到，並叫他們在到處兜轉之後，全部到一個地方去集中。因爲及爾哥維亞是可以俯瞰我軍營寨的，這行動馬上就被鎮上老遠看到，但由於隔著這麼大的一段距離，無法看出眞相。他派一個軍團，也向那山脊走去，當它剛走了不多路時，又叫他們在一處低地停下來，躲進林中。高盧人的疑慮更爲增加，他們的所有兵力都轉到那地方去構築防禦工事。凱撒注意到敵人的營寨已經空虛，便命他的部下掩好軍中的表飾①，藏起連隊標誌，把士兵們分成一小隊一小隊的從大營移向小營，以避免鎮上人注意。他把他的意圖告知派到各軍團去擔任指揮的副將們，特別告誡他們要把自己的兵士控制在自己身邊，千萬別讓他們因爲熱中於戰鬥、或者貪圖戰利品，跑得太遠。他說明地形不利可能造成的困難，說：只有迅速才可以補救它，這不是一個如何戰鬥的問題，而是如何出其不意的問

①表飾（insigne）——指區別一個人身分的一切標記和裝飾，如百夫長盔上的羽毛飾物，士兵盾上的盾心花飾等。——譯者

題。在作了這樣的說明後，他發出行動的號令，同時派愛杜依人從右面另一條上坡的路奔上山去。

46 那市鎮的城牆距平地——也就是山坡開始隆起的地方——如以直線計，不算中間的彎曲，約爲一千步，但如果爲了減少上坡的困難而作一些迂迴，便不免要增加路程。大約從半山開始，高盧人用大石築起　道六羅尺高的長牆，盡可能隨著山勢伸展開去，以阻擋我軍的進攻。除山的下半部聽其空著外，上半部一直到市鎮的城牆，全布滿了他們的營寨，密密攢集在一起。號令一發出，軍士們很快跑近工事，越過了它，占領了三座營房。在占領營房時，他們的行動十分迅速，突然逮住了正在自己的營帳中午睡的尼幾阿布羅及斯的國王都托馬得斯，他光著上身，從搶奪戰利品的兵士們手中逃了出去，馬也受了傷。

47 達到自己的目的之後，凱撒下令吹起退軍的號子。這時伴隨著他的第十軍團立刻停止行動，但其餘軍團的士兵們，因爲中間隔著一個很大的山谷，聽不到軍號的聲音，雖然軍團指揮官和副將們都在按照凱撒的命令，竭力阻止他們，但是，迅速取勝的願望、敵人的奔逃、以及前一時期的順利戰鬥，都在激勵著他們，使他們認爲再沒什麼事情會困難到自己的勇氣不能克服的程度。他們一直不停步地追，直到靠近城牆和市鎮的門口才止。於是，市鎮裡到處都一片喊叫聲。那些離開較遠的人，被這種突然的叫喊聲嚇得驚惶失措，信以爲敵人已經進了城門，飛奔逃出市鎮。婦女們把衣服和銀器從城牆上擲下來，敞開胸，伸出手，探身出來，要求羅馬人饒過她們，不要像在阿凡歷古姆那樣，連婦女和兒童也不放過。有些婦女們手拉手吊下城牆，自動投向我軍士兵。第八軍團的一個百夫長盧契烏斯·費庇烏斯，據說那天曾在同夥中宣稱：他已經被在阿凡歷古姆獲得的戰利品打動了心，絕不讓任何人比他先爬上城牆。在他那一個連中找到三個人作爲夥伴，由他們把他抬起來爬上城牆，然後他又轉過來把他們三個人也一一拉了上去。

48 這時，前面所說的集中在市鎮另一面建築工事的那些高盧人，最先聽到喊聲，接著不斷傳來市鎮已經被羅馬人占領的消息。於是他們先派騎兵急急奔來，然後自己也大隊趕來這邊。首先趕到的人便搶著在城下站定下來，加入戰鬥人員的行列。在他們聚起了大批人之後，不久以前在城上向羅馬人伸手哀求的那些婦女，又開始懇求起他們自己的人來，並且按照高盧的風俗，露出亂蓬蓬的頭髮，把她們的孩子們也帶到大家眼前來。羅馬人在戰鬥中，無論就地勢還是就人數講，都不能跟敵人相比，他們還因飛速的奔跑和長時間的戰鬥而疲勞不堪，很難和新來的、精力充沛的人對抗。

49 凱撒看到戰鬥在不利的地形上進行，而且敵人的兵力在源源增加，不禁爲自己的部下擔憂，就派人到他留下來防守小營的副將季度斯·塞克司久斯那邊去，叫他迅速帶出幾個營來，布置在山腳下面敵人的右側。這樣，如果他看到我軍被驅逐下來，就可以防止敵人恣意追逐。他自己也帶著那個軍團，從停駐的地方略略推進了一些，等候戰鬥的結局。

50 戰鬥正在短兵相接，激烈地進行，敵人倚仗著地勢和人數，我們則憑仗著勇氣。突然，凱撒爲了分散敵人的兵力，命令從山坡右面另一條路上去的愛杜依人，在我軍暴露著的側翼出現。他們跟高盧人一式一樣的武裝，引起我軍極大的驚慌，雖然也曾注意到他們按照一般公認的記號把自己的右肩袒露著，但軍士們還不免懷疑這是敵人故意裝出來欺騙他們的。與此同時，那百夫長盧契烏斯·費庇烏斯和那些跟他一起爬上城牆的人，都被包圍殺死，從城上擲下來。同一軍團

及爾哥維亞戰役圖

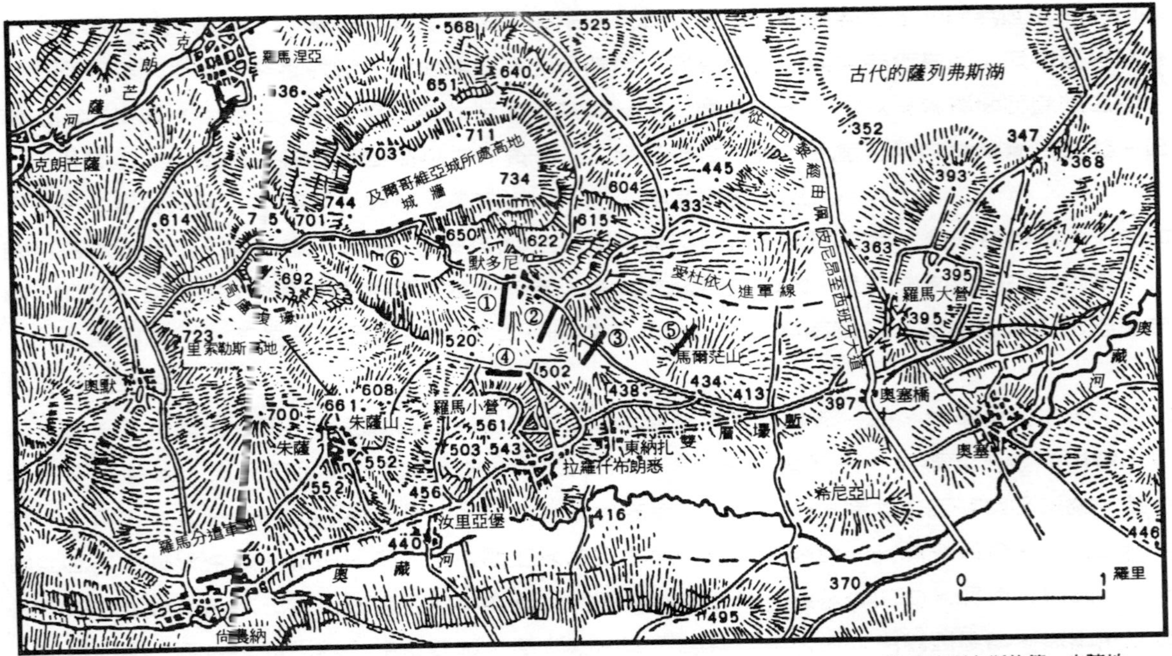

① 第十軍團的第一次陣地　② 第十軍團的第二次陣地　③ 第十軍團的第三次陣地　④ 塞克斯久斯的第一次陣地

⑤ 塞克斯久斯的第二次陣地　⑥ 六英尺高的城牆

本圖係根據洛布叢書複製，圖中高地上標明的數字是海拔公尺數。

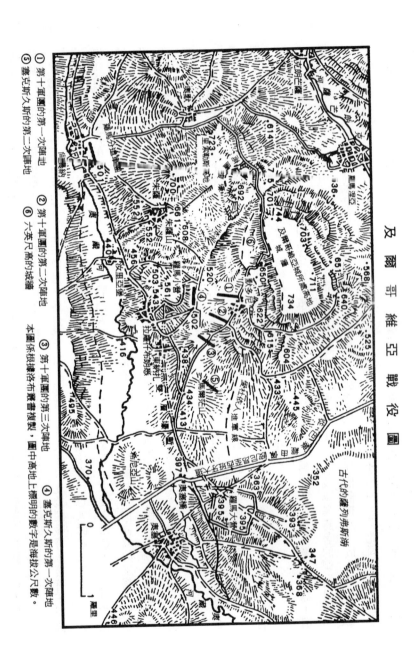

的一個百夫長馬古斯・彼得隆紐斯試圖砍開一道城門，但卻受到多數敵人圍攻，陷於絕境。雖然受了許多傷，他還是對他那一連的跟著他的人說：「既然我和你們不能一起脫身出去，我無論如何要保全你們這些因爲熱心博取光榮、卻被我帶進絕境來的人。一有機會，你們就各自設法保全自己吧！」說完這些，他衝入敵人叢中，殺死兩個人，把其餘的逼得從城門口後退了一段路。當他的部下企圖救他時，他說：「別浪費時間救我，我已經血枯力竭，不能再動了，趁還有機會，快走，回到軍團去吧！」一會兒後，他戰死了，但把部下都救了出來。

51 我軍各方面都受到重重的壓力，從那地方被驅逐出來，損失了四十六個百夫長。但駐在略較平坦的地方作爲聲援的第十軍團，卻阻止了高盧人的恣意窮追。這第十軍團又受到副將季度斯・塞克司久斯從小營帶出來的、占據地勢較高的地方的第十三軍團的一些營的接應。軍團一踏上平地，他們便把標誌掉過頭來，指向敵人，停下腳步，維欽及托列克斯帶著他的部下，從山腳回進工事裡去。那天我軍損失了將近七百名士兵。

52 次日，凱撒召集了一個會議，責怪兵士們的鹵莽和輕率任性，他們自己想前進便前進，想做什麼便做什麼，發了後退的號令也不停步，連軍團指揮官和副將們也約束不了他們。他指出地形不利所能引起的後果，提到當他在阿凡歷古姆突然趕上敵人既沒司令、也沒騎兵的時候，本來作過什麼打算，但就是因爲地形不利，爲了避免在戰鬥中遭到哪怕是極微小的損失，他寧可放棄了十拿九穩的勝利。儘管他很讚賞他們的巨大勇氣，營寨的工事也好，高山也好，市鎮的城牆也好，全都擋不住他們，但他也同樣要責怪他們的目無紀律和傲慢，自以爲在勝利上面，在戰鬥的結局上面，懂得比他們的統帥要多一些。他說：他要求他的士兵們有紀律、能自制，並不亞於要求他們勇往直前、熱情奔放。

53 凱撒舉行了這次集會，並且在結束談話時鼓勵士兵們，千萬別因爲這次事件就士氣沮喪，也不要把這次因爲地勢不利而造成的損失，歸之於敵人的勇敢。雖然他和前次一樣，有意離開當地，但他仍舊把軍團帶出營寨，在合適的地方擺下戰鬥的陣勢。維欽及托列克斯照常把軍隊閉守在工事裡，不下山到平地上來，只發生了一場小小的騎兵接觸，我軍占了上風之後，凱撒重把軍隊帶回營寨。次日又重複了這樣的一次戰鬥之後，他認爲已經足夠挫折高盧人的傲氣，鼓舞士兵們的鬥志，便移營進入愛杜依人境內。就這樣，敵人也沒來追趕，第三天，他重又修理了厄拉味爾河上的橋梁，把軍隊帶了過去。

54 他在那邊會見了愛杜依的維理度馬勒斯和厄樸理陶列克斯，從他們處知道李坦維克古斯已經帶著全部騎兵去煽動愛杜依人。他們說，他們必須搶在前面，趕去撫慰這個邦，使它保持忠誠。凱撒已經有很多證據可以證明愛杜依人的狡詐，還了解到這兩個人趕去，只能促使那個國家的叛亂爆發得更快些。但他還是決定不留他們，免得被人認爲是傷害了這個國家，或者被人家當成是害怕。在他們動身時，他把自己帶給愛杜依人的好處簡單地提醒他們，說明愛杜依人最初是在什麼樣的情況下、什麼樣的屈辱狀態之下遇見凱撒。那時，他們被逼困守在要塞中間、失去了土地、喪失了全部財富、身上被强加著貢賦，還被用極端侮辱的方式抽去了人質，他卻帶給了他們什麼樣的好運和什麼樣的繁盛，不僅使他們回復到原來狀態，而且在地位上、勢力上還超過了過去一切時代。談過這番話後，他遣走了他們。

55 諾維奧洞納姆是愛杜依人的一個市鎮，處在里傑爾河畔一個地勢很好的地點，凱撒把所有高盧的人質、糧食、公款、以及他自己和士兵們的大部分行李都集中在那裡。他還把爲了這次戰爭從義大利和西班牙買來的馬，大批放在那邊。當厄樸理陶列克斯和維理度馬勒斯趕到那邊時，知道了國家的情況，得悉李坦維克古斯已經被畢布拉克德——這是他們中間勢力最大的一個城市——的愛杜依人接納進去，他們的首領孔維克多列塔維斯和大部分長老，也都已經趕到他那邊去參加，還正式派使者到維欽及托列克斯那邊去尋求和平和友誼。這兩人認爲千萬不可失去這樣一個良好時機，因而，他們殺死守衛諾維奧洞納姆的部隊和集中在那邊貿易或正好路過的人，把錢財和馬匹兩個人分了，還設法把各國的人質都帶到在畢布拉克德的他們的首領那邊去。他們估計到沒法守住這個市鎮，便縱火把它燒掉，免得讓它被羅馬人去利用。凡是他們能立刻運走的糧食，通通都搬到船上，其餘的全部被投入河中或火中毀掉。他們自己開始從鄰近地區徵集軍隊，並且在沿里傑爾河岸各地布下駐軍和哨崗，爲了威脅羅馬人，他們又把騎兵派到各地去炫耀力量，希望能把羅馬人的糧食供應切斷，藉飢餓來拖垮他們，把他們逐回行省去。有一件事情大大助長了他們這種希望，原來里傑爾河已經在雪後漲了水，似乎所有的渡口都已經絕對渡不過去。

56 知道這事後，凱撒認爲自己必須趕快爭取時間，即或要冒些危險先造一頂橋梁也在所不計，一定要趁敵人還沒在那邊聚起大量人馬以前作一次決戰。他還感到自己絕不可以改變計畫，掉過頭來轉入行省，誰也不會認爲這是一件出於必要的事，一則這件事本身可恥丟臉，二則還得考慮到啓本那山的險阻和道路的困難，更何況他派出去分別行動的拉頻努斯和跟他在一起的軍團，特別使他刻刻掛念。因此，他就日夜不停、極迅速地趕了很長一段路程，出乎大家意料地到達里傑爾河，利用騎兵找到一處適合當時需要的渡口，恰好士兵們可以讓手臂和肩頭露出水面，舉著自己的武器過河。他把騎兵散開安置在河裡，藉以擋掉一部分水流的沖力，趁敵人剛一看到我軍，驚愕失措時，把我軍安然帶過河去。他在田野裡發現了穀物和大批牲畜，把這些物質補給了軍隊之後，他決定進入森農內斯人境內。

57 當凱撒在這方面做這些事情時，接頻努斯把新近從義大利來的補充兵員留在阿及定古姆守衛輜重，自己帶著四個軍團出發到盧德幾亞去，這是巴里西人的一個市鎮，坐落在塞廣納河中的一個島上。敵人得到他來臨的消息，馬上從鄰近各邦集合起一支大軍。最高指揮權被授給了奧來爾契人康慕洛勤納斯。雖然他已經年齡很大，但由於他有卓越的軍事知識，因此被授與了這個榮譽。他注意到那邊有一片連續不斷的沼澤流入塞廣納河，增加了這個地區地形上的困難，便決定把軍隊駐紮在那邊，阻止我軍渡過去。

58 拉頻努斯最初樹起盾車，用柴把和泥土填沒沼澤，試圖攔出一條路來。後來他發現這工程太艱巨，就在第三更悄悄離營，仍由來的那條路趕到梅鞠塞杜姆，這是森農內斯人的一個市鎮，跟我們剛提到過的盧德幾亞一樣，也坐落在塞廣納河的一個島上。在捕獲到五十艘左右船隻，把它們很快連結在一起之後，他把他的一些士兵迅速載在船上過河，趁鎮上的居民——他們已有很大一部分被召去參加戰爭——嚇呆了的時候，没經戰鬥就占領了該鎮。他修復了敵人前些日子拆毀的橋梁，把軍隊帶了過去，開始沿河下行，趕向盧德幾亞。敵人已由從梅鞠塞杜姆逃出去的人報告了這件事情，他們命令縱火燒掉盧德幾亞鎮，拆掉這個鎮上的那些橋，一面離開那沼澤，趕到塞廣納河邊，就在盧德幾亞對面朝著拉頻努斯的營寨安下營來。

59 這時，大家已聽到凱撒從及爾哥維亞撤退的消息。關於愛杜依人叛亂和高盧起事成功的傳說，也已經開始流布，高盧人在談話中一口咬定說，凱撒的行軍和渡過里傑爾河，已經遇到阻礙，糧食的缺乏，逼得他迅速退向行省。原先就心懷不良的俾洛瓦契人，一聽到愛杜依人叛亂的事情，就開始集中軍隊，公開準備戰爭。形勢變化得如此之大，使拉頻努斯認識到他必須採取一套跟原來的打算截然不同的做法，他就不再考慮怎樣獲得進一步的成就，或者怎樣挑動敵人出來應戰，開始計畫怎樣才能把軍隊安然無恙地帶回阿及定古姆去。這時，全高盧以最勇悍馳名的俾洛瓦契人緊迫著他的這一邊，康慕洛勤納斯又帶著一支準備齊全，部伍井然的大軍夾住他的另一邊，而軍團和它的輜重、以及守衛這些輜重的部隊，卻被一條巨大的河流橫貫在中間，分成兩處。突然面臨這些嚴重的困難，他了解到只有依靠自身的堅毅，才能脫身出去。

60 傍晚時候，他召集了一次作戰會議。他叮囑部下必須小心謹慎、幹勁十足地完成他所交給的任務。他把他從梅鞠塞杜姆帶來的船隻，分配給騎士們，各人一隻，命令他們在第一更末時，悄悄順流航下去四羅里，在那邊等他。他把他認爲作戰能力最差的五個營留下來，作爲營寨的守衛，命令這一軍團的其餘五個營帶著全部輜重，在半夜時大聲喧嚷著向河流的上游方向奔去。他又集中一些小船，跟他們同一方向前進，在鼓槳航行時故意弄得一片響聲。不久之後，他自己也帶著三個軍團悄悄離開營寨，朝著他命令船隻只航到那邊去的地方前進。

61 在他到達那邊時，敵人布滿河岸的哨崗，由於忽然發生一場暴風雨，在猝不及防中全都落在我軍手裡。軍團和騎兵很快就在負責此事的羅馬騎士指揮下，被送過河去。差不多就在同時，約摸天亮以前，敵人得到報告說：羅馬營中發出異常的喧嚷聲，而且有一支大軍正在沿著河流逆流而上，同一方面還聽到有划槳聲，河流下游不遠的地方又有軍隊正在由船隻渡送過河。當他們聽到這個時，他們認為軍團正在分三路過河，又認為這是因為愛杜依人叛變，引起了大家的恐慌，所以正在準備逃命。於是，他們也把自己的軍隊分成三支，一支留在拉頻努斯的營寨對面，作為守衛，一小支被派到梅鞠塞杜姆，直趨船隻即將到達的地方，其餘的由他們領著去對抗拉頻努斯。

62 剛天亮時，我軍已全部帶過河來，敵人的行列也開始看得清楚了。拉頻努斯鼓勵士兵們別忘記自己向來的勇敢，和在戰鬥中取得過的多次光輝勝利，要和經常領著他們擊潰敵人的凱撒親自在場看著他們一樣。於是，他發出戰鬥的號令。在第一個回合裡，第七軍團所處在的右翼，敵人被逐了回去，並且被擊潰，而第十二軍團防守的左翼，雖然第一列敵人被輕矛戳死倒下，其餘的仍舊非常勇敢地對抗著，沒有一個人露出要逃走的樣子。敵人的領袖康慕洛勤納斯親自在那邊鼓勵著他的部下，最後勝利直到這時還不見分曉。當第七軍團的軍團指揮官們得到關於左翼情況的報告時，他們帶著他們的軍團，在敵人的身後露面出來，向敵人發動攻擊。就這樣他們還是沒有一個人退縮，直到全部被包圍殲滅為止。康慕洛勤納斯也遭到同樣的命運。至於留在拉頻努斯營寨對面作為守衛的那支高盧部隊，一聽到戰鬥開始時，就趕來幫助他們的同胞，占領了一處小山，但卻擋不住已經獲勝的我軍的進攻，因而也就一起混到逃跑的人中間去了。凡是沒受到森林和山嶺掩蔽的，全都被騎兵殺死。拉頻努斯完成了這件事，回到存放全軍行李的阿及定古姆，又從那邊帶著全軍出發，在第三天到達凱撒那邊。

63 愛杜依人叛亂的消息一傳出去，戰爭的範圍就擴大起來。他們派代表到各方面去，凡是可以利用來拉攏煽動各國的手段，恩惠、權威、金錢等等，統統都用上了。在攫取了凱撒寄放在他們那邊的那些人質之後，他們就以處死這些人來恐嚇那些動搖的人。愛杜依人邀請維欽及托列克斯到他們這裡來，商談作戰的計畫。當他們的要求得到同意後，他們堅持要求把指揮作戰的最高大權交給他們，在這件事情上發生了爭論。於是在畢布拉克德召開了一個全高盧的大會，許多人都從各地趕來，集中到那邊。這問題被提交給大家表決，全體一致同意由維欽及托列克斯擔任統帥。其中只雷米人、林恭內斯人和德來維里人沒參加會議。前兩個邦是因爲考慮到跟羅馬人的友誼；德來維里人則因爲離開太遠，而且自己正在受到日耳曼人的沉重壓力，這就是他們所以没有參加戰爭，也没派人幫助任何一方的原因。愛杜依人被奪走了領導權，大爲懊喪，抱怨自己背運，還失掉了凱撒對他們的關懷愛護。但由於已經參加了戰爭，不敢再背著其餘各邦單獨作自己的打算。至於年輕而又野心勃勃的厄樸理陶列克斯和維理度馬勒斯，則更是萬分無奈地聽命於維欽及托列克斯。

64 維欽及托列克斯向別的國家索取人質，還指定了具體的交到日期。又命令把數達一萬五千名的全部騎兵，很快集中起來。他說：他本來不想試運氣，也不想面對面作一次正式決戰，原先有的步兵，已經可以滿足了，但如果有足夠的騎兵，就可以很容易地阻止羅馬人取得糧食和草料。他還說：只要他們肯下定決心毁掉自己的穀物，燒掉自己的房子，這些家財的損失，將使他們換來永久的主權和自由。他作了這些安排後，向愛杜依人和毗連行省的塞古西阿維人索取一萬兵士，外加八百騎兵，把厄樸理陶列克斯的兄弟派做他們的指揮，命他們去跟阿羅布洛及斯人作戰。另一方面，他又派伽巴里人和靠近他們的幾個阿浮爾尼人的地區去跟厄爾維人作戰。同樣，他派盧登尼人、卡杜爾契人去蹂躪沃爾卡族的阿雷科米契人的領土。同時他還企圖通過祕密的信使和代表，把阿羅布洛及斯人拉攏過去，極希望他們在最近那次戰爭之後①，激動的心情仍還沒安定下來。他答應送錢給他們的領袖，又答應把整個行省都給他們的國家。

65 可以應付這一切事變的駐防部隊，一共只有副將盧契烏斯·凱撒從全省集中起來的二十二個營。厄爾維人自告奮勇地跟他們的鄰人作戰，卻被擊敗了。這個邦的首領卡布勒斯的兒子該猶斯·瓦雷留斯·堂諾道勒斯，跟別的一些人都戰死，被迫撤進自己的要塞和城堡。阿羅布洛及斯人沿著羅唐納斯河絡繹不絕地布置下大量哨崗，極小心、極辛勞地保衛著自己的邊界。凱撒注意到敵人在騎兵數目上占有優勢，而他自己則由於所有的交通線都被切斷，沒有辦法從行省和義大利得到援助，就派人渡過萊茵河到日耳曼去，向前年戰爭中被他征服的那些國家索取騎兵和習於跟騎兵一起作戰的輕裝步兵。在他們到達時，他發現他們用的馬不合適。他命令把軍團指揮官和其餘的羅馬騎士、以及留用老兵②的馬都拿出來，把它們分給日耳曼人。

66 同時，這些事情正在進行時，敵人從阿浮爾尼來的步兵和從全高盧各地徵集來的騎兵正在集中。當凱撒在向塞廣尼進軍時，為了支援行省比較方便些，特地從林恭內斯人領土的邊緣穿

①指公元前六一年的那次阿羅布洛及斯人起義。羅馬的奈波行省，主要就是侵奪他們的土地，已見卷一第六節注。——譯者

②留用老兵（evocatus）——服役期滿本來可以退役的老兵，應長官的邀請或自己申請仍留在軍中服役的志願人員，他們大都免除了日常的打掃、值班等工作，專門擔任教練、工程技術指導或長官的警衛等職務，薪金和待遇都尚於普通士兵，成為軍團中僅次於百夫長的一個特殊的等級。——譯者

過。維欽及托列克斯把部隊大量集合起來以後，在距羅馬人約十羅里處，築下三座營寨。他召集騎兵指揮官們舉行一次會議，向他們指出：勝利的時刻已經到來，羅馬人正在離開高盧逃向行省。照他的看法，如果只想取得一時的自由，這樣也夠了，但如爲將來的太平和安寧著想，那還只是一個非常小的成就，因爲羅馬人在集合起一支大軍之後，必然還會回來跟我們戰個不完的。因此高盧人必須趁他們進軍途中、輜重累贅的時候，攻打他們。這樣一來，如果步兵趕回來救自己人，就不能再趕路；反之，如果他們只顧自己的安全，拋棄行李——他相信他們大概要這樣做——他們就不僅光損失了必需的物資，而且連自己的名譽也一下子一起失掉。至於敵人的騎兵，他們自己應該相信，絕沒有一個人哪怕敢離開行列跑出來的。爲了使他們可以更加放心大膽行動，他準備把他們的全部兵力都陳列在營前，威懾敵人。騎兵們齊聲大喊說：他們都應當用最最莊嚴的誓言來約束自己，任何一個人，如果沒有兩次馳馬穿過敵人的行列，便不准被接近自己的屋子，也不准接近孩子、父母和妻子。

67 這件事獲得贊同，所有的人都宣了誓。翌日，騎兵被分做三支，兩支列好陣勢，擺在兩側示威，一支開始攔在頭裡，截阻我軍的行列。凱撒接到報告時，把他的騎兵也同樣分成三支，命令他們前去抵抗敵人。戰鬥同時在各處展開，行列停了下來，輜重也被拉回到軍團中間。當發現有什麼地方我軍似乎支持不住，或者壓力較重時，凱撒就命令把標誌移向那邊，陣勢也轉過去，這樣一來，不僅阻止了敵人的追逐，也使我軍因爲有救援的希望而得到鼓勵。最後，右翼的日耳曼人占領了一個山頭，把敵人驅逐下來，一直追到維欽及托列克斯和他的步兵駐紮的河邊，殺死很多人。其餘的人看到這事，害怕他們會受到包圍，便紛紛逃散。我軍到處都大肆斬殺。三個有顯赫地位的愛杜依人被俘虜，送到凱撒這邊，一個是在最近這次選舉中和孔維克多列塔維斯發生爭執的科得斯，是騎兵指揮；一個是卡伐里勒斯，是在李坦維克古斯叛亂之後，指揮軍隊中的步兵的；還有一個是厄樸理陶列克斯，在凱撒沒到來以前，愛杜依人跟塞廣尼人的戰爭就是由他領導的。①

68 當所有騎兵都被驅散時，維欽及托列克斯把他的軍隊仍舊按照在營門口布列的次序領了回去，立刻開始出發到孟杜皮人的一個市鎮阿來西亞去，並命令迅速把輜重從營裡帶出來，緊跟著他。凱撒把自己的輜重撤到就近的一座山地，留下兩個軍團守衛之後，緊緊釘住他，盡這天餘下來的時間向前追去。敵人的後隊約有三千人被殲。次日，他靠近阿來西亞安下營寨，觀察了那邊的地形。這時敵人由於他們十分信賴的騎兵被擊潰了，非常驚恐。凱撒鼓勵自己的士兵積極勞動，用一道圍牆來包圍阿來西亞。

69 阿來西亞這個要塞本身建立在一座山頂上，地勢非常高峻，因此看來除了圍困以外，沒別的法子可以攻取。那座山的腳下，有兩面分別受到兩條河流的沖刷，市鎮前方伸出一片長達三羅里的平原，其餘幾面，在相距不很遠的地方，都有山嶺環境著，高度跟市鎮相仿，城牆下面和山嶺朝著東方的那一面，隙地上滿布著高盧軍隊，並在正前方築有一條壕塹和一道六羅尺高的護牆。羅馬人開始著手建築的包圍工事，周圍長達十一羅里，他們的營寨安紮在一個地形很有利的所在，而且在那邊建了二十三座碉堡，白天在裡面安置了哨兵，以防突然的突圍，晚上則駐紮了

①厄樸理陶列克斯——這是另一個人，只此一見，跟上下文的厄樸理陶列克斯不是同一個人。——譯者

監視哨崗和堅强的警衛。

70 當圍城的工事開始動手時，在我們前面所說的夾在山嶺中間的那片伸長達三羅里的平原上，發生了騎兵接觸，雙方都極奮勇地搏鬥著。凱撒看到我軍漸漸支持不住，就把日耳曼騎兵派了出去，又把軍團布置在營前，以防敵人步兵突然衝擊。我軍因爲有軍團在身後支援，精神突然振作起來，敵人被趕了回去，但他們的人數太多，留下來的出入口又極狹小，在那邊彼此擠成一團，於是日耳曼人奮勇一直追到防禦工事邊，放手屠殺。有些敵人放棄了馬，企圖越過壕塹爬上城去。凱撒下令布置在壁壘前的軍團稍稍向前推進，高盧人在工事裡的，便也和其他人一樣地亂成一片，認爲敵人正在直向著他們殺來，連聲叫「武裝起來」，有些還嚇得衝進了市鎮。維欽及托列克斯下令閉起城門，以免營寨被大家棄置不顧。日耳曼人在殺掉大批敵人、捕獲大批馬匹以後，才退下來。

71 這時，維欽及托列克斯決定在羅馬人完成封鎖工事之前，先把他的全部騎兵遣走。在臨行時，他告誡他們：各人都須回到自己國裡去，促使所有年齡已夠服兵役的人，起來參戰。他把自己替他們立下的功績，擺了一下，要求他們顧念他的安全，不要把一個爲共同的自由作出這麼多貢獻的人，送給敵人去殘害。他又向他們指出：如果他們真的不加重視，八萬名精選出來的壯士，就將和他們一同犧牲。還說：經過計算，他只有勉强夠用三十天的糧食，但是，如果能夠節省些使用，還可以希望多拖延幾天。給了這些指示以後，他在第二更時，遣這些騎兵從我軍的工事還留著缺口的地方，悄悄溜走。他下令把所有的穀物都運到他這裡來，規定用死刑來處罰任何違抗命令的人。孟杜皮人曾經把大量家畜驅到那邊去集中，也被一一按人作了分配。他規定糧食要極省儉地一點一點發放出去，又把布置在城前的所有兵力都調進城內。

72 凱撒由逃亡者和俘虜告知這事，決定建築下列形式的工事：他挖了一條二十羅尺寬的溝，兩邊垂直，即它的底部兩邊之間和頂上兩邊之間寬度是一樣的。他把所有其他的圍困工事都撤到距離這條溝四百羅步之後，因爲他既不得不把這麼大的一片地方包圍在裡面，卻又沒有這麼多的兵力把它團團守住，這樣一來，就可以避免夜間大股敵人突然撲向工事，或者白天向我軍正在忙於工作的部隊發射矢石。就在這段中間地帶，他又挖了兩條壕溝，頂上和底下都是十五羅尺闊，靠近裡面的一條，地形比較平坦低下，他把河裡的水引來灌在裡面。這兩條溝後面，他又築了一道十二羅尺高的防堤和壁壘，上面再加上胸牆和雉堞，胸牆和防堤銜接的地方，向外斜列著像鹿角似的削尖的木樁，用來防止敵人向上爬。此外，環繞著整個工事，他又每隔八十羅尺築一座木塔。

73 這時，一方面要搬運木材，準備糧食，一方面又要築這麼長大的防禦工事，我軍士卒必然要走到離開營寨較遠的地方去，數目上便不能不有所減少。高盧人不時用很大的兵力從城牆的幾道門裡同時突圍出來，攻擊我軍的工程。因此，凱撒認爲應當在這些工事之外，再適當的增加一些工事，使這道防線可以由更少的兵力防守。因而，採伐了許多樹幹和堅韌的樹枝，把樹枝頂端的皮剝去以後再削尖，在挖掘了一道五羅尺深的連亙不斷的溝之後，把這些木樁直立著排在溝內，把它們的底部釘牢，使人無法拔掉它，只有樹幹的尖端伸出在地面上。它們一共有五行，一層一層地連在一起，互相銜接，又互相穿插，任何人衝進它們，必然會使自己被這些極尖銳的木樁戳穿。他們把這叫做「陰陽界」①。在這前面，又挖有像梅花形似的斜對角的坑②，深三羅尺，逐漸向坑底收縮傾斜。裡面安放著人腿粗細的圓木樁，頂上削尖，且用火燻硬，有一部分伸出地面，高度不超過四指寬。同時爲了使它們堅韌和牢固起見，在它們底下墊有一羅尺厚踩得很結實的土。坑的其餘部分放著樹枝和柴草，用來掩蓋這個圈套。一共挖了八行這樣的坑穴，相距各三羅尺。根據它們的外形，他們稱之謂「百合花」。在所有這些工程前面，又有一羅尺長的木材，頂上釘著堅固的鐵鈎，彼此相隔不遠地整個埋在土中，布滿各地，他們叫它做「踢馬刺」。

74 當所有這些設施都完工後，凱撒又依著當地的地形，盡可能選擇便利的自然條件，照式照樣又造了一道周圍十四羅里的工事，面向著另一邊，以防從外面來的敵人。這樣，即使由於敵人騎兵突圍出去，從而可能有敵人從外面來攻擊，不管他們人數有多少，都不能把我軍守衛工事的部隊圍困。同時，爲了避免被迫冒險出營，他又命令所有部下都收集足夠三十天用的糧食和草料。

75 當這些事情在阿來西亞進行時，高盧人召集了一個首領們的會議，決定不依照維欽及托列克斯建議的那樣，把所有能參戰的人都徵集起來，只向每一個國家索取一定數目的人員。因爲他們害怕集中起一支十分龐雜的大軍以後，紀律無法保持，部屬無從識別，再加糧食也供應不上。他們向愛杜依人和他們的屬邦塞古西阿維人、守皮瓦來幾人、奧來爾契人、勃朗諾維契人和布冷諾維人，索取三萬五千人；向阿浮爾尼人和一向歸他們管轄的厄呂德幾人、卡杜爾契人、伽巴里

---

①陰陽界——原文Cippus，既可釋作界碑，又可釋作墓碑，士兵們藉此雙關語來開玩笑。——譯者

②梅花形——原文是quincunx，指骰子上五點的圖樣（⁙）。——譯者。

人和味拉維人，一共也要了這樣一個數目；向塞廣尼人、森農內斯人、別都里及斯人、桑東尼人、盧登尼人和卡爾弩德斯人，各索了一萬二千人；向俾洛瓦契人討了一萬人，向雷穆維契斯人也討了這個數目；又向庇克東內斯人、都龍耐斯人、巴里西人和厄爾維幾人各討了八千人；向蘇威西翁內斯人、阿姆比安尼人、梅狄阿麥特里契人、彼得洛科里人、納爾維人、莫里尼人和尼幾阿布羅及斯人各討五千人，奧來爾契族的欽諾孟尼人數目跟他們一樣；向阿德來巴得斯人討了四千人；向維略卡薩斯人、維洛孟都依人、安得斯人和奧來爾契族的厄布洛維契人各討三千人；向勞拉契人和波依人各討二千；又向沿大洋各國，即通常稱做阿莫列克諸邦的，討了一萬人，他們中間包括古里阿沙立太人、雷東內斯人、安皮巴利人、卡來幾人、奧西絲米人、文內幾人、勒克索維人和文內里人。其中俾洛瓦契人沒有交出他們的名額，因爲他們聲稱：他們寧可自己和羅馬人作戰，自己作主，不願受任何別人領導。當康繆斯出面向他們索取時，他們看在他的私人情面上，派出了二千人。

76 這個康繆斯，正如我們前面所說，在前年遠征不列顛時，曾經忠實地、得力地替凱撒效過勞，因爲他的這些功績，凱撒命令免掉他的國家的貢賦，還給他恢復了自己的權利和法律，並把莫里尼邦給他們做納貢的屬邦。但高盧人在爭取自由、恢復舊日的英勇善戰的聲名這件事上，是那麼齊心，竟至無論什麼樣的恩惠、無論什麼樣的友誼，都不能影響他們，所有的人都全心全力地投到目前的戰爭中去。當八千騎兵和二十五萬步兵徵集起來以後，在愛杜依境內作了檢閱，並進行了一番清點，任命了騎兵指揮官。最高的領導大權被授給了阿德來巴得人康繆斯、愛杜依人維理度馬勒斯和厄樸理陶列克斯、以及維欽及托列克斯的一個表兄弟阿浮爾尼人維爾卡西味朗納斯。他們還給配備了一批從各國選出來的代表，根據這些人的出謀獻策來進行戰爭。他們出發到阿來西亞去時，人人都生氣勃勃，信心十足，沒有一個人不認爲只要看到這麼一大批人，就足以嚇退任何敵人，特別是在一場兩面受敵的戰鬥中，既要和市鎮中突圍出來的人作戰，外圍又將出現這麼大的一支騎兵和步兵的時候。

77 然而，當被包圍在阿來西亞的高盧人預期救兵將到的那一天過去時，他們的糧食已全部耗光，又不知道在愛依杜發生的事情，他們召集了一個作戰會議，考慮自己的前途。他們在會上提出各種各樣的不同意見。一部分人主張投降，另外一部分人主張趁體力還夠的時候突圍，但最最殘忍得出奇、傷天害理到極點的，莫過於克里多耶得斯的一番話，頗值得一述。他出身於高貴的阿浮爾尼家族，被認爲有很大的勢力。他說：「對於那些把最可恥的奴隸生活叫做投降的人，他們的意見，我不想多說什麼。我認爲他們不應該被當做同胞，也不應該請他們來參加會議。我是站在那些主張突圍的人一邊的，他們那個得到你們一致贊同的計畫，似乎還保留著對昔年英勇善戰的一些回憶。不能忍受短時期的匱乏，正是你們的軟弱，而不是你們的勇敢，慷慨就義的人總要比忍耐受苦的人容易找到些。正因爲對我來說，榮譽是一種很大的動力，所以，如果我能預見到，除了我們的生命之外不致再損失別的，我就會同意他們的計畫。但是，我們在作決定時，還該回過頭來看看整個高盧。爲了求救，我們已經把它全發動起來。你們想，當有八萬人在一塊兒被屠殺，而我們的親戚朋友們，又將被迫幾乎就要踏在他們的屍體上進行決戰時，他們將鼓起什麼樣的勇氣來吧！千萬不要讓這些爲了你們的安全而不顧自己生死的人，失掉你們的援助；也別因爲你們的愚昧、輕率和意志軟弱，害得全高盧爬在地上，世世代代當奴隸。難道你們只因爲他們至今未到，就懷疑他們的忠誠和他們的決心嗎？難道你們以爲羅馬人天天忙著造外層的壕塹，只是爲了尋開心嗎？假使因爲路都被切斷了，你們得不到朋友們那邊來的信使你們增强信心，那麼只要看那些羅馬人就可以證明他們是愈來愈近了，正是由於害怕他們，羅馬人才忙著日以繼夜地築工事的。我的建議是什麼呢？我要求照我們的祖先跟欽布里人和條頓人戰爭時的樣子做，雖然那次戰爭絕不足以和這次相比，但當時，他們在同樣的飢餓壓力之下，閉守在市鎮裡，就以那些年齡不適於作戰的人的屍體維持生命，絕不向敵人投降。即使我們沒有這樣一個先例，爲了爭取自由，給後世樹立這樣一個先例，我也不得不認爲這是一件極端光榮的事情。那次戰爭有什麼地方跟這次相像呢？欽布里人破壞了全高盧，給我們帶來了極大的災難，但他們終於離開我們的國家，去找尋別的領土，把我們的主權、法律、土地和自由還給了我們。至於羅馬人，他們再也沒有別的動機和要求，只是被妒忌推動著，在那些他們素知其聲名烜赫、作戰勇敢的人的國土上住下來，把萬劫不復的奴役加在他們頭上，此外再沒什麼別的作戰原因。如果你們不知道老遠在別的民族發生的事情，且看看近在身邊的高盧吧，它已被降爲行省，權利和法律全被改掉，被迫在斧頭下過著世世代代的奴隸生活了。」

78 當各種意見都發表了之後，他們決定凡是健康和年齡不適於作戰的人，都應該離開市鎮，克里多耶得斯的建議留待一切辦法都試盡之後才行採用，如果形勢進一步緊迫，而援軍卻還不來，便寧可採取他的建議，絕不屈辱投降或求和。把這些人接納進自己市鎮的孟杜皮人，被迫帶著婦女和孩子離開它。當他們走到羅馬人的防線時，他們哭哭啼啼說了許許多多懇求的話，要求收留他們下來做奴隸，給他們吃的。凱撒在壁壘上安置了哨崗，阻止他們進來。

79 同時，康繆斯和接受了最高指揮權的其他領袖們，帶著全部兵力到達阿來西亞，占領了外國的一個山頭後，便在離我軍壕塹不過一羅里的地方駐紮下來。次日，把他們的騎兵帶出營寨，布滿了我們已經提到過的伸長三羅里的那片平原，又把他們的步兵安置在比他們稍後一點的一個較高的地方。從阿來西亞鎮上可以俯瞰這片平原，一眼看到這些援軍時，他們聚攏來彼此互相慶賀，每個人又快樂、又激動。於是，他們也把軍隊帶出來停駐在鎮前，把離他們最近的壕塹，用柴把填沒，並投入泥土，爲突圍和一切偶然事故作下準備。

80 凱撒把全部軍隊分別布置在工事的兩面，以便一旦發生事故時，各人都能知道自己的崗位，並且能夠堅守崗位。然後，他命令把騎兵帶出營寨作戰。因爲營寨都處在周圍的山頭上，到處可以俯瞰下方，所有的士兵都焦急地等待著戰鬥的結局。高盧人在騎兵中間分散地插進一些弓箭手和輕裝步兵，以便在他們的騎兵被趕回去時給予援助，防止我軍騎兵衝擊。我軍中一部分人便出於意外地被他們殺傷，退出戰鬥。當高盧人相信他們自己人在戰鬥中已經取得上風，而且看到我軍受到多數人的壓力時，所有各部分，無論被圍在工事裡的還是外面來援助的，都用他們的呼喊和吼叫來鼓舞自己同胞的鬥志。由於戰鬥是在衆目睽睽之下進行的，不論光榮的行爲還是可恥的行爲，一樣地逃不開大家的注意，彼此都爲了博取讚揚和避免丟臉而鼓起勇氣。戰鬥從中午一直拖到日落，勝利還不知誰屬。於是，我軍中的日耳曼人在戰場的一邊，把騎兵密集在一起，向敵人進攻，擊潰了他們。當他們被驅散時，那些弓箭手也被包圍殲滅。同樣，在戰場的另外一部分，我軍也追趕撤退下去的敵軍，直抵他們的營寨，不令他們有重新集中的機會。從阿來西亞鎮上出來的那些人，看到勝利已經無望，重又退回鎮中。

81 隔一天之後——這一天裡，高盧人製造了大量木柵、梯子、撓鈎——他們在半夜裡悄悄離開營寨，趕到平原上的工事邊，突然發出一片喊叫聲，向被圍困在鎮中的人示意他們來了之後，就開始把木柵投入壕塹，用投石、箭和石塊把我軍逐下壁壘，一面準備其它一切攻擊用的東西。同時，一聽到他們的叫喊聲時，我軍仍像前天一樣，各人都趕到工事站到指定給自己的位置上，用一磅重的投石，以及在工事上準備好的木樁、鉛球，驅走高盧人，弩機也發射了大量矢矛。由於黑夜無法遠望，所以雙方都傷了許多人。於是，奉命坐鎮這一帶地方的副將馬古斯·安東尼和該猶斯·德來朋紐斯發現哪一個地方我軍受到的壓力比較沉重時，就把距離較遠的碉堡中的兵士調出來支援他們。

82 當高盧人離開壕塹還有一段距離的時候，因爲有他們的大量矢石掩護，比較能占據上風，但一到他們靠近的時候，不知不覺便被踢馬刺鈎牢，或者掉入穴中被尖樁刺穿，再不然就被壁壘和木塔上的弩機射中，因而死亡者累累，到處都有許多人受傷，壕塹卻一個地方也沒被突破。在天快亮時，他們深恐自己暴露著的側翼，會被從高處營中出來突擊的我軍包圍，因此便向他們的同胞們那邊退去。同時，市鎮裡出來的軍隊，帶著維欽及托列克斯準備好突圍用的東西，動手填沒最裡面的一層壕塹，但他們在這項工作上時間拖得太久了，在還沒靠近工事時就知道他們的援軍已經退走，於是也一事無成地退入鎮內。

83 高盧人兩次被擊退，損失慘重，就商議該怎麼辦?他們召來了對那一帶地形十分熟悉的人，從他們口中捽知了高處那個營寨的形勢和防禦工事。在那邊北面，有一座山，由於它的周圍太大，我軍沒能把它圈進我們的工事，只勉强把營寨紮在比較平坦、但地勢卻很不利的坡面上。

這營寨由副將該猶斯・安幾司久斯・雷琴納斯和該猶斯・坎寧紐斯・雷比勒斯率領兩個軍團守衛著。通過偵察人員探清形勢後，敵人的領袖們從全軍以最勇敢聞名的各族中選出六萬人來。他們在祕密商定應該做些什麼和怎樣做後，決定在約摸近中午的時候發動進攻。他們指定由四個領袖之一、阿浮爾尼人維爾卡西味朗納斯——維欽及托列克斯的親戚——擔任這支部隊的指揮。他在第一更時離開營寨，在天還剛亮時就幾乎趕完全部路程，隱藏在山嶺後面，給通宵奔波的士兵們略事休息。在約摸近中午時，他很快向前述的營寨推進，騎兵們同時開始逼近平原上的工事，其餘的軍隊都布列在營前，以張聲勢。

84 當維欽及托列克斯在市鎮中的衛城上注意到他們同胞的行動後，也帶著木柵、長桿、盾車、長鉤，以及一切準備突圍用的東西，趕出鎮來。戰鬥一霎那間在各處同時展開，各種手段都在嘗試，而且什麼地方看來最脆弱，人們便都集中湧向那邊去。羅馬士兵分散在這樣長的工事上，有好多地方感到難於應付。士兵們聽到背後發出的喊聲，心裡就不免惶恐不安，覺得自己的安全竟須完全依靠別人的勇敢了。因爲在通常的情況之下，在別處的危險，常常比眼前的更使人心慌意亂。

85 凱撒找到一個合適的地點，在這裡可以觀察到每個地方的情況，他一發現什麼地方我軍吃緊，就派援軍過去。雙方心裡都覺得這是作出最後努力的唯一機會，高盧人認爲除非突破工事，否則一切脫身的希望都告斷絕了，羅馬人也認爲只要這一天能守得住，所有的辛勞都從此可告結束。最艱苦的鬥爭發生在山上的工事邊，即我們提到過的那個維爾卡西味朗納斯被派去的地方。那地方不利的下坡地形卻產生了極大的影響。敵人有的發射矢石，有的在盾龜掩護下向前推進。

疲勞的人馬上有生力軍來替換。所有這些人合力向壕塹投過來的泥土，給高盧人造成一條向上爬的通道，羅馬人埋在地下的設備全被蓋没，我軍這時既没有了武器，體力也支持不住了。

86 凱撒得知此事，派拉頻努斯帶六個營來援助這些苦苦支撐的人。凱撒命令他如果實在堅持不下去時，可以帶這幾個營突圍衝出來，但如果没有必要，就不應該這樣做。他自己跑到其餘的部隊那邊去，鼓勵他們不要看到艱難畏縮，告訴他們，所有過去的一切戰鬥，都要在這一天和這一個時辰裡決定最後分曉。包圍在裡層的敵人，因爲我們的工事巨大，感到在平地已經没有成功的希望，就去試探那些陡拔的地方，帶著他們準備好的用具，奔向那邊去。他們用大量的矢石，驅走木塔中的守衛部隊，以泥土和木栅填没壕塹，並用撓鈎拉倒壁壘和胸牆。

87 爲了接應他們，凱撒先派年輕的布魯圖斯帶去幾個營，後來又派副將該猶斯·費庇烏斯帶去另外幾個營，最後，當戰鬥進行得非常激烈時，他親自帶了生力軍趕到那邊。戰鬥重新恢復起來，敵人被驅了回去。凱撒又急急趕向拉頻努斯被派去的地方。他從離他最近的碉堡中抽出四個營，還命令騎兵的一部分跟隨著他，另外一部分繞道走工事的外圍，從敵人的後方向他們進攻。拉頻努斯發現無論壁壘還是壕塹，都擋不住敵人的衝擊，便把從最近的幾個據點裡抽出來的、湊巧在那裡的十個營集中起來，一面派使者把自己認爲應該做的事情去報告凱撒。凱撒也匆匆趕去參加戰鬥。

88 凱撒的到來是從他的罩袍的顏色上辨認出來的①，他習慣在戰鬥中穿著它，作爲特殊的標

---

①凱撒此時披的大約是羅馬統帥專用的一種叫做paludamentum的披風，係用一塊方形的厚羊毛織品製成，染

記。奉命跟著他的幾隊騎兵和那幾個營也被注意到了，因爲斜坡和低平的地方，在高處是一目了然的，因而敵人馬上發動了攻擊。雙方都發出一片喊聲，這陣喊聲又被壁壘上和整個壕塹裡的戰士接著回應下去。我軍擲出他們的矛，開始用劍揮砍。突然後方的騎兵被看到了，別的一些營也在逐漸逼上來，敵人轉身便逃，騎兵在他們奔跑中追上他們，接著便是一陣屠殺。雷穆維契斯人的首領塞杜留斯被殺，阿浮爾尼人維爾卡西味朗納斯在逃走中被生俘，擄來交給凱撒的軍旗達七十四面之多。大批敵人中只有少數人無恙回到營中。那些在鎮上遙望著他們的同胞被屠殺和擊潰的人，感到安全已經絕望，便把他們的部隊從防禦工事上撤了回去。高盧人一聽到剛才發生的情況，馬上從營寨裡四散逃走。要不是由於部隊不斷的接應和全天的辛勞，因而筋疲力盡，敵人的全部軍隊都可能被殲滅。騎兵在剛半夜時被派出去，掩襲他們的後隊，擒獲和殺死大批敵人，其餘的都飛奔逃回各人自己的國裡。

89 次日，維欽及托列克斯召集一個會議，在這會上，他指出：他之所以進行這次戰爭，不是爲了自己本人的需要，而是爲了大家的自由。既然他們不得不向命運屈服，他願把自己交給他們，任憑他們怎樣處理——以他的死亡來滿足羅馬人也好，或者把他活著交出去也好。使者被派到凱撒那邊去談判這件事。凱撒命令他們交出武器，並且把首領們送出去。他自己在營寨前面的

成白色或紫色，從脖子上圍起，拖到膝蓋，上面兩隻角搭在右肩上，用一隻別針扣住，右臂露在外面。因爲它的顏色太顯目，所以在真正臨陣時，一般都避免穿著，但凱撒因爲一向潑辣大膽，即使在前線也穿著它，因而士兵能憑他衣服的顏色辨認出他。——譯者

阿 萊 西 亞 戰 役 圖

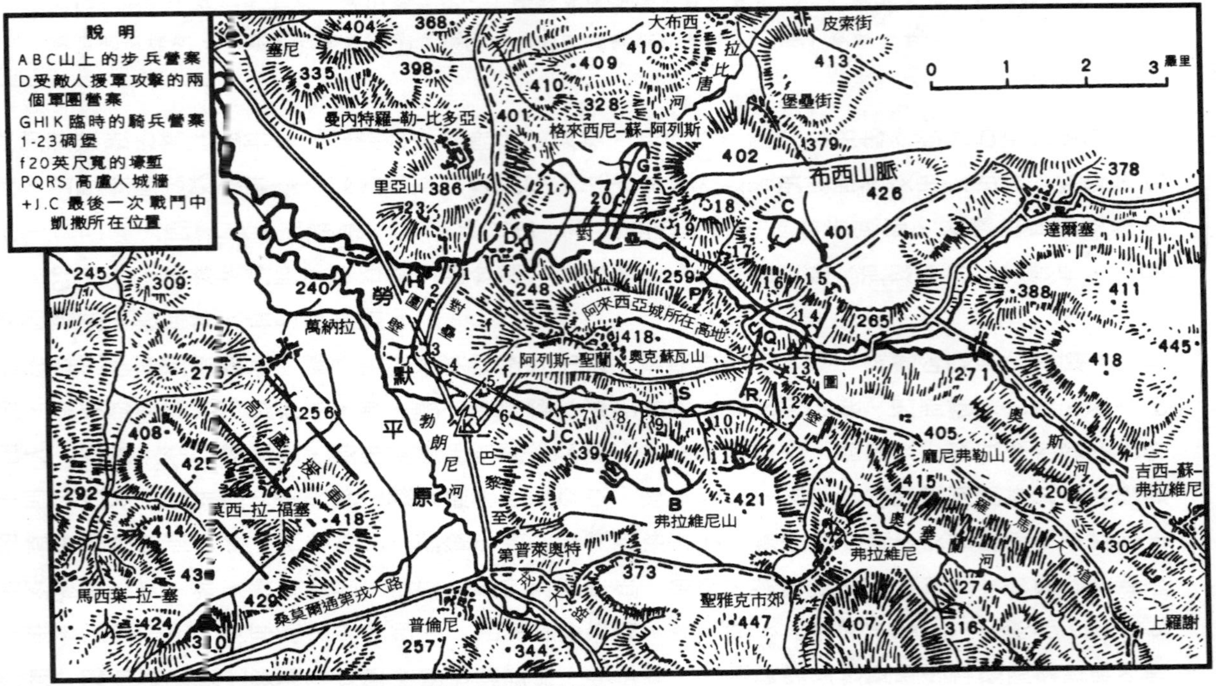

本圖係根據洛布叢書複製，圖中高地上標明的數字是海拔公尺數。

工事裡坐定，那些領袖們都被帶到那邊去交給他。維欽及托列克斯也被交了出來①，武器都被投了下來。他只留下愛杜依人和阿浮爾尼人，因爲他企圖通過這些人把他們的國家重新爭取過來。他把其餘的俘虜在全軍作了分配，每人一個，作爲戰利品。

90 安排好這些事後，他趕到愛杜依去，重新接受了這個國家的投降，阿浮爾尼也派使者到那邊去看他，答應執行他的指示。凱撒向他們索取了大批人質，把大約二萬名左右的戰俘還給了愛杜依人和阿浮爾尼人，然後把軍團遣入營地。他命令季度斯·拉頻弩斯帶兩個軍團和騎兵進入塞廣尼人的領域，把馬古斯·森布龍紐斯·路幾留斯也交由他調遣。他派副將該猶斯·費庇烏斯和盧契烏斯·明努久斯·巴希勒斯帶兩個軍團駐紮在雷米人邦內，以免他們受到毗鄰的俾洛瓦契人的侵淩。他派該猶斯·安幾司久斯·雷琴納斯進入安皮瓦來幾人邦內；季度斯·塞克司久斯進入別都里及斯；該猶斯·坎寧紐斯·雷比勒斯進入盧登尼人邦内，各帶一個軍團。他又命令奎因都斯·圖里烏斯·西塞羅和布勃留斯·塞爾匹鳩斯駐紮在愛杜依邦内沿著阿拉河的卡皮隆弩姆和麥幾斯哥，以保護糧運。他自己則決定在畢布拉克德過冬。當羅馬城裡從他的信中得知這次戰事的消息時，通過了一次爲時二十日的謝神祭。

---

①據普魯塔克在《凱撒傳》上說，維欽及托列克斯披上最好的甲冑，馬也套上華麗的馬衣，馳出營門，來到凱撒軍隊的駐地，繞凱撒一周——凱撒仍然危坐不動——，離鞍下馬，脫去甲冑，靜靜地坐在凱撒腳下，由凱撒命令他的校尉把他帶走，留待凱旋式之用。他被囚禁了六年後，於公元前四六年凱撒在羅馬舉行的凱旋式中遊行示衆後，按羅馬的傳統方式用斧頭斬首。——譯者

卷八①

巴爾布斯②，你不斷責備我，似乎認爲我天天謝絕執筆，不是由於知難而退，而是由於偷懶，這種責備使我不得不擔起這件最艱巨的任務來。我給我們偉大的凱撒所著的關於高盧戰爭的

---

①奧盧斯·伊爾久斯——凱撒所提拔的許多出身於貧寒的得力助手之一，往往被凱撒委任給最機密的使命，如公元前五〇年，曾作爲凱撒的使者到羅馬和龐培舉行過談判。內戰中，他曾隨凱撒轉戰於西班牙和東方。公元前四七年擔任高盧行省長官。凱撒死後，他當選爲公元前四三年的執政官。這年安東尼和元老院決裂，圍攻穆金那，元老院派他和另一個執政官該猶斯·維比阿斯·邦舍跟屋大維一起去解圍，結果伊爾久斯陣亡，邦舍也在負傷後死去，屋大維卻跟安東尼結成聯盟，回過頭來進軍羅馬。因此當時頗有謠傳，認爲這兩位執政官是被屋大維陰謀害死的。伊爾久斯除續完《高盧戰記》以外，據大多數學者相信，《內戰記》的續篇《亞歷山大里亞戰記》也是他的手筆。此外他還有跟西塞羅的《通信集》九卷，已全佚。——譯者

②盧契烏斯·高乃留斯·巴爾布斯——西班牙人，由龐培給予羅馬公民權。凱撒在西班牙任代行司法官時，他擔任凱撒軍中的工務總管（praefectus fabrum），後隨凱撒回義大利，成爲他私人事務的代理人。公元前五六年，被控非法騙取公民權，由西塞羅代爲辯護，辯護詞尚存。凱撒死後，他成爲屋大維的重要幕僚，被任爲公元前四〇年執政官，爲歸化羅馬的外國人中第一個擔任這個職務的人。——譯者

記載，接上了一個續編，因爲若不如此，他前面的著作和後面便銜接不起來①；而他的最後著作，從亞歷山大里亞戰爭以後未寫完②，我也給它續到結束——這所謂結束，當然不是指內爭，內爭看來是永遠不會結束的，我說的只是凱撒生命的結束。我相信，今後讀這本書的人，會體諒我承擔寫《戰記》的任務是出於多麼無奈；否則我因爲插手凱撒的作品而招來無知、狂妄等等指責就不難避免了。因爲人們一致認爲，即使別人極精心撰寫出來的作品，都無一不在這部《戰記》的優美文筆之下。這部《戰記》的出版，雖說是要使史學家不致缺乏有關這些偉大事業的知識；但它所博得的衆口一詞的讚揚，反倒弄得史學家好像失去了一個機會，而不是得到了一個機會。不過，我們在這裡給它的讚揚，要比別人給它的讚揚更多些，因爲一般人只知道他怎樣出色地、完善地寫成了這些戰記，但是我卻知道他寫作時是多麼得心應手、一揮而就。凱撒不僅有最流暢和最雅緻的文筆，而且還有最確切的技巧來表達自己的意圖。我自己不曾有機會親身參加亞歷山大里亞和阿非利加戰役。那些戰役的一部分情況我是直接從凱撒本人的談話中得知的；但是，我們在聽新奇動人、使我們着迷的事情時，與聽將要記述下來作爲將來印證的事情時，注意方面總是有所不同的。雖然，儘管我事實上作了種種解釋，希望不要把我跟凱撒相比，但我的這種想法，即居然敢認爲有人會把我和凱撒相提並論，還是免不了要被指謫爲狂妄的。

再會。

①指《高盧戰記》和《內戰記》兩書之間的一年多空缺。——譯者

②《亞歷山大里亞戰記》——接《內戰記》的另一部書，一卷，記公元前四八—四七年凱撒在埃及、以及後來在小亞細亞跟博斯普魯王國國王法爾那契斯三世的戰事，相傳也是伊爾久斯所作。——譯者

1 高盧當時已全部敉平，凱撒因爲去年夏天以來，戰爭始終沒停止過，希望能讓軍隊在極度的辛勞之後，在冬令營中休息一番，恢復體力。但消息傳來說：有許多國家，同時在策劃新的戰爭，結成聯盟。採取這種行動是有一定的理由的，據說，全高盧都知道，一方面，不管他們有多大數目的人員，要在一起集中著抵抗羅馬人，總是辦不到的；另一方面，如果有若干國家同時分別在幾個地方進攻他們，羅馬人就不會有足夠的援助、足夠的時間和兵力來應付這一切。因此，即使有什麼困難要落到某一個國家的頭上，但爲了其他國家可以趁此機會獲得自由起見，也應當把它擔當下來。

2 爲了不讓高盧人的這種想法得逞，凱撒派他軍中的財務官馬古斯·安東尼主持冬令營，自己在十二月的最後一天，帶了一部分騎兵衛隊，從畢布拉克德出發，趕到駐在別都里及斯境內、距愛杜依人邊境不遠的第十三軍團的營地去，一面把駐在就近的第十一軍團跟它聯合起來。在各留下兩個營守衛輜重之後，他帶著其餘部分進入別都里及斯最富饒的地區。正因爲他們是占有大片領土和無數市鎮的國家，所以只駐紮一個軍團，絕不足以防止他們準備戰爭和締結同盟。

3 凱撒的突然到來，給毫無準備、散漫雜亂的人帶來了必然的結果。當騎兵突然殺奔他們時，他們正無憂無慮地在田裡耕種，連逃進要塞去都來不及。因爲就連敵人來襲擊的最通常的徵兆——一般以焚燒村落來識別——也都因凱撒的命令而受到禁止，他認爲一則免得自己在進入敵境較遠時就缺乏草料和穀物，再則也免得火光驚走敵人。成千上萬人被俘虜，嚇壞了別都里及斯人。那些一眼望到羅馬人到來就首先飛奔逃脫的人，都躲進了鄰近各邦，托庇於私人友誼或政治上的同盟。但毫無用處，由於極迅速的行軍，凱撒橫掃到所有各個地方，使每個國家除了爲本身

的安全著急之外，再沒時間去關心別人的事情。由於這種行動迅速，他一方面使友邦保持著忠誠，同時也使那些動搖的人出於恐怖而接受了投降條款。別都里及斯人看到凱撒的仁慈，重新回到友好的道路仍舊敞開著，而且鄰近各邦都沒受到任何處罰，只要交納了人質，便可以重新受到羅馬的保護，因而，這種條件向他們一提出，他們便也照樣做了。

4 凱撒看到兵士們在這樣隆冬的時候，經歷了行軍路上的巨大困難，在難於忍受的嚴寒之中，仍舊以極大的耐心在艱苦的條件下堅持工作，爲了酬勞他們，答應給他們每人二百塞斯退司①，每個百夫長二千，作爲代替戰利品的獎金。他於是把軍團仍舊遣回冬令營，自己也在離開四十日之後回到畢布拉克德。正當他在那邊主持審判時，別都里及斯人派使者來求他幫助抵抗卡爾努德斯人，他們抱怨卡爾努德斯人對他們發動了戰爭。接到這報告，他在冬令營中大約耽擱了不到十八天，就把第十四和第六兩個軍團從阿拉河上的營地中——正如《戰記》的上一卷所說，這些軍團是駐在那邊保護糧源的——領出來，帶著這兩個軍團，去討伐卡爾努德斯人。

5 軍隊到達的消息傳到敵人那邊時，卡爾努德斯人鑒於別人遭到的災禍，放棄了村莊和市鎮

---

①塞斯退司（sestertius）——羅馬貨幣，爲一特乃留司（denarius）的四分之一，值兩個半阿司（as），共和末年時還是一種小銀幣，帝國時即改爲銅幣。凱撒以前，一個羅馬軍團士兵的年餉爲四八〇塞斯退司，但其中要扣除口糧等費用，實際所得遠少於此數，後來雖由凱撒改爲九〇〇塞斯退司，仍嫌過於菲薄。當時羅馬城裡的一個普通手工業者的工資，即約每天三個塞斯退司。因而，賞賜和劫掠所入，成爲士兵的主要收入來源，軍餉反被認爲無足輕重。凱撒這次給每個士兵的贈與，約當他們三個月的餉給。——譯者

——這些都是在匆忙中建造起來應急的簡陋的建築，他們就躲在裡面過冬，因爲最近這次失敗，使他們失去許多市鎮——向四方逃竄。在這段時期裡，暴風雨來得特別厲害，凱撒不願讓自己的軍隊遭受它的侵襲，便在卡爾努德斯人的市鎮欽那布姆紮下營，把他的軍隊一部分安頓在高盧人房子裡，一部分安頓在用茅草作屋頂掩覆著帳篷的建築裡，只騎兵和輔助部隊的步兵還被派到據報有敵人出沒的各地去。他們也並不徒勞往返，每次總是帶著豐富的戰利品回來。卡爾努德斯人受不住冬天的艱苦，還須時刻提防危險，既被迫逃出家鄉，又不敢在任何地方逗留時間過長，在正當暴風雨猖獗的季節，他們在森林中也找不到躲藏之處，漂泊在外損失了大部分人之後，四散逃到鄰近各邦去。

6 這是一年中最艱苦的季節，凱撒認爲目前能把集中了的一股股敵人驅散，免得爆發新的戰爭，已經足夠了，而且根據種種理由推測，可以斷定夏天以前，絕不會引起重大的戰鬥，因之就派該猶斯・德來朋紐斯率領他那邊的兩個軍團，駐紮在欽那布姆的冬令營中。他從雷米人頻頻派來的使者們那裡得知俾洛瓦契人——他們以驍勇善戰的威名震懾全高盧和比爾及——及其鄰近的國家，正在俾洛瓦契人科留斯和阿德來巴得斯人康繆斯的領導下，組織軍隊，並把它集中起來，企圖以他們的全部兵力侵入雷米人的屬邦蘇威西翁內斯邦。凱撒認爲絕不可以聽任這種災難落到對共和國十分忠實的同盟者頭上，這不僅僅牽涉到自己的榮譽，甚至關係到自己的安全問題。他重新把第十一軍團從冬令營中召出來，此外，他又送信給該猶斯・費庇烏斯那邊，叫他帶著在他那邊的兩個軍團進入蘇威西翁內斯境內，並把季度斯・拉頻努斯的兩個軍團調來一個。這樣，盡冬令營的條件許可和戰略需要，經過他不斷的苦心調度，使得出征的任務由各軍團分別輪流擔負

起來。

7 當這支軍隊集合起來時，他向俾洛瓦契邦出發，在他們境內紮下了營。他派騎兵到四面八方去，把俘虜到的任何人帶回來，以便從他們口中探詢敵人的計畫。騎兵完成了自己的任務，回報說，在房屋裡只找到很少人，即便這些人也不是留下來種地——因為敵人的遷徙工作到處做得很徹底——而是被派回來做密探的。當詢問他們關於俾洛瓦契人的大隊人馬在什麼地方、他們在作什麼打算時，他發現，所有能拿起武器來的俾洛瓦契人都集中在一個地方，同他們在一起的還有阿姆比安尼人、奧來爾契人、卡來幾人、維略卡薩斯人和阿德來巴得斯人，他們選擇一個有沼澤包圍的林中高地作為營地，還把所有的輜重都集中在一處更遠的森林中。負責戰事的領袖有幾個，但絕大多數人卻都聽從科留斯的指揮，因為他們知道他對羅馬人懷著最深刻的仇恨。幾天以前，阿德來巴得斯人康繆斯離開營寨，到領土離他們最近、人口也最多的日耳曼人那邊討救兵去了。俾洛瓦契人在全體領袖的一致同意和平民們的熱情擁護之下，決定如果凱撒此來，真如傳說的那樣，只帶三個軍團，就跟他作戰，免得以後被迫在更艱難、更不利的條件下跟他的全部軍隊作戰。如果凱撒帶來的軍隊不止這一些，他們決定就堅守現在選定的那個地方，一面試用伏兵騷擾羅馬人，不讓他們取得目前因時令關係本已很稀少、很分散的牧草、穀物和其他一切給養。

8 凱撒從許多俘虜彼此一致的報告中得知了此事，他認為他們提出來的計畫，堪稱十分謹慎，跟蠻族平時的輕率絕不相同，他就決定用一切可能的方法來引誘敵人，使敵人輕視他的兵力單薄，很快出來作戰。事實上，他手頭現有第七、第八、第九三個由勇猛無比的老兵組成的軍團，以及由精選的極有前途的青年組成的第十一軍團，它現在正在服第八年兵役，跟其餘三個軍團比起來，只是服役年限還沒它們長，勇敢的聲名還不及它們響。因而他召集了一個作戰會議，把他獲得的一切消息告訴了大家，然後對大家鼓勵了一番。爲要試一下是否可以僞裝作只有三個軍團，引敵人出來決戰，他把進軍的行列安排如下：第七、第八、第九三個軍團走在輜重的前面，第十一軍團則給全部輜重作後衛——按照遠征的常例來說，這次帶的輜重是極少的——免得敵人一眼就看出我軍大於他們準備迎戰的數目。他這樣一安排之後，就把軍隊排成一個差不多像矩形的陣列，在敵人還沒預料到之前，已經帶到他們面前。

9 那些高盧人還不知道他們充滿自信的計畫已經被凱撒探悉，當他們突然看到軍團以戰鬥的陣形部伍森然地前進時，也把自己的部隊在營寨前布列下來。然而，他們也許因爲覺得戰鬥有些冒險，也許因爲我軍到得過於突然，或許還因爲想看看我軍作何打算，所以不離開那片高地。雖然凱撒急於戰鬥，但對他們的人數之多，也感到驚奇，就隔著一條雖然不闊、但卻很深的峽谷，跟敵人的營寨面對面安下營來。他命令築一道十二羅尺高的壁壘保衛住營寨，它上面再加上一道胸牆，高度跟它相稱。又挖了兩條寬各十五羅尺的壕溝，溝的雙邊都是垂直的。相隔不遠就有一座三層高的木塔，彼此間由覆有蓋頂的懸橋聯結著，懸橋的正面也有一道樹枝編的胸牆保護。他希望這兩條壕溝再加上兩列守兵，就能阻擋敵人對營寨的攻擊，一列守兵安置在懸橋上，因爲它的位置高，從而也比較安全，可以更無顧慮、更遠地發射矢矛；另一列布置在距敵人比較近的壁壘本身上面，有懸橋可供掩護敵人的矢矛。他在進出口處安上了門，並且造了高聳的瞭望塔。

10 這項工事有雙重意義。他希望這項防禦工程的巨大和自己顯出膽怯的模樣，會引得蠻族更加自信，再則，當爲了牧草和糧食，他不得不跑到更遠的地方去時，這些工程使得守衛營寨的工作，只要少數人就可以擔負下來。這時，雙方常有少數人越過彼此營寨之間的那片沼澤，發生接觸。有時我軍的高盧人和日耳曼人同盟軍，越過沼澤，猛烈地追擊敵人，有時敵人也會衝過沼澤，逼得我軍後退。加之，在每天的採牧活動中，也出現了不可避免的現象，即我軍士兵不得不一點半點地到分散得老遠的私人房舍中去找尋草料，散開的隊伍就會在不利的地方受到包圍，這種遭遇雖然只使我軍的牲口和奴隸受到一些微不足道的損失，卻激起了蠻族愚蠢可笑的幻覺，特別因爲上面所說的到日耳曼人中去求救兵的康繆斯，這時已帶了一些騎兵回來，他們的數目雖然不過五百人，但日耳曼人的到來，卻給了蠻族一些可以信賴的東西。

11 凱撒注意到幾天以來，敵人一直閉守在營寨裡，而那營寨又有沼澤和它自身的地形捍衛著，不經過非常危險的激戰，便不能攻占它，要用圍困工事封鎖它，也得有更大的兵力才行。因而他派人送信到德來朋紐斯那邊去，叫他盡快把副將季度斯·塞克司久斯統率著在別都里及斯境內息冬的第十三軍團先召到他自己那邊，然後再由他帶著三個軍團，以急行軍趕到凱撒這裡來。他自己曾經在雷米人、林恭內斯人、以及別的邦中召來大批騎兵，這時他們輪流出去作採牧部隊的護衛，以抵禦敵人的突然襲擊。

12 這事情天天在做，終由於任務的單調乏味，開始放鬆了平常的警惕，這正是在拖延時日的事情上常常會發生的。這時，俾洛瓦契人已經摸準了我軍斥候騎兵的日常哨崗的位置。他們選出一支步兵，埋伏在一個有密林掩蔽的地方。次日，又派一支騎兵到那地方去，先引誘我軍進入包圍圈，再進行攻擊。這條詭計正好落在雷米人頭上，恰巧這天輪到他們去執行這任務，當他們突然看到敵人騎兵時，輕視他們人少，倚仗自己人多得多，便過分熱心地窮追猛趕，被敵人步兵四

面圍住。一遇到這意外，他們比之平常騎兵戰鬥時更快地陷入混亂，敗退回來時喪失了他們國家的一個領袖維爾幾司克斯，他也正是這批騎兵的指揮。雖然他已年邁，幾乎連馬都坐不住了，但依照高盧人的習俗，他不能以年齡爲藉口，推諉指揮的責任，而且他自己也不放心戰鬥時他不親自在場。敵人在這次戰鬥中取得勝利，又殺掉一個雷米人的指揮官，馬上精神振奮，得意洋洋起來。我們自己的軍隊卻從這次災難中吸取了教訓，在布置哨崗之前，更加小心搜索各地，追逐敵人時也更加有克制。

13 這時，雙方營寨都可以看見的戰鬥每天都不斷，而且常常在沼澤的小徑上和渡口發生。凱撒爲了要配合騎兵作戰而從萊茵河那邊帶過來的日耳曼人，有一次在這種交鋒中越過沼澤，殺死了堅持不退的少數敵人，頑强地追逐其餘敵軍。這事引起了一場驚恐，不僅離開比較近因而被追到了的、以及雖在遠處卻也受了傷的，甚至停駐在很遠一段路以外作爲後援的也一樣。他們的這場可恥的潰敗並不就此終止，直到幾次錯過有利地形，一直被追到營寨門口才止，有的甚至出乖露醜地逃到更遠的地方。他們的危險使全軍陷入極度混亂，因此在他們中究竟小勝以後的傲慢算是主流、還是小敗之後的恐怖算是主流也分不清了。

14 在這個營寨中度過幾天後，俾洛瓦契人的領袖們得知副將該猶斯·德來朋紐斯率領的軍團正在逼近，害怕也發生像阿來西亞那樣的圍困，就決定在夜間把那些年齡或體力不適於作戰、以及没有武裝的人送走，其餘的輜重也跟他們一起離開。當他們正在把這些驚慌失措、亂作一團的隊伍——高盧人總帶有大量車輛，即令在輕裝前進時也是如此——編排起來時，天色已經大亮，他們害怕羅馬人會趁這支輜重行列還没來得及趕出去一段路之前追趕他們，因而把武裝部隊帶出來，列在營寨前面。然而凱撒卻認爲由於那上坡的路太陡，如果他們堅守不動，就絕對不應去攻擊他們，但一定得把軍團向前推進，距離他們近一些，不讓他們不擔絲毫風險地把隊伍撤回去。他看到自己的營寨跟敵人的營寨被一片很深的沼澤分隔開，難於通過，使我們無法迅速追逐，而沼澤那邊的那條山嶺，山坡卻幾乎一直伸到敵人的營寨，營寨跟山嶺之間只隔一個不大的山谷。他於是在沼澤上架起一頂便橋，把他的軍團帶了過去，馬上趕向那山嶺上最高處的一塊平地，它的兩面都有陡削的崖壁保護著。他在那邊整隊後，又向山嶺的尾端那一頭推進，在一個可以利用機械向敵軍大隊發射矢矛的地方，按戰鬥的陣形布列下來。

15 蠻族信賴那地方的地形，雖然如果羅馬人試圖登上那山時他們也不會拒絕一戰，但他們卻不敢把自己的軍隊一部分一部分地分開來遣走，怕分開之後會被衝亂，所以他們堅定地保持著陣列。凱撒注意到他們的固執，一面仍以二十個營列成戰陣，一面就在那邊量出地方來紮營，還命令給它築上防禦工事。工程完畢後，他把他的軍團在壁壘前布下陣勢，將騎兵布置在前哨，馬也都給扣上籠頭。當俾洛瓦契人看到羅馬軍隊準備追逐他們、他們又不能在那地方整夜地守下去，而且再等下去也難保不出危險時，他們決定用下述的計策退走。他們營中有大量草把和柴捆，這時他們在坐的地方——凱撒在前面的《戰記》中已經提過，高盧人在戰鬥的陣伍中是坐著的①——

①這裡雖說，凱撒在前面《戰記》中提到過高盧人在戰鬥的陣伍中是坐著的，但在現存的前七卷中並未見到過有這項記載。因此有人懷疑這裡是古時傳抄時弄錯的，因爲原文ubi consederant（他們坐於其上的）另外一個抄本作：ut consueverant（按照他們的習慣）。namque……declaratum est（凱撒在前面戰記中說

把它們一個接一個傳到前方，堆在隊伍的最前一列。當天色漸漸暗下來時，一聲號令便把它們一起點起火來。連續不斷的火焰突然遮掩了他們的全軍，使羅馬人無法望見他們，蠻族便以極快的速度，趁這機會逃走。

16 凱撒雖然隔著火焰，看不見敵人撤退，但也猜到這是爲了逃走而採取的計策，他推動軍團前進，並且派騎兵隊追上去，但由於害怕中伏，深恐敵人也許竟留在原地未動，只是想法把我軍引到不利的地方去，因而他前進得十分緩慢。騎兵不敢進入濃密的烟火地帶，即使勇敢得不惜一試的人，也幾乎連自己的馬頭都看不見。由於害怕敵人的陰謀詭計，只得讓俾洛瓦契人從從容容地撤走。於是，他們在膽怯和狡猾兼而有之的情況下，毫無損失地逃出十羅里左右路程，在一個地勢很險要的地方紮下營。在那邊，他們屢次把騎兵和步兵布置埋伏，給羅馬的採牧部隊造成很大的損失。

17 這種事情一連發生幾次以後，凱撒從一個俘虜口中了解到，俾洛瓦契人的首領科留斯在全軍中挑出最勇敢的六千步兵和一千騎兵，埋伏在一個富有穀物和牧草、估計羅馬軍隊要派人去採牧的地方。得知這個計畫時，凱撒帶出比平常更多的軍團，一面仍照他的習慣，派騎兵前去作爲採牧部隊的護衛，同時在他們中間混進一些輕裝的輔助部隊。他自己帶了軍團盡可能靠近地緊跟著他們。

過）之句，有些編者就棄而不用。所以原文的意思似乎是：他們把坐在下面的草束手傳手地傳到陣前，因爲假如他們站起來，就會引起羅馬人的注意。——譯者

18那些布置作爲伏兵的高盧人，選定一片四面伸展不過一羅里寬的平地，作爲行動的地點，平地的每一邊都有茂密的森林或很深的河流包圍著。他們布置了重重埋伏，像一張網似的包圍著這地方。我軍識破敵人的計畫後，思想上和行動上都作下了戰鬥的準備，一隊隊行列井然地進入那塊地方。有軍團在他們背後，他們絕不怕一戰。他們的到達，使科留斯認爲動手的機會來了，第一個現身出來，帶著少數人向最靠近的騎兵隊發動攻擊。我軍奮勇抵抗伏兵的進攻，還注意到不擠攏到一起去，通常在騎兵戰鬥中，因爲驚恐而發生這種擁擠現象時，光戰鬥人員太多這一點，就足以造成損失。

19我軍的騎兵就這樣配置在各個地方，分散而又輪流地投入戰鬥，不讓他們的同夥遭到包圍。科留斯正在戰鬥時，其餘的敵人也從樹林中衝出來，在戰場的各個地方開始了劇烈的搏鬥。戰鬥不分勝負地拖延了一會之後，一支列成戰鬥隊形的步兵從樹林中一步步走出來，迫使我軍騎兵敗退下去。這時我們提到過的在軍團之前派去插在騎兵中的輕裝步兵，馬上趕來支援他們，勇猛地戰鬥起來。戰鬥又經過一段時間沒有分曉，於是，正像這次戰鬥的性質所決定的那樣，已經擋住伏兵第一次衝擊的騎兵隊，並沒因爲缺乏預見而招來任何損失①，這時開始占得上風。同時軍團也已步步逼近，我軍方面和敵人方面同樣不斷地接到報告說：統帥已經帶著列成戰陣的軍隊到來。當聽到這消息時，我軍士卒仗著有軍團前來協助，戰鬥得格外驍勇，唯恐行動得慢了一些，勝利的光榮會被軍團分了去。敵人的鬥志消沉下去，試圖由不同的路溜走。但毫無用處，他

①指上文所說的沒有因驚慌而擠成一團。——譯者

們已經被那地方險阻的地形——他們本來是想利用它來圍困羅馬人的——緊緊封閉住。儘管他們已經被擊敗而且潰不成軍，人員死傷了一大半，在萬分驚惶中仍舊四散逃生，有的經由森林，有的奔向河邊，但這些在奔逃中的人卻都被熱情追逐的我軍所殺。不過，這時科留斯並沒被災難嚇倒，既不肯聽從勸說脫離戰鬥，退進森林，又不肯接受我們的號召投降，只顧奮勇地戰鬥，頗傷了一些人，激得因勝利而鼓舞著的我軍憤怒地把他們的武器都集中著向他投去。

20 事情剛以這種方式結束，戰鬥的痕跡還宛然未動時，凱撒趕到了當地。他估計到這次慘禍已經使敵人一敗塗地，在接到這消息後，他們也許會把離開這次大屠殺的場所不過八羅里的營地放棄掉。他明知有河流阻礙著他的路，但仍舊把軍隊領著過了河，向前推進。只是，已經有少數逃兵和受傷之後托庇於森林、沒遭到這場災難的人，突然逃到俾洛瓦契人和其他各邦人那邊，使他們知道了自己的災難。看到一切都對他們不利，科留斯已經被殺，他們的步兵和騎兵中最精銳的人也都已失去，特別當他們想像到羅馬人已在向他們這裡推進時，他們匆忙地用軍號召集了一個會議，喧嚷著要派使者和人質到凱撒那邊去。

21 當這個建議被大家採納時，那個阿德來巴得斯人康繆斯逃到他曾去討救兵來助戰的日耳曼人那邊去了。其餘的人馬上派使者來見凱撒，要求他滿足於敵人已經受到的懲罰，他們相信，根據他一向的仁慈和寬大來說，即令他在他們的實力完整時，不經一戰就能懲罰他們，也不至於罰得如此之慘。他們說，俾洛瓦契人的實力已經在騎兵戰鬥中喪失殆盡，好幾千精選的步兵也被殲滅，幾乎連一個逃出來報告這次慘禍的消息的人都沒有剩下。只是，儘管這次災難十分深重，俾洛瓦契人卻也從這次戰爭中得到一樁好處，即那發起戰爭、煽動人民的科留斯被殺死了，因爲當他在世時，長老會議在這般粗野的人民中間，從來也沒得到過這麼大的權力。

22 凱撒對作這番呼籲的使者們指出：前一年也是在這個時候，俾洛瓦契人跟別的許多高盧人一同發動了戰爭，在所有各邦中，只有他們最頑固地堅持自己的主張，就在其他各邦都已投降之後，他們的頭腦還沒清醒過來。他很清楚地知道，把罪責推到死人身上去是最方便的事情，但是，要是首領們不同意，長老會議反對，再加上有身分地位的人一致拒絕，肯定不可能有什麼人，一個人的力量大得單靠一批力不足道的烏合之衆就能煽起、並進行一場戰爭的。雖說如此，他還是可以以他們自取的這場懲罰爲滿足的。

23 在翌日晚，使者們帶著他的答覆，回到自己國人那邊去，準備人質。許多別的正在觀望，想看看俾洛瓦契人弄出個什麼結果來的國家，也都紛紛派來了使者。他們交納了人質，執行了他的命令。只除了康繆斯，由於害怕，再不敢把自己個人的安全信託給任何人。因爲在前一年，當凱撒在內高盧主持審判時，季度斯·拉頻努斯發現這個康繆斯在煽動一些國家，合謀反對凱撒。拉頻努斯原來也認爲自己犯不著要什麼手段就可以懲罰他的不忠實。但是，他估計到康繆斯絕不肯應召到他營裡來，他也不願輕易作任何嘗試，使之更增加戒心，因此派該猶斯·沃盧森納斯·夸特拉德斯藉會談爲名，設法除掉他。拉頻努斯給了他一羣被認爲是適於這項工作而挑出來的百夫長。當他們到會上時，按照事先的安排，沃盧森納斯執著康繆斯的手，一位百夫長不知是因爲素沒經過這種事所以慌亂，還是受到康繆斯的友人的迅速攔阻，沒有能結果他，只是出手一劍，使他頭上受了很重的傷。雙方的劍都拔了出來，但雙方都認爲與其說是戰鬥要緊不如說是逃開要緊，因爲我方的人相信康繆斯已經受了致命之傷，高盧人則已經認識到這是陷阱，深恐還有更多的陰謀在後頭。經過這一番波折，據說康繆斯就下定決心永不再跟羅馬人照面。

24 最最好戰成性的那幾個族就此被征服，凱撒看到已經再也沒有一個國家會準備以戰爭來反對他，只是還有少數人離開城鎮、逃出自己的國土，以躲避目前的屈服，他決定把軍隊分別派到幾個地方去。他把帶著第十二軍團的軍中財務官馬古斯・東尼留在自己身邊；派副將該猶斯・費庇烏斯帶二十五個營進入高盧最最邊遠的部分，因爲他聽到那邊的某些國家正在興兵起事，認爲帶著兩個軍團在那邊的副將該猶斯・坎寧紐斯・雷比勒斯力量不夠。他又召季度斯・拉頻努斯來到他這裡，把跟拉頻努斯一起在冬令營的第十五軍團派到長袍高盧①去保護羅馬公民的殖民地，防止有蠻族入侵，造成災害，免得也跟去年夏天的塔吉斯幾尼人那樣，由於匪徒的突然侵入遭到災難。他自己則動身去摧毀和擄掠安皮奧列克斯的國家，但鑒於他已經絕沒有辦法再把這個飽受驚嚇的逃亡者弄到自己手中，認爲爲顧全自己的威信起見，最好能把他領土上的人民、建築物和牲口弄個淨絕，使那些幸而逃出性命的人，因爲安皮奧列克斯給國家引來這樣大的一場災禍，對他恨之入骨，從而斷絕了他回來的機會。

25 他把軍團或輔助部隊派到安皮奧列克斯的國家的每一個部分去，以屠殺、縱火和劫掠來徹

---

①長袍高盧（Gallia Togata）——指已獲得羅馬公民權的山內高盧波河以南地區，即河南高盧，他們在同盟戰爭中（公元前八九年）獲得公民權後即穿上羅馬公民穿的長袍（toga），故稱「長袍高盧」，河北高盧此時也已羅馬化，不久後即同樣獲得公民權（公元前四九年）。外高盧居民此時還沒得到公民權，羅馬化程度也不深，仍披著長髮，因此被稱爲「長髮高盧」（Gallia Comata）。——譯者

底毀滅這個地區，並且殺死和捕獲了大批人。然後他又派拉頻努斯帶兩個軍團去討伐德來維里人。這個國家由於接近日耳曼，並且每天都在訓練作戰，他們的風俗，差不多跟日耳曼人同樣的野蠻，除非在軍隊的直接壓力之下，從來也不肯俯首聽命過。

26 同時，副將該猶斯·坎寧紐斯從杜拉久斯那邊來的信件和使者口中得知，有大批敵人聚集在庇克東內斯人國內。杜拉久斯本國雖然有一部分已經叛變，但他還是始終保持著對羅馬人的友誼。坎寧紐斯因此向勒蒙納姆這個市鎮趕去。當他走近它時，又從俘虜口中得到更確切的報導，知道杜拉久斯已經被安得斯人的首領杜姆奈克斯率領大批人馬，圍困在勒蒙納姆城內，遭受攻擊。坎寧紐斯不敢把力量單薄的軍團跟敵人照面，就在一處形勢險要的地方紮下營來。杜姆奈克斯知道坎寧紐斯到來，把他的全軍調過頭來對付軍團，準備攻打羅馬的營寨。攻營這件事情費了他好幾天時間，雖然損失了大批人，工事卻沒有一處被突破了的，於是他又再轉過頭去圍攻勒蒙納姆。

27 這時，副將該猶斯·費庇烏斯已經使許多國家重新投歸羅馬保護，且交了人質作爲保證，在接到該猶斯·坎寧紐斯·雷比勒斯的信時，才知道發生在庇克東內斯邦內的事情。根據這報告，他出發去援助杜拉久斯。但杜姆奈克斯一聽到費庇烏斯到來的消息，感到如果自己一面被迫要抵禦外來的敵人羅馬人，一面又要時時返顧、警惕著城裡的敵人，自己的安全難保，便突然帶著自己的全部軍隊撤離那個地方。他認爲自己只有把隊伍帶過那條非常寬闊、必須通過橋梁才能渡到對面的里傑爾河之後，才能真正得到安全。費庇烏斯雖還沒趕到能被敵人看見的地方，也還沒跟坎寧紐斯會師，但一經十分熟悉那邊地勢的人指點之後，就估計到在驚惶中的敵人一定會趕到他們現在確實要去的地方。於是他便也急急向那頂橋趕去，命令騎兵走在軍團的行列前面，中間相隔的距離，以能趕回來跟自己一同宿營而不致使馬匹過於疲乏爲度。我軍騎兵就按照命令一路趕去，攻擊杜姆奈克斯的行列。這些在驚慌失措中奔逃的人，在輜重累贅的途程中受到攻擊，被我軍騎兵殺死許多人，還擄獲了大批戰利品。他們出色地完成任務後返回營寨。

28 第二天夜裏，費庇烏斯又把騎兵派出去，指示他們去攻擊和阻撓敵人的全部行列，直到他自己趕上來爲止。爲要按照指示完成任務，騎兵指揮官奎因都斯·阿幾烏斯·瓦勒斯——一個極爲英勇、沉著的戰士——在鼓勵了他的部下之後，撲向敵人的行列，把他的騎兵隊一部分安置在一個適當的地點，另一部分投入戰鬥。敵人的騎兵因爲有他們的步兵支援，戰鬥得比較勇敢，那些步兵把整個行列都停了下來，幫助騎兵抵禦我軍。隨即發生一場激烈的戰鬥。我軍騎兵本不把昨天被自己打敗的敵人放在眼裡，再加還記得有軍團正在跟上來，羞於後退，急著要由自己來結束這場戰鬥，因此極勇敢地和步兵搏鬥。敵人則依據他們前一天得到的報告，相信後面再沒部隊在趕上來，認爲他們已得到一個殲滅我軍騎兵的機會。

29 戰鬥極激烈地進行了一會之後，杜姆奈克斯把部隊布列開來，以便他的步兵輪流著支援騎兵。這時，軍團突然以密集的陣列進入敵人的視線之內。一看到他們，蠻族的騎兵慌亂起來，敵人的步兵行列也驚惶不止，一聲發喊就四面亂竄逃生，把他們自己的輜重隊衝得七零八落。於是，不久以前還在和頑抗的敵人英勇搏鬥的我軍騎兵，被勝利的喜悅所鼓舞，到處發出一片喊聲，把想撤退的敵人四面圍住。在這一役中，他們一直盡自己坐騎的力量所能追逐和盡自己的臂力所能砍斫，放手追殺敵人，因而大約有一萬二千以上敵人，包括武裝著的或在驚恐中拋掉武器的都被我軍所殺，全部輜重也都被截獲。

30 在這次潰敗之後，人們才知道有一個森農內斯人特拉丕斯，在高盧叛亂剛爆發時，就從各地招募亡命之徒，並用自由號召奴隸，一面又嘯聚各國的逃亡者，而且窩藏了許多匪盜，就用這股兵力，切斷羅馬人的輜重和給養。這時，他帶著從潰兵中聚集起來的二千左右人，向行省出發。《戰記》前一卷告訴過我們的那個在高盧叛亂一開始時就想進攻行省的卡杜爾契人路克戴留斯，跟他勾結起來。因而，副將坎寧紐斯帶著兩個軍團，急急趕去追趕他們，免得行省由於這幫憨不畏死的匪徒的暴行，引起傷害和驚恐，招來極大的恥辱。

31 該猶斯・費庇烏斯帶著其餘軍隊，出發去征討卡爾弩德斯人和一些據他知道它們的軍隊在他跟杜姆奈克斯作戰時也受到過打擊的國家。他當然毫不懷疑，他們鑒於新近的災難，會顯得更加恭順，但如果讓他們有了喘息的機會和時間，他們也會重被杜姆奈克斯的號召鼓動起來。在這次重新收復這些國家的行動上，費庇烏斯真是異乎尋常地幸運和迅速。就連雖然常遭失利，卻從未提出講和過的卡爾弩德斯人，也交納人質投降了。其餘處在高盧最最邊遠地界、鄰近大洋的一些國家，即通常稱爲阿莫列克諸邦的，也因受到卡爾弩德斯人的影響，在費庇烏斯帶著軍團一到時，馬上就毫不遲疑地接受了他的命令。杜姆奈克斯被自己的國家驅逐出去，被迫一個人偷偷地到處漂泊，到高盧最最僻遠的地方去找安身之處。

32 但特拉丕斯和路克戴留斯一聽到坎寧紐斯和軍團已在附近時，考慮到如果有一支軍隊跟在背後，要進入行省邊境就難免不遭到一定損失，而且這時已經沒有自由自在地出入和剽劫的機會，就在卡爾杜契人境內停駐下來。原先路克戴留斯在他的全盛時代，曾在那邊他自己的同胞中間擁有極大的勢力，而且作爲一個發難起義的首領，在蠻族中間通常都有很大的影響。他帶著自己的和特拉丕斯的部隊，占領了一個叫做烏克薩洛登納姆的市鎮，這個市鎮本來是他的領地，地理形勢特別險要，他把鎮上的居民加到自己的隊伍中去。

33 該猶斯・坎寧紐斯也以極快的速度趕向那邊。他看到這個市鎮的各部分都由最陡峭的岩壁掩護著，即使沒有人防守，武裝了的部隊也很難爬上去。同時他發現，鎮上人有大量的輜重，如果他們想帶著偷偷溜走，不但絕逃不出騎兵之手，甚至也逃不出軍團之手。因而，他把他的部隊分成三支，在很高的地方紮下三個營，從那邊開始，盡部隊的力量所能及，逐步建築一道圍繞全市鎮的壁壘。

34 鎮上人看到這個情況，非常著急，他們還記得阿來西亞遭到的慘禍，深恐這次圍困也會造成同樣的後果，特別是路克戴留斯，他是經歷過那次苦難的，警告他們要注意糧食供應。在一致同意下，兩個領袖決定把他們的部隊一部分留在那邊，另外帶一支輕裝部隊出去搬運糧食。這個計畫得到贊同後，特拉丕斯和路克戴留斯在第二夜留二千人在鎮上，帶著其餘的人離鎮出發。經過不幾天的時間，這批人從卡杜爾契人的領土內收集起大宗糧食——有些人熱情地把糧食支援他們，有些人則是想阻止他們拿走，卻沒有辦法。他們幾次夜間出來行動，攻擊我們的堡壘。所以該猶斯・坎寧紐斯只能把圍繞全鎮的封鎖工事暫時先擱置下來，免得當它們完工以後，不能防守，或者被迫只能以過分單薄的部隊布置在分散的據點中充任守衛。

35 收集起大宗糧食時，特拉丕斯和路克戴留斯在離鎮不到十羅里的地方停駐下來，企圖就從那邊逐漸把糧食運到鎮上去。首領們彼此分了工，特拉丕斯帶一部分隊伍留在那邊守衛營寨，路克戴留斯領著牲口隊到鎮上去。因而他在那邊一些地方分幾處布置下若干接應部隊之後，在晚上第十刻時開始，經由林中狹路，把糧食運到鎮上去。我軍營寨的哨崗注意到了嘈雜聲，派出去的偵察人員回來報告了這種情況。坎寧紐斯帶著就近堡壘中的處於戒備狀態的幾個營趕了去，在破曉以前攻擊這支糧食運輸隊伍。在突然攻擊之下，他們驚慌失措，四散奔逃到他們的接應部隊那邊去。我軍一看到這些武裝部隊，馬上格外驍勇地向他們殺去，連捉一個活的都不願意。路克戴留斯帶了少數隨從從那邊逃走，沒有回到營裡。

36 在勝利之後，坎寧紐斯從俘虜們口中得知，還有一部分軍隊跟特拉丕斯一起在不到十二羅里以外的營寨中。他從好幾個人口中證實了這報告，認爲一個領袖的潰敗，一定使其餘的人也都驚慌萬狀，不難把他們一舉擊敗。他還感到，最幸運的是在這次大殲滅中，沒有一個敵人能把他們遭到的慘運回去報告給特拉丕斯的。不過，他雖然知道這次出擊絕沒有危險，但仍舊把所有的騎兵和部隊中最敏捷的日耳曼步兵，全都派出去走在最前面，向敵人的營寨出動，他自己在把一個軍團分配到三個營寨去作爲留守之後，帶著另外一個軍團，輕裝前進。當他走到靠近敵人營寨時，他從他派在前面的偵察人員口中得知，按照蠻族一向的習慣，他們把營寨安紮在靠河岸的地方，高地卻沒占領。同時，日耳曼人和騎兵已經在他們毫無防備的情況下撲向他們，正在戰鬥著。接到這些報告，他把全副武裝著並按戰鬥的陣形排列著的軍團帶上前去，隨著一聲號令，突然把那高地包圍占領。這事情一發生，日耳曼人和騎兵就已經可以望到隊伍的標誌，馬上以最熱烈的情緒搏鬥起來。軍團也立刻從四面同時發動攻擊，幾乎所有的敵人不是被殺就是被俘，我軍獲得了大量戰利品，特拉丕斯本人也在這次戰鬥中被俘。

37 在這場幾乎没有一個士兵受傷的光輝勝利之後，坎寧紐斯回過頭去圍攻那些市鎮裡的人。原來就是因爲害怕外圍的敵人，所以他才不敢把隊伍分散開，也不敢建築圍困鎮上敵人的壕塹。這時外圍的敵人已告消滅，他命令把四周的包圍工事都建築起來。次日，該猶斯・費庇烏斯也帶著部隊，來到他這裡，分擔一部分圍困市鎮的工程。

38 同時，凱撒讓軍中財務官馬古斯・安東尼帶領十五個營留在俾洛瓦幾人境内，使比爾及人不再有醞釀任何新陰謀的機會。他本人分別訪問了其餘許多邦，索取了許多人質，並用鼓勵的話安撫了所有的人，使大家的恐懼之心安定下來。當他到卡爾弩德斯人邦内時，正如凱撒在他的《戰記》前一章中所指出的那樣，這是戰事的發源地，他注意到由於他們自己感到有罪，特別覺得害怕。爲了使這個邦的憂慮可以更快地消釋，他提出了懲處這次犯罪的領袖和戰爭的煽動者古德魯亞都斯①，雖然這個人嚇得連把自己的性命託付給本國同胞都不敢，但由於所有的人都積極起來參加搜索，迅速把他找了出來，交到大營。凱撒在蜂擁而來的兵士們——他們把這次戰爭的一切危險和損失，都看成是古德魯亞斯的煽動促成的——的催逼下，不得不違反自己的本願，把他梟首處決。

39 在這裡，凱撒從坎寧紐斯不斷的來信中得知跟特拉丕斯和路克戴留斯作戰的經過，以及鎮上居民頑抗到底的打算。雖然他並不重視這一小撮人，但他卻肯定必須要對他們的頑抗給以嚴厲的懲罰，深恐否則全高盧人都會認爲自己要反抗羅馬人，不是缺乏力量，而是缺乏決心，其餘各

①見卷七第三節。——譯者

國也可能紛紛起來學他們的榜樣，憑藉險阻的地形，爭取自由。他還了解，全高盧人都知道他的任期之中，已經只剩下一個夏季①，如果他們能夠支撐過去，便再沒什麼可怕的危險。因而，在把軍團交給副將奎因都斯·卡倫納斯帶著，以普通的行軍速度跟上來以後，他自己率領全部騎兵，以全速趕去跟坎寧紐斯相會。

40 凱撒出乎大家意外地到達烏克薩洛登納姆。他注意到這個鎮已經被圍困工程包圍，敵人再沒機會能逃出這場圍攻。他還從逃亡者口中得知鎮上人的糧食供應很充裕，他就想辦法切斷他們的水源。烏克薩洛登納姆所處在的這座山，四周都是陡峭的山壁，有一道峽谷把它團團圍住，這條峽谷的底端，又有一條河流貫穿著。但當地的地形不允許他把這條河裡的水決到別的地方去，因爲它的河床已經在山底的最低處，無論多少深的泄水渠也不可能再把它引到別的低地去。但鎮上的人到河邊去卻要經過一段很陡急的下坡路，因此我軍可以很容易地阻止他們走到河邊或退回到那條陡峭的上坡路上去，不用擔心自己會發生傷亡。凱撒注意到他們的這種困難，就在那邊布置下弓弩手和投石手，進一步又在一些最易於下山的所在的對面，安放一些弩機，不讓鎮上人得到河水。

41 從而，大批擔水的人都集中到緊靠著城牆腳下的一個有一大股泉水湧出來的地方去。環繞著市鎮的那條河流，也就是在這一面中斷了，留下一段約三百羅尺長的缺口。所有羅馬人都希望把鎮上人和這股泉水隔斷，只有凱撒一個人才看出應該怎樣著手。面對著那地方，他開始把盾車

①凱撒的任期應該在公元前四九年三月一日屆滿，這裡指的是公元前五〇年的夏季。——譯者

朝著山推過去，在極大的努力之下，在每天不斷的戰鬥之中，築起一道壁壘。鎮上人踞高臨下的衝擊和毫無風險的遠距離擲射，傷害了許多頑强地逐步推進那工事的人。儘管這樣，我軍還是毫不畏縮，以極艱苦的工作克服地形上的困難，推著盾車前進。就在這時，他們在盾車的掩護下，逐漸挖掘地道向前，抵達那泉水的源頭所在。這種工程不會有任何危險，可以在敵人毫不懷疑的情況下進行。壁壘造得有六十羅尺高，上面安放著一個十層高的木塔，當然這還不能達到城牆那麼高，任何攻城的器具都不可能高得那樣，只是高出於泉頭而已。當我軍的機械開始從塔上向通向泉水的那條路上發射弩矢時，鎮上取水的人就不得不冒歷危險了。這時，不僅家畜和運輸的牲口，就連敵人的人員中間也有大批人瀕於渴死。

42 面臨著這種危險的威脅，鎮上人把桶裝著油脂、松香和木柴，點著火後，投上我軍的工事，一面又激烈地開展搏鬥，希望以戰鬥的危險牽制住羅馬人，使他們無法分身救火。工事上立刻燃起大火，因爲他們從懸崖上擲下來的東西，全被盾車和壁壘擋住落在那邊，就也把火引向所有碰到東西上去。另一方面，雖然這場戰鬥的方式很危險，位置又很不利，但我軍仍舊以極堅强的精神忍受著種種困難，由於這場戰鬥是在極高、而且我軍都看得到的地方進行的，所以雙方都發出大聲呼噪。每個人因此也都竭盡全力，同樣奮不顧身地面向著敵人的矢石和火焰，以求自己的英勇被大家所知道和證實。

43 看到自己有不少人受傷，凱撒命令一些營從市鎮的四面攀登上去，假作攻城，到處發出一片喊聲。這一行動驚動了鎮上人，當他們還猜不透別的地方發生了什麼事故時，他們就把在工事上冒險攻擊的人都召了回去，把他們布置在城上。我軍在戰鬥停止時，很快把工事上的火撲滅，或者把工事著火的地方切斷一部分。雖然鎮上人繼續奮勇抵抗，甚至因爲缺水使他們損失了大部分人時，還是抱定決心，百折不回。直到最後，由於利用地道，泉水的通道被切斷了，水源改變了方向，一下子就使那汩汩不息的泉水突然乾涸，鎮上人絕望之餘，竟把這當做不是人力所爲，而是神靈的意志，因此出於無奈，被迫投降。

44 凱撒知道自己的仁慈是衆所共知的，絕不怕給了他們嚴厲的處分之後，人家會疑心這是由於他的本性殘暴。他還考慮到，如果再有一些別的地方，繼續以同樣的方式試行叛亂，他的計畫就永無完成的一天，因而必須以一次示範性的處罰來禁止其他人效尤。他命令把所有拿起武器作戰過的人的手都砍掉，然後饒了他們的性命，作爲作惡必受懲罰的鐵證。前面提到過的被坎寧紐斯俘獲的特拉丕斯，不知是由於對自己的被拘囚感到恥辱和悲憤，還是害怕更加慘酷的處罰，絕食了幾天便死去。同時，正如我所說，在戰鬥中逃出去的路克戴留斯，覺得自己一定是凱撒恨如切骨的敵人，感到在一個地方耽擱得太久難免要出危險，便時刻調換住址，把自己信託給許多人的榮譽，但也終於落入一個叫厄巴司奈克都斯的阿浮爾尼人手中。這時，這個羅馬人最親密的友人阿浮爾尼人厄巴司奈克都斯毫不遲疑地把他鎖起來，送交凱撒。

45 這時，在德來維里邦中，拉頻努斯作了一次成功的騎兵戰鬥，殺死不少德來維里人和從不拒絕幫助任何國家對抗羅馬人的日耳曼人。他還活捉了他們的一些首領，其中有愛杜依人蘇勒斯，這是一個無論就勇悍說還是就家世說，同樣都出類拔萃的人，而且是到這時爲止，愛杜依人中唯一還没放下武器的人。

46 得到這報告，凱撒看到高盧各地的情況，都進展得很順利，他深信經過去夏的戰爭，高盧已經被完全擊敗和征服了。但阿奎丹尼的部分地區，雖經布勃留斯・克拉蘇斯的作戰，已經被征服，但他自己卻從未去訪問過。於是他帶著兩個軍團，向高盧的這一部分出發，準備把夏天的最後一段時間花在那邊。正跟所有別的時候一樣，他迅速而又成功地完成了這個工作，因爲所有阿奎丹尼各邦都派來了使者，交來了人質。這些事情完成後，他帶一支騎兵衛隊出發到奈波去，軍團則交由副將們領著進入冬令營。他把四個軍團交給馬古斯・安東尼、該猶斯・德來朋紐斯和布勃留斯・瓦金紐斯帶著駐在比爾及。鑒於愛杜依人的威望是全高盧獨一無二的，就派另外的兩個軍團進駐他們的領域。他又把兩個軍團安置在都龍耐斯人中間，靠近卡爾弩德斯人的領域，以控制瀕臨大洋的整個地區。餘下的兩個軍團安置在距阿浮爾尼不遠的雷穆維契人境內，使全高盧沒有一個地區沒有羅馬軍隊。他自己在行省耽擱了不多幾天，就很迅速地周歷了各地的巡回審判會，聽取了公務上的糾紛，並把獎賞頒給了應得的人，因爲這次高盧普遍的大叛亂，給了他一個了解每個人對共和國態度的絕好機會，正是依靠了那個行省的忠誠和支持，他才對付得了這次叛亂的。他回到駐在比爾及的軍團，在納梅托欽那過了冬。

47 他在那邊知道那阿德來巴得斯人康繆斯曾經跟羅馬騎兵發生過遭遇戰。當安東尼進入駐地時，阿德來巴得斯邦是忠順的，但康繆斯經過我前述的那次受傷事件後，就隨時毫不疑遲地參加一切牽涉到他本國人的起事，總之只要他們有心作戰，就不會少他這樣一個發動和領導的人。這時他的國家投降了羅馬人，他就依靠自己的騎兵，以匪盜行爲養活自己本人和他的追隨者，在攔路搶劫中截取送給養到羅馬營地去的一些運輸隊。

48 跟安東尼在一起過冬的該猶斯・沃盧森納斯・夸特拉德斯，是附在他部下的騎兵指揮官。

安東尼派他去追逐敵人的騎兵。沃盧森納斯在自己本人的非凡勇敢之上，還加上有對康繆斯的無比憤恨，因而更加樂意去完成這個任務。在布置下幾處埋伏之後，他不時對康繆斯的騎兵展開攻擊，獲得勝利。最後，在一次比平常更加激烈的戰鬥中，沃盧森納斯企圖截獲康繆斯本人，帶著少數部下追逐得過於熱心了些，康繆斯在瘋狂似的逃竄中，把沃盧森納斯引得比平常更遠。出於對羅馬人的痛恨，他突然向所有在一起的人的忠誠呼籲，請求他們幫助，萬勿讓別人背信棄義給他受的傷，白白地流血，得不到報復。於是，他轉過馬來，丟下其餘的人，拚命向羅馬的指揮官衝去，所有騎兵也同樣轉過身來跟著他，追逐我軍這一小支部隊。康繆斯催著他的馬，馳到沃盧森納斯的馬近旁，舉起矛用盡全力一下把他的大腿中部刺穿。我軍看到他們的指揮官受傷，馬上毫不猶豫地站住，轉過馬來驅逐敵人。這一來，有些敵人受到我軍的猛烈衝擊，受傷潰退，有些在奔馳逃走中被踏死，又有些被我軍俘獲。他們的領袖卻倚恃馬的速度逃出這種惡運。雖說打了勝仗，我們的指揮官卻受了嚴重的傷，看來似乎生命都有危險，被帶回營寨。康繆斯不知是認爲已經報了仇，怨恨消釋了呢？還是因爲大部分部下已經喪失，也派使者來見安東尼，願意交納人質，保證安東尼要他要什麼地方去，他就到什麼地方去，安東尼的所有命令也都執行，只要求照顧到他的恐懼之心，給他這樣一點讓步，即不要強迫他到任何羅馬人面前來。安東尼認爲他的要求是出於一種不無理由的恐懼，因此曲徇其請，接受了他的人質。

我知道，凱撒是分別把每一年寫作一卷《戰記》的，但我認爲自己沒有這樣做的必要，因爲在次年，即盧契烏斯・保盧斯和該猶斯・邁開路斯任執政官的一年①，高盧並沒有什麼特別重大的事蹟可記。但爲了免得有人不了解他和他的軍隊在這段時間中所處的地位，我決定略綴數語在這卷《戰記》之末。

49 凱撒在比爾及過冬時，他抱有一個具體的目的，即保持跟各國的友好，不讓任何國家起戰爭的念頭和有戰爭的藉口。實際上他最最不希望的事情就是在他即將離開行省的前夕，被迫糾纏到戰爭中去，這樣便會在他一旦要帶著軍隊離開時，在自己背後留下一場戰爭，高盧人會認爲反正目前再沒什麼危險要擔心，都高高興興地參加進去。因此，他用種種方法——以殷勤有禮的語言接待他們的國家、饋送豐厚的禮物給他們的首領、不增加他們新的負擔等等——順利地使多次失敗後精疲力盡的高盧，在更加馴服的情況下保持著和平。

50 冬季過去時他一反往常慣例，以盡可能快的速度趕到義大利，向各自治城鎮和殖民地②發出呼籲，把他的軍中財務官馬古斯·安東尼作爲烏卜祭司③的競選人推薦給他們，不久以前他已

---

①即公元前五〇年。——譯者

②自治城鎮（municipium）——指居民享有羅馬公民權的城鎮或地區，它們的內政是自主的。殖民地（colonia）——指爲移居羅馬公民（如退伍老兵、城市游民）而建立起來的城鎮，有時帶有駐防性質。在凱撒時代，兩者實際上已無很大區別，只從其起源而論，前者的公民權是被集體授與的，後者的公民權是帶了來的。

③烏卜祭司（augur）——羅馬的一種國家祭司，在政治上頗有影響力量，最初僅三人，後來逐漸增加至十六

遣安東尼動身去進行競選，一方面，他很樂意以自己的威信來幫助最最親密的友人競選，但另一方面，他之所以熱心這樣做，還在於抵制那少數人結成的有力幫派，他們企圖藉擊敗馬古斯·安東尼來損毀即將離任的凱撒的人望。雖然他在路上聽到說，在他到義大利以前，安東尼已經當選上鳥卜祭司，但他覺得還是同樣應該去訪問這些自治城市和殖民地，一則謝謝他們熱心贊助，以這樣多的人去參加選舉，支持安東尼，同時也把自己作爲來年的執政官競選者推薦給他們①。因爲他的對方傲慢地吹噓說，盧契烏斯·倫都路斯和該猶斯·邁開路斯已經被選爲執政官，他們將會把凱撒所有的官職和榮譽都剝奪掉；還說，這執政官的位置是從塞維烏斯·蓋爾巴手裡硬奪下來的，爲的是蓋爾巴跟凱撒有密切的關係——除私人友誼外，還擔任著他的副將，雖然無論就人望還是就選票來說，蓋爾巴都遠超過對方。

51 所有的自治市和殖民地都以難於想像的榮譽和熱愛來歡迎凱撒，因爲這是他對全高盧聯合作戰取得勝利之後第一次到來。一切可以用來裝飾城門、道路和凱撒經過的每一個地方的手段，都盡量用上了。所有的人都帶著孩子跑來歡迎他，到處都獻奉犧牲，市場上和神廟中也無處不陳設著祭席，似乎在提前舉行一次渴望了很久很久的凱旋慶祝似的。有錢人的豪奢和窮人的熱情都表現得淋漓盡致。

人，逢有軍國大事時，往往先由他們占卜凶吉，占卜的方法主要依靠觀察天氣、觀察天空過往的鳥只或自己飼養的小雞。——譯者

① 凱撒希望競選的是公元前四八年的執政官。——譯者

52 在很快通過長袍高盧的各個地區後，凱撒以全速趕回納梅托欽那的軍中，把各個軍團都從冬令營中召到德來維里邦來，自己也趕到那邊，檢閱了軍隊。他把整個長袍高盧託付給季度斯·拉頻努斯，希望能爭取到這些地區，使自己在競選執政官時得到更有力的支持。他自己一面也行軍到盡可能遠的地方，直到他認爲新的環境已經足夠增進軍隊的健康爲止。他在行軍途中雖然常常聽到有人說，拉頻努斯正在受到他的敵人的引誘；還有人向他保證說，正有少數人在策劃，企圖讓元老院通過一條議案，奪走他的一部分軍隊。但他毫不相信關於拉頻努斯的事情①，也不可能被刺激得採取任何反對元老院決議的行動。他斷定，只要元老院還能夠自由表決，他的要求就不難達到，因爲已經有一位人民保民官該猶斯·居里阿②起來捍衛凱撒的事業和地位，他幾次向元老院提出：如果有人因爲害怕凱撒的武力，心中惴惴不安，那麼，龐培的權力和武裝，在公衆中引起的恐懼，正也相仿。他建議雙方都放下兵權、解散部隊，這樣，國家才能自由自主。他不僅光這樣提議，還設法讓元老院就這個問題分班表決通過它，但被執政官和龐培的黨徒插進來阻止，用拖延的方法取消了這個嘗試。

53 這是一個很重要的證據，可以說明元老院的齊心一致，而且是和他們以前的行動完全相符

①就在次年，拉頻努斯果然拋棄凱撒，投奔龐培。——譯者

②該猶斯·史克里朋紐斯·居里阿——公元前五〇年的人民保民官，原是凱撒政治上的死敵，這時得到凱撒的巨額賄賂（凱撒代他還清了六千萬塞斯退司債務），成爲凱撒在元老院的代理人。——譯者

的。去年，邁開路斯在向凱撒發動攻擊時，違反了龐培和克拉蘇斯建議通過的一條法律①，即在限期沒到以前就向元老院提出有關凱撒行省問題的建議。大家表示了意見，邁開路斯竭力煽動對凱撒的仇恨，藉此來博取自己的威信。但在進行分班表決時，整個元老院都站到反對方面去。只是，這些挫折並沒有使凱撒的敵人氣餒，只提醒他們去進一步找尋更有力的論點，迫使元老院不得不同意他們私下已經商定了的事情。

54 於是，元老院作出一個決議說，為了安息的戰事②，克耐猶斯·龐培必須派去一個軍團，該猶斯·凱撒也得派一個去。顯然，這兩個軍團是要從一個人手裡抽出來的，因為龐培派到凱撒那邊去的第一軍團ⓙ，雖然原來是從凱撒的行省裡徵集人員組成的，龐培卻當作自己的交了出來。至於凱撒，儘管對方的意圖已經昭然若揭，他卻仍把那個軍團遣送回去給了龐培，而且作為

①指凱撒、龐培和克拉蘇斯三人在路加會議後，由龐培和克拉蘇斯在元老院提出的「凱撒的行省法案」（Lex Liciniae Pompeiae de provincia Caesaris），規定凱撒的任期得延長五年，至公元前四九年三月一日為止，在公元前五〇年三月一日前，不得討論其繼任人選問題。——譯者

②公元前五三年，克拉蘇斯在安息全軍覆沒，安息軍隊渡過幼發拉底河，進入敘利亞，一度東方形勢十分緊張，但這時因為安息發生內爭，形勢已經逐漸穩定，龐培在元老院建議派兩個軍團去支援，無非是想削減凱撒的兵力，此時龐培有七個軍團，但都在西班牙，義大利一個都沒有。凱撒手中擁有十一個軍團，好幾個都在義大利北部。——譯者

③見卷六第一節。——譯者

自己的名分，又把他留在內高盧的第十五軍團，按照元老院的決議交了出去①。一面，他把第十三軍團派到義大利去作爲替代，守衛第十五軍團抽走後留下來的防地。他自己替軍隊分配了冬令營：派該猶斯·德來朋紐斯帶四個軍團駐在比爾及，又派該猶斯·費庇烏斯帶著同樣數目的軍團進入愛杜依邦內，因爲他認爲保持高盧安全最好的辦法，莫過於以軍隊控制住一個最驍勇善戰的比爾及，一個威信最著的愛杜依。他自己出發向義大利去。

55 當他到那邊時，他得知自己交回去的兩個軍團，根據元老院的決議，原該是出發去參加安息之戰的，但卻被執政官該猶斯·邁開路斯交給了克耐猶斯·龐培，留在義大利。這種行爲，已經使任何人不會再懷疑他們在準備怎樣對付凱撒。雖則如此，他還是準備忍受一切，只要事情有合法解決的希望，哪怕只是一線希望，就不必訴諸武力。他敦促……（原文下缺）②

---

①凱撒打發這兩個軍團動身時，慷慨地給了士兵們大量獎金，作爲他們跟他服役多年的酬勞。他們一到義大利，就被元老院用來作爲守衛義大利、對抗凱撒的主力部隊。——譯者

②所有傳世的抄本都只到這裡，下面大約殘缺了兩三行，大意說：凱撒去信給元老院，敦促他們允許他可以不必親身參加執政官競選，就有資格當選；他又答應，只要龐培肯放下兵權，他也可以這樣做，否則，他就不得不爲共和國和他自己的安全著想。這樣就和《內戰記》銜接起來，因爲《內戰記》一開始就是「當凱撒的信送交執政官時，經過保民官們的激烈鬥爭，才十分困難地使他們答應在元老院宣讀它……」——譯者。

人名索引

（人名後羅馬數字是卷數，阿拉伯數字是節數）

四　畫

五　畫

六 畫

七 畫

八　畫

書

十三畫

十四畫

十五畫

十六畫

十九畫

二十畫

二十二畫

邦和部落名索引

（有些原名後注明約在現在何地附近，現代地名大都根據辛華編的《世界地名譯名手册》。括號後的數字，羅馬字是卷數，阿拉伯字是節數。）

六　畫

七　畫

八　畫

九　畫

十　畫

十一畫

十二畫

十三畫

十四畫

十五畫

十六畫

十七畫

十八畫

二十二畫

附　　注

凱撒征服時代的高盧部落名，往往演變爲法國今天的一個城鎮名字，如今天的巴黎市原爲巴里西人的重要城鎮盧德幾亞，但在巴黎這個名字上已不見盧德幾亞這個城鎮名字的影蹤，卻仍保留了巴里西這個部落名的痕跡。這種情況很普遍，人們可以據之來推斷一個城鎮是在凱撒以前還是凱撒以後被羅馬人征服和同化的。因爲凱撒征服以前羅馬人在高盧南部和東南部奈波行省内外占有的城鎮，留到今天的，一般都仍舊保存著這個城鎮的原名，例如當時的奈波(Narbo)即現在的納爾榜(Narbonne)、當時的馬西里亞(Massilia)即現在的馬賽(Marseille)、當時的維松幾阿(Vesontio)即現在的貝桑松(Besancon)、當時的卡加索(Carcaso)即現在的卡爾卡松(Carcassonne)、當時的托洛薩(Tolosa)即現在的圖盧茲(Toulouse)、當時的維恩那(Vienna)即現在維埃納(Vienne)等。

另一方面，在後來凱撒征服的長發高盧地區，當時他記錄下來的主要城鎮名稱，卻没有變成現代的城鎮名稱，變成今天的城鎮名稱的，反而是凱撒記錄的當時部落的名字如：

部落名	他們的城鎮	現化城市
Parisii(巴里西人)	Lutetia(盧德幾亞)	Paris(巴黎)
Ambiani(阿姆比安尼人)	Samarobriva(薩馬洛布里瓦)	Amiens(亞眠)
Atrebates(阿德來巴得斯人)	Nemetocenna(納梅托欽那)	Arras(阿拉斯)
Remi(雷米人)	Durocortorum(杜洛科多勒姆)	Reims(蘭斯)
Senones(森農内斯人)	Agedincum(阿及定古姆)	Sens(桑)
Bituriges(別都里及斯人)	Avaricum(阿凡壓古姆)	Bourges(布爾日)
Suessiones(蘇威西翁内斯人)	Noviodunum(諾維奧洞納姆)	Soissons(蘇瓦松)

同樣，還有許多部落，他們的名稱也保留在今天的城鎮名稱中，只是凱撒没提到他們的重要市鎮名字。如：

部落名	現化城市
Redones(雷東内斯人)	Rennes(雷恩)
Veneti(文内幾人)	Vannes(瓦恩)
Eburovices(厄布洛維契人)	Evreux(埃夫勒)
Treviri(德來維里人)	Trèves(Triev)(特里夫斯)
Lingones(林恭内斯人)	Langres(朗格勒)
Carnutes(卡爾弩德斯人)	Chartres(夏爾特爾)
Lemovices(雷穆維契斯人)	Limoges(利摩日)
Namnetes(南姆内德斯人)	Nantes(南特)
Mediomatrici(梅狄阿麥特里契斯)	Metz(梅斯)
Tourones(都龍耐斯人)	Tours(圖爾)

等等。

地名索引

（有些地名原名後並附有現代名稱。羅馬數字是卷數，阿拉伯數字是節數。）

三　畫

四　畫

五　畫

六　畫

七 畫

八 畫

九 畫

十 畫

十一畫

第十二畫

十三畫

十四畫

十五畫

十六畫

十八畫

十九畫

高盧戰記 / 凱撒(G. Julius Caesar)著；任炳
湘譯.-- 初版. -- 臺北市：臺灣商務,
1998[民87]
面； 公分. --(Open；2：11)
含索引
譯自：Bellum Galliucm
ISBN 957-05-1484-1(平裝)

1.羅馬帝國 - 歷史 - 公元前510-30年

740.2237 87009126

OPEN系列／讀者回函卡

感謝您對本館的支持，為加強對您的服務，請填妥此卡，免付郵資寄回，可隨時收到本館最新出版訊息，及享受各種優惠。

姓名：________________________________ 性別：□男 □女

出生日期：_____年_____月_____日

職業：□學生 □公務（含軍警） □家管 □服務 □金融 □製造

□資訊 □大眾傳播 □自由業 □農漁牧 □退休 □其他

學歷：□高中以下（含高中） □大專 □研究所（含以上）

地址：____

____

電話：（H）______________________（O）______________________

購買書名：____

您從何處得知本書？

□書店 □報紙廣告 □報紙專欄 □雜誌廣告 □DM廣告

□傳單 □親友介紹 □電視廣播 □其他

您對本書的意見？（A/滿意 B/尚可 C/需改進）

內容______ 編輯______ 校對______ 翻譯______

封面設計______ 價格______ 其他______________________

您的建議：____

____

____

臺灣商務印書館

台北市重慶南路一段三十七號 電話：（02）23116118・23115538

讀者服務專線：080056196 傳真：（02）23710274

郵撥：0000165-1號 E-mail：cptw@ms12.hinet.net